国際化時代の
地域農業振興

その理論と実践方策

小島 豪

日本経済評論社

目　　次

序章　本書の研究課題と研究方法 …………………………………………… 1

    1.　本書のテーマと問題意識　　　　　　　　　　　　　　　　　1
    2.　課題の設定とアプローチの方法　　　　　　　　　　　　　　3
    3.　本書の構成　　　　　　　　　　　　　　　　　　　　　　　6

第1章　青果物卸売市場における価格形成の特質 …………………………… 9

    1.　本章の課題と方法　　　　　　　　　　　　　　　　　　　　9
      (1)　はじめに　9
      (2)　市場実態調査による商品価値評価要因の設定　11
      (3)　価格形成要因の重要度調査の方法　13
    2.　分析対象品目と分析手法　　　　　　　　　　　　　　　　　16
    3.　主成分分析法による計測結果の検討　　　　　　　　　　　　18
      (1)　相関係数による指標相互間の関係　18
      (2)　2月きゅうり　21
      (3)　アールスメロン　22
    4.　重回帰モデルによる計測結果　　　　　　　　　　　　　　　25
      (1)　2月きゅうり　25
      (2)　アールスメロン　26
    5.　本章のむすび　　　　　　　　　　　　　　　　　　　　　　26

第2章　作目の選定戦略と産地形成の理論的検討 …………………………… 29

    1.　本章の課題と方法　　　　　　　　　　　　　　　　　　　　29

2. 国際貿易促進の理論と競争力指数の概念について　　35
    (1) 比較優位性の原理　35
    (2) 藤谷モデル　37
    (3) 頼モデル　39
    (4) 作目選定戦略の決定　40
3. 実証分析への応用とその分析結果　　42
    (1) カロリー当たり市場価格の算定　43
    (2) モデルの適用　45
4. ブランド確立のための経済理論　　46
    (1) 経済学の分野で開発されてきた理論　46
    (2) ブランドとは何か　48
    (3) 商品のライフサイクルとブランド　50
5. 市場サイドからみた産地の出荷量と季節別出荷シェア　　51
    (1) はじめに　51
    (2) 実態調査の方法　55
    (3) 実態調査結果の検討　55
6. 生産部会における品質向上競争　　62
7. 本章のむすび　　68

第3章　花き流通システムの変貌と将来展望　　79

1. 本章の課題と方法　　79
2. 商品のライフサイクル理論　　82
3. 戦後における花き消費の全般的な変遷について　　85
    (1) 花き消費の全般的な動向について　85
    (2) 仏教の社会的地位の低下と葬儀様式の変化　88
    (3) ガーデニングブームと花壇用花き類の消費動向　89
    (4) 花き類に対する消費購買行動の諸特徴　90
4. 花き卸売市場の構造変化と流通主体の経済行動　　92

(1)　花き卸売市場の構造変化とその影響　92
　　　(2)　東京都の花き卸売市場の構造変化　94
　　　(3)　花き業界における仲卸業者の機能　97
　　　(4)　花き小売市場の動向　99
　　　(5)　異業種参入と花き流通　100
　　5.　花き類の品目別・色別需要動向の計量経済学的アプローチ　102
　　　(1)　花き流通市場における統計データの性格　102
　　　(2)　花き類の需要関数の計測結果とその考察　110
　　6.　本章のむすび　121

第4章　農産物貿易と農業の国際競争力（その1）
　　　－青果物をめぐる国際環境と産地マーケティングの課題－ …………… 129
　　1.　本章の課題と方法　129
　　2.　東南アジアの通貨危機と青果物の輸出圧力　131
　　　(1)　国際貿易における各国通貨の制度的位置づけ　131
　　　(2)　国際貿易と通貨の制度的・経済的特質　134
　　3.　野菜類の輸入実態と為替相場の変動に関する計量分析　142
　　　(1)　輸入野菜の実態　142
　　　(2)　為替相場水準と野菜輸入量の計量分析　143
　　4.　Armington モデルとその応用　148
　　　(1)　Armington モデルの概要　148
　　　(2)　計測結果の経済学的意味　150
　　5.　野菜類の輸入コストの実態と為替相場の変動による影響　151
　　　(1)　輸入コストの為替相場の変動による影響　151
　　　(2)　東南アジアの通貨危機と各国通貨の変動実態　156
　　6.　本章のむすび　158

第5章　農産物貿易と農業の国際競争力（その2）
　　　－国際競争力（指数）の計測とその分析－ ……………………………… 161

1. 本章の課題と方法　161
　　2. 農産物の国際競争力（指数）とは何か　163
　　　(1) 国際貿易と比較優位性　163
　　　(2) 為替レートの変更と貿易財の需要曲線　166
　　　(3) 国際競争力（指数）と購買力平価（説）　169
　　3. 市場開放と中国野菜の輸出攻勢　173
　　　(1) 中国の農業事情　173
　　　(2) 中国の公害処理対応状況　174
　　　(3) 中国本土の公害と農業　175
　　　(4) 開発輸入から通常輸入への転換　176
　　4. 中国の勤労者が受け取る所得と税金　177
　　　(1) 中国の勤労者の所得　177
　　　(2) 近年の中国本土における経済事情　178
　　　(3) 中国の勤労者が支払う税金　180
　　5. 国際競争力（指数）の算定　183
　　　(1) 中国政府が公表している野菜生産費の費目構成　183
　　　(2) 中国本土から日本までの輸送コスト計算　188
　　　(3) 国際競争力（指数）の算定とその考察　193
　　6. 本章のむすび　206

結章　分析結果の要点と総合的考察 …………………… 215

　　1. 分析結果の要点　215
　　2. 若干の政策提言　220

参　考　文　献 ………………………………………………… 223
あ　と　が　き ………………………………………………… 227
索　　　　　引 ………………………………………………… 230

序章　本書の研究課題と研究方法

1. 本書のテーマと問題意識

　本書の表題を「国際化時代の地域農業振興－その理論と実践方策－」とした．それは本書全体の研究テーマの総括的表題にほかならないが，若干の補足説明を加えておく．

　はじめに，国際化時代ということに関する認識であるが，通常，国際化といった場合，資本・労働力・生産技術・生産物の国境を越えた自由な交流・交易が進展することを意味している．つまり，人・物・金が国境を越えて自由に移動できる状態になったことをもって国際化時代と呼ぶようになったのであるが，もちろん，この中には農産物および農業の新技術や種苗開発による新品種も含まれている．

　したがって，国際貿易における各国間の協定（WTO）が締結されれば，それぞれの国はその得意分野で外貨獲得に狂奔することになる．

　それゆえ，先進農業国も発展途上国も自国内で生産し得る財貨（農産物）の輸出によって外貨を獲得し，併せて農業者の所得安定を図り，同時に国家予算に占める農業予算の軽減を図ろうとする圧力はますます強まっている．

　こうしたわが国農畜産物市場をめぐる海外からの輸出攻勢が国内農畜産物市場の価格低落現象を惹起しており，国内経済事情のみならず，国際的にもわが国農業を圧迫することをもって，本書では「国際化時代」と認識しており，その研究テーマも国際間の比較分析を取り入れたものとならざるを得な

い.

　ここで，国内経済事情による農業への圧迫とは，第1に農・非農間における賃金所得格差を基本とした農業就業人口の激減，これに伴う後継者不足・嫁不足・農業就業者の高齢化により，農村そのものの存続が危うくなっているのである．第2には，農用地の急激な減少と，優良農地の潰廃が続発しており，農業の生産基盤を圧迫していることである．こうした条件に加えて，第3には海外農産物の輸出攻勢に晒され，農産物価格の低落が深刻化してきたことである．

　次いで，一般的に「地域」といった場合，それが地球規模における地域概念であれば，極東地域・中近東地域といったように広大な範囲を指すことになるし，またわが国内の「地域」といった場合はせいぜい市町村レベルの空間的な広がりを持った範囲を意味している．したがって，農産物の国境保護措置や国内保護措置が実施されていた時代は「地域」の空間的広がりをせいぜい市町村程度としてきた．

　この理由は，巨大な国家的プロジェクトを別にすれば，地域営農の基礎条件の整備のために要する資本・資金的支援とその予算措置を最小の単位としての市町村にその基礎を置いてきたことと関係している．

　また，「地域農業」という概念は自然的性状の異なる多様な農業を意味しているが，その空間的広がりとその用語の使用はそれぞれ研究者と研究対象によって異なっている．

　つまり，地域営農を主体的に実践する個別生産者に委ねるだけでは克服不可能な諸課題に対して，それを積極的に克服するための行政機関等の役割を当然のこととしてきたのであり，「地域農業振興」とは地域農業の担い手である個別農家の経済的安定と所得拡大を企図しており，その基礎条件ないし外部条件を整備することが求められてきた．

　しかし，行政サイドの対応は大規模な圃場整備やダムの建設等，ハード面に関しては土木事業に偏倚してきたのであり，ソフト面に関しても画一的な計画が大部分を占めており，地域農業の担い手である個別農家の経済的安定

と所得拡大に機能してきたとは言いがたい．

それゆえ，日本農業をめぐる経済情勢は国際化時代の下でいっそう厳しい環境に置かれているが，地域農業の競争力強化対策を通じて，その再構築を図ることが緊急の課題として求められていると言えよう．

本書の内容は経済学的な理論に基づいた地域農業の競争力強化のための実践的課題と具体的方策を，実態調査に基づく計量経済学的アプローチでもって，客観的に提示することにある．

2. 課題の設定とアプローチの方法

本書は地域農業振興という観点から園芸農産物に焦点を絞り，分析しようとするものである．園芸農産物とは果樹・野菜・花き農産物のことであるが，このうち花き類は経済の好・不況によって大きく特徴づけられる生産物である．これら生産物のうち国際的にも国内的にも発展・拡大させ得る相対的有利作目を当該地域内部でいかにして確定すべきであるか，その作目の振興をいかにして図っていくかを主要なテーマとして取り上げ，理論的・実証的分析を行うものである．

つまり，農産物の国際貿易に関して言えば，国際競争力の強い作目を国家間で互いに交易することで利益を得ることができる．それゆえ，国際競争力の強い作目を地域内でいかに育成していくかという課題が出現してくるが，それを経済理論的に確定し，分析しなければならない．このためには国際競争力の算定が不可欠となる．

また，国内的には地域内部で張り付けるべき作目は国内の他地域で生産される同一作目より相対的な有利性がなければならない．

それゆえ，地域農業の競争力強化を図る場合に解決しなければならない課題は，①経営要素構造に関わる問題と，②流通市場および組織に関わる問題に大別される．前者の課題に対するアプローチは「地域農業」を主として農用地の利用面から分析されており，現就農者の年齢構成と農用地の利用実態

等から効率的な農地利用を図る目的で研究されている．

　本書では，主として流通市場および組織に関わる課題に焦点を絞り以下に述べる 6 点の分析課題を設定した．

　第 1 に，国内のそれぞれの地域に適した作目をいかに選定するかということで，国内の消費者の長期的な消費動向に沿った作目であって，今後も消費・需要の拡大が期待される作目であることが望ましい．たとえ，選定作目が海外からの輸出攻勢に晒されるとしても国際競争力を持っていること．また，こうした条件を満たす作目群の中で，当該地域において相対的な有利性を発揮する作目であることが求められる．

　第 2 には，地域内部で有利作目を確定することができれば，それをいかにして有利に販売するかという問題に逢着する．国内市場サイドから見て，農産物を有利に販売するためには銘柄確立が不可欠である．

　そこで，銘柄（ブランド）確立に必要な産地規模（地域内部での生産規模）はいかなる程度の大きさがあればよいか．つまり，銘柄確立に必要な市場出荷量は地域内でどの程度の生産面積規模があればよいかを確定しなければならない．すなわち，市場におけるシェア分析である．

　第 3 には，その必要面積を満たすために必要な農家戸数は何戸程度のまとまりがあればよいか．この場合，すでに生産・出荷販売している競争産地の生産技術・品種開発力・品質改良等の情報を吟味し，生産量格差や市場価格形成力格差を総合的に検討することが望ましい．

　第 4 には，地域内部で選定された作物に結集する農家集団がどんな組織形態で運営されるとき，最も品質の高い生産物が生産されてくるか．言い換えれば，生産組織内部に生産物の品質向上競争という競争原理をいかにして導入するかという問題である．

　つまり，地域農業の販売担当者に対して，生産・出荷・販売活動におけるさまざまな決断をシーズン毎に遅滞なく，しかも各成員の不満が残らないように成功裏に導くことが求められており，そこに何らかの組織革新がなければ，競争原理の導入はおぼつかない．こうした販売対応における組織革新が

できれば，「国際競争力の強化にとって一番強い足枷になっているのが零細分散錯圃である」といわれてきた問題に対する克服の起爆剤としても期待されるのである．

　第5には，有利作目の決定を補完する目的で，作目毎の需要関数の計測を行う．同計測は価格・所得両弾力性値を検討することによって，当該商品の需要が拡大成長期にあるのか，または需要の衰退期にあるのかを判定することができる．したがって，需要の拡大成長期に位置する作目は地域内部で生産拡大を図り，需要の衰退期に位置する作目は新品種の開発・新作目への転換・導入を図ることが肝要であり，それぞれの産地または当該作目の生産者に明確な目標を持たせることができる．

　第6には財およびサービスの「国際競争力」を検討する場合，それぞれの国で流通している通貨の交換比率が，わが国の通貨と比較して妥当な交換比率で決済されているかどうかをまず第1に考慮しなければならないだろう．1971年8月の米国大統領R.ニクソンによる声明以降，円の変動相場制への移行，ドルと金との交換停止，米国への輸出品に対する課徴金の賦課という新たな政策が展開された．

　そのとき以来，各国の経済事情がその時々の為替相場に反映されるようになっている．また，国際通貨マーケットの過剰な反応を抑えるため，各国の中央銀行が果たす役割（協調介入）は増大している．

　そこで，国家間の生産費データに関する比較分析を行おうとする場合，障壁となるのは各国通貨の交換比率である．また，資本・労働力・生産技術の移転に際して各国通貨の国際決済機構における為替レートの決定は最も重要な課題となってくる．

　なぜなら，海外で資本投資を行う場合，出稼ぎ労働者を受け入れる場合，さらに資本生産性・労働生産性等の国際比較を行う場合等，各国通貨の為替レートが決定的な要因として作用するからである．

　とはいえ，為替相場の妥当性を問われれば，軍事力・政治力・経済力の卓越した国がそれらの影響力を背景に一方的な交換比率を他国に押しつけてい

るという反論もあろうが，各国の通貨がIMF体制の下で機能していることを認めざるを得ないだろう．ただし，世界各国の通貨がすべて変動相場制で運用されているのではなく，固定為替相場制を採択している国も多い．

現在中国政府の国際決済機構における自国通貨の決済方式は固定為替相場制を採択しており，1971年以前のわが国通貨と国際通貨ドルとの決済方式と同様な体制を取っている．そうした為替相場制度の違いに十分配慮しながら，わが国への青果物輸出攻勢に対してどのような対策を立てるか実証的に分析しなければならない．

本書では，中国からの輸出攻勢に対して，国際競争力という観点からその実態を解明し，輸出攻勢に対する対策を提示することにした．

以上，地域農業の競争力強化対策の立場から上記6点に焦点を絞り，それぞれ実態調査と計量経済学的アプローチを用いて課題解明を行い，有効な実践方策を提示しようとしている．

3. 本書の構成

第1章では園芸農産物，とりわけ青果物の中央卸売市場における価格形成の特質を計量経済学的分析手法を用いて実証的に解明した．すなわち，園芸農産物の市場価格形成に関するメカニズムを明らかにしており，地域農業の振興を実践する場合，当該地域の農産物が他の地域で生産された場合よりもより有利に販売するための戦略的課題を明らかにする．

第2章では有利作目決定の理論フレームとその実証的分析結果を提示している．したがって，第2章では何を作るべきかということに関して経済学上の理論を提示し，その実証を行う．

ついで，有利販売を実践するために不可欠な理論（ブランド確立理論）について整理し，銘柄確立のために必要な農家戸数は，何戸の農家の結集が必要であるかを提示する．さらに，地域内部における人間関係をいかにしてスムーズに展開させ，生産物の品質向上のためにいかにして生産部会の中に競

争原理を導入するかという問題について，検討する．

　第3章では，園芸農産物のうち近年重要な作目として注目されている花き類の需要構造の分析を中心に取り上げる．さらに，花き類の流通構造の変遷について論述し，その実態を明らかにする．つまり，戦後から現在に至る花き消費形態の変遷が，花き類の流通構造にどのような影響を与えてきたかを明示している．ついで，計量経済学的アプローチに基づいた花き類消費の将来展望について検討を行う．

　第4章では，野菜類に焦点を絞り，わが国野菜市場をめぐる海外からの激しい輸出攻勢にどのように対処すべきかについて検討する．

　青果物をわが国に輸出しようとする国は多数存在しており，それぞれの国から輸出される青果物の生産費データおよび集出荷データを取り揃えることは不可能であるため，それぞれの拠点輸出港から Japan Port（東京・横浜・名古屋・大阪・神戸等）までの輸送コスト調査を基礎に，為替レートの変動によって輸入量がいかに変動するかについて明確にする．これと同時に代替の弾力性一定の関数を計測し，計量経済学的アプローチと実態調査による結果を比較検討し，分析する．

　第5章では国際競争力とは何か，という問題に対して筆者なりの定義を行い，国際競争力の算定を行う．国際競争力の算定対象国は中国であり，中国政府が調査した野菜類の生産費調査結果に基づいて国際競争力指数の算定を行う．

　国際競争力の算定を行うためには個別作目の生産費データと輸送経費データを必要とするが，中国の野菜類の生産費データは日本在住の中国の研究者から提供していただき，輸送経費データは国内物流企業への実態調査を通じて必要資料を確保することにした．

　以上，本書を通して一貫した分析テーマは地域農業の競争力強化ということであり，国際間においては国際競争力の強化対策であり，地域農業に関しては競争力指数の算定を基礎に新たなモデルを提示し，経済学の理論に基づいた実証分析を行うことにした．

第1章　青果物卸売市場における価格形成の特質

1. 本章の課題と方法

(1) はじめに

　青果物卸売市場をめぐる需給双方のドラスティックな変化は取引形態にも大きな影響をもたらし始めている．青果物の基幹的な取引形態であったセリ取引から他の取引（相対取引）へ転換を図ろうとする動きとなっている．しかし，従来から取引の主流をなしてきたセリ取引の公明・公正さというものをいかに判断するかによって，適正な市場価格が形成されているかどうかという判断は異なってこよう．つまり，極超短期の需給両曲線（日単位）の交点で形成される価格を妥当なものとするか，あるいは週単位程度の期間を考慮した超短期（週または旬単位）の価格形成を妥当なものとみなすかによって，妥当性の判断が変化することになる．

　現実の相対取引は週単位で取引価格が形成されている．しかし，相対取引を行う場合にも，その取引価格が適正な需給実勢を反映しており，しかも品質上の適正な評価がなされているかどうかという点で，不明朗性を伴っている．卸売市場では従来の激しい価格変動を避ける目的で即日上場の原則を緩和しており，各卸売会社は冷凍・冷蔵庫を確保して対応している．また，小売市場における寡占化の進展に伴って，時刻前取引がさらに拡大してきている．つまり，週ないし旬単位の相対取引で契約された価格が適正な需給バランスに基づき，しかも適正な品質評価を反映したものかどうかを確認するこ

とが,セリ取引の主要な機能となっている.こうした観点からも卸売市場のセリ取引による価格形成の実態を実証的に解明することは重要である.

さて,青果物の卸売市場で形成される「市場価格」とはいったいどのような要素から構成されているのであろうか.伝統的な経済理論によれば,青果物の卸売市場価格は,小売市場からの派生需給によって決定されるとしている(文献〔6〕.以下〔 〕は巻末の文献を示す).

森氏のモデルは屈折需給曲線のモデルを小売市場に応用したものである.しかし,同モデルは卸売市場の法的規制によって産地からの出荷を制限できないとする立場であり,既存の青果物卸売業者の産地サイドならびに買受人サイドへの働きかけによる市場価格への影響を認めていない.また,高橋氏〔10〕は小売市場における新規参入スピードが需要量の増大を凌駕しており,その結果小売市場の経営規模の拡大が阻害されるというモデルを提示しているが,卸売市場を直接分析したモデルとはなっていない.

一方藤谷氏〔1〕は,卸売市場法の制約の下でも卸売会社の市場行動によって市場入荷量に影響を与え,卸売会社の営業規模に基づいた取引量に誘導し,利潤追求を図るとするモデルを示している.同モデルでは,卸売会社が入荷量に対し積極的な調整を図り,限界費用が限界収入に一致するように行動するのである.また,卸売会社は市場に登録されている買受人としか取引できないという制約から需給曲線が設定されている.しかも卸売会社は出荷団体(供給者)に対してかなりの程度まで「部分的需要独占者」として独占力を行使し得る可能性があり,その供給曲線を主体的にシフトさせることが可能であるとしたモデルである.同モデルの需要曲線は固定されているが,月(または年)単位の市場需要量を日割りにした曲線を導出すれば,市場需要の突発的な消費拡大(スーパー等小売店におけるイベント)を平準化した日別需要曲線となるのであって,あえて需要曲線のシフトを考慮する必要はなく,現在においても妥当なモデルとして受容される.

本章では,卸売会社が市場価格の形成過程で商品価値を判定する点において様々なチェックを行い,市場入荷量をコントロールし得るという前提に立

っている．

もちろん，小売市場段階における寡占構造が進展してきたとは言っても，それら寡占企業が大都市圏内に独自で集荷・分荷活動を行うための場所・施設の確保をする資本的余力の欠如を指摘し得る．また，藤谷氏〔3〕は卸売市場の中核的機能を需給実勢評価機能と品質評価機能の2つに大きく区分しているが，品質評価機能とはいったい何を意味しているのか，こうした点を実証的に解明しなければならない．本研究は，従来から価格形成に関して多くの関心を集めながらも，利用可能なデータが存在しないため，手付かずの状態におかれてきた青果物卸売市場における価格形成要因を取り上げ，それを統計分析手法を用いて実証的に解明することにある．具体的には，商品の品質格差による価格格差が入荷量の変動によって大幅に拡大することになる．したがって，産地間の品質格差と入荷量によって形成される市場価格を，市場における品質評価および出荷販売面における評価を計量化することによって価格決定関数に活用し価格形成要因の解明を行おうとするものである．

(2) 市場実態調査による商品価値評価要因の設定

上記のような問題意識に基づき，青果物卸売市場における取引実態を調査した結果，価格形成に影響を与える諸要因は図1-1のように整理できることが明らかになった．まず，商品（青果物）価値は，大きく品質上の評価と出荷・販売面における評価とに区分される．

品質評価の内容は，①着荷（市場側からは入荷）時の鮮度：青果物の場合，鮮度が商品の品質を判断する上で最大の要因とされている．②着荷時の熟度：買受人は品種・系統の差異を考慮しながら産地の圃場でどの程度生育したものが搬入されてきたかを判定している．③着色の状態：商品が本来保持している地肌の色乗り，艶やかさ（色調・色沢）を判定している．④外観の良さ：大きさ，太さ，曲がり状態等形状全体のバランスを判定している．⑤味覚の良さ：熟度および鮮度が適切であれば，それぞれの商品が本来持っている固有のうま味を感ずることになるが，これに加えて歯ごたえ，舌ざわり，

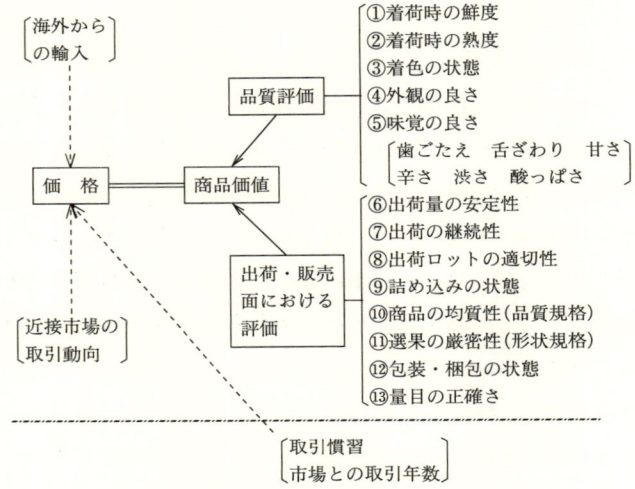

図1-1 市場価格の形成要因

甘さ，酸っぱさなどの官能面での評価と当該商品が見た目に美しいことを加えた総合的な指標であり，外観が悪いと評価が落ちる傾向がある．すなわち，①から⑤までの指標は，青果物が本来備えている属性を意味しており，狭義の品質評価と言うことができよう．

　上記の商品特性とは別に，生産地から市場へ出荷された商品が商材として利活用される場合に適切であるかどうかという判断が出荷販売面における評価であり，⑥から⑬までの指標が考えられる．⑥出荷量の安定性：出荷初期から出荷終期にかけて毎日一定量が供給されるかどうかという指標である．相場変動に伴って市場への出荷量が日次的に大幅に変動することは歓迎されない．⑦出荷の継続性：当該市場へ出荷期間中継続して出荷されるかどうかの指標であり，継続性の欠如する販売対応は歓迎されない．⑥と⑦は買受人が当該商品を確保するための基礎条件である．⑧出荷ロットの適切性：当該市場における当該商品の需要量を日別にどの程度満たす産地であるかを判断する指標であり，当該市場の需要量を大幅に凌駕しても，また逆に僅少すぎても歓迎されない．上記⑥，⑦，⑧の指標は生産サイドの産地規模に密接に

関係しており，しかも産地集荷団体の集荷体制にも影響される．
　⑨ダンボール箱への詰め込み状態：この指標は輸送中の品質劣化と密接に関係しており，適度の空間が形成されていることが判断の基準となっている．⑩商品の均質性：ダンボール箱に詰め込まれた商品の，品質規格（秀・優・良）が適正であるかどうかを判断している．⑪選果の厳密性：大きさ・太さ・曲がりの状態（形状規格）が適正かどうかを判定している．⑫包装・梱包の状態：ダンボール箱のデザインを含めた包装の状態を判断することになるが，通気性が確保され，しかも輸送中に商品が傷つかない程度の堅牢さが求められており，こうした観点からの評価である．⑬量目の正確さ：表示された量目に過不足がないかどうかを判定している．すなわち，⑨から⑬の指標は供給サイドの商品維持管理機能が適切かどうかを判定する指標であり，集荷団体（農協を含む）・の選果・選別体制に影響される指標である．つまり，商品維持管理機能と呼ぶことができる．
　以上，⑥から⑬までの指標は仲卸業者が買い受けた商品を再度最終消費財としてパック作業を行う際の労力を省き，仲卸業者の経費節約に繋がる要素として機能している．そのことが市場における取引価格を上昇させる要因となっており，産地段階における上記⑥～⑬の指標に関するサービスが市場価格の有利性を導く要因として作用する．
　また，点線で示した①海外からの入荷量，②近接市場の取引動向，および③取引慣習や市場との取引年数等，長期的な価格形成に及ぼす要因については，与件として処理し，具体的な評価は行わないことにした．なぜなら，本分析はごく短期間（1ヵ月単位）の実態調査データに基づいて実施しているため，上記3つの条件は与件として処理できると判断したからである．

(3)　価格形成要因の重要度調査の方法

　表1-1はわれわれが青果物卸売市場の実態調査を実施する際に，市場サイドから収集すべきデータの具体的内容を示している．すなわち，当該市場に供給する産地の入荷量，単価および各指標が価格形成に与える順位と，それ

表 1-1　市場に対する調査項目

	商品の鮮度	商品の熟度	...	商品の均質性	...	包装・梱包の状態	出荷量	単価
	a_1	a_2	...	a_j	...	a_{13}	—	—
A産地	100	100	...	100	...	100		
B産地	70	100	...	100	...	95		
...	...	...	...	...	...	...		
...	...	...	...	b_{ij}	...	...		
...	...	...	...	...	...	...		
N産地	60	80	70	80	...	50		

註：$a_1, a_2, \cdots, a_j, \cdots, a_{13}$ は表 1-2 に示した如く，それぞれの指標に与えられた得点を示している．b_{ij} は第 i 産地の j 指標に関する市場での評価点を示している．具体的数字は記入例である．

ぞれの指標に対する市場の評価点から構成される．

　表 1-2 の $a_1 \sim a_{13}$（指標）と記入した横欄にはそれぞれ対応する指標が価格形成にどの程度の影響を与えるのか，セリ人の経験に基づいて記入してもらうことにした．つまり，設定した 13 の指標の客観性を保つために，郵送方法で価格形成に対して重要度の高いものから順に，1 位，2 位，3 位，……，と各市場に順位づけをしてもらった．

　卸売会社への郵送方法による実態調査は首都圏で 2 社，中部圏 5 社（ただ

表 1-2　価格形成指標に関する卸売市場（セリ人）の回答

	商品の鮮度	商品の熟度	着色の状態	外観の良さ	味覚の良さ	出荷量の安定性	出荷の継続性	出荷ロット	箱への詰め込み状態	商品の均質性
	a_1	a_2	a_3	a_4	a_5	a_6	a_7	a_8	a_9	a_{10}
A市場	1位	—	—	2位	4位	—	3位	6位	—	—
B市場	1位	—	—	3位	5位	4位	2位	—	—	—
C市場	1位	7位	4位	—	—	—	3位	2位	—	5位
D市場	2位	—	—	1位	—	—	5位	—	3位	—
E市場	1位	—	—	6位	—	—	2位	3位	—	4位
F市場	2位	5位	3位	—	1位	4位	—	6位	—	—
計	28点	2点	5点	13点	8点	4点	15点	9点	3点	3点

註：1) 上記順位の記入は模擬的に表現したものであり，現実の調査結果とは若干異なる．
　　2) 欄内の得点は本章第 3 節(1)-①式参照．
　　3) 計の欄は $k=1$ の場合の各指標（a_j）に対する得点を示している．

しメロンは4社），近畿圏では7社（ただしメロンは5社）である．したがって，きゅうりの場合，各指標の回答数は14を，メロンの場合は11を越えることはない．また，表1-2の最下段は価格形成に影響を与える各指標のセリ人による順位を数式を用いて得点評価したものであり，その説明は本章第3節(1)-①式に示している．青果物の場合，各指標が価格形成に与える影響は品目毎に変化せざるを得ない．しかも同一品目であっても季節（月次）によって指標が変化することがある．それゆえ，品目毎に季節（月次）別に実態調査を実施した．

これと同時に，標記13指標に関連した個別市場の各指標毎の評価点と入荷量および価格データを必要とする．表1-1に基づいて説明すれば，AからNまでの出荷団体の右欄に表示された部分である．同部分では，各産地から供給された商品が各指標毎（$a_1 \sim a_{13}$ の縦列）に市場で評価されている．したがって，市場に対する実態調査は2つに分解される．

つまり，それぞれの産地から当該市場へ供給された商品について，すでに示した13の指標毎にそれぞれ，すぐれている：100，ややすぐれている：75，普通：50，劣っている：25，という配点の目安を用いて，特定の卸売市場（本章では大果大阪と名果）のセリ人に評価点をつけてもらった．表1-3の表側に示しているA農協からH農協までの横欄は大果大阪（福島本場）で調査した結果である．調査期日は1990年2月のデータを10日毎に評価した1カ月の平均評価である．

なお，われわれが調査した時点（1989年）までは海外からの青果物輸入は量的にそれほど多くなく，しかも輸入対象国と国内輸入業者の契約関係も十分ではなかった．また，われわれの実態調査によれば，消費者のフレッシュ野菜に付着した残留農薬に対する認識は水洗いすればよいという程度であった．現在の状況では，輸入物の影響を

選果の厳密性	包装梱包	量目の正確さ	計
a_{11}	a_{12}	a_{13}	
5位	—	—	
—	—	—	
6位	—	—	
4位	6位	—	
5位	—	7位	
—	—	—	
5点	1点	1点	97点

表1-3 宮崎県産青果物の市場における評価（11月き

		商品の鮮度	商品の熟度	着色の状態	外観の良さ	味覚の良さ	出荷量の安定性	出荷の継続性	出荷ロット	箱への詰め込み状態
$k=0$の場合		14	9	11	13	11	14	14	14	14
寄与率(%)		8.5	5.5	6.7	7.9	6.7	8.5	8.5	8.5	8.5
きゅうり	A農協	80	70	70	78	50	40	60	55	90
	B農協	68	68	64	57	63	61	57	62	76
	C農協	68	64	62	72	64	69	85	70	61
	D農協	78	80	75	60	65	52	52	55	73
	E農協	84	80	80	86	78	76	90	71	81
	F農協	56	50	60	51	50	73	75	70	46
	G農協	75	50	50	100	75	25	50	25	50
	H農協	75	75	75	100	75	100	100	10	75
アールスメロン		11	11	11	11	11	11	11	11	11

註：1) 実態調査結果より作成．ただし，宮崎県内産地から大果大阪へ出荷したデータのみを提供する基礎データである．
2) 序数的統計変量（1位，2位，…）に得点格差を与えない場合は，$k=0$である．$k=0$現している．この場合，合計得点 $S=\sum_{j=1}^{13} a_j = 164$ となる．以降の統計分析に用いる変数 x_{ij} 1-1で明示しているが，本表ではA～H農協の右欄に示した各数値である．したがって，変化し，その結果，統計変量 x_{ij} の値も変化する．kに 0.0, 0.1, 0.2, …, 2.0まで都に多元回帰分析を行った．
3) アールスメロンの項は，回答回数（$k=0$）のみを提示している．

考慮して，価格形成要因モデル（図1-1）に食品の安全性に対する評価を導入すべきであろう．

2. 分析対象品目と分析手法

青果物の卸売市場における価格形成過程を検討すると，①事前の情報収集，②情報の検討と調整，③出荷された商品の観察，④上場された商品の分析検討，⑤価格の発見（結果）という過程を辿る．①事前の情報収集とは，青果物輸入商社の在庫状況，国内産地の生産出荷状況，買受人（惣菜加工業者，漬物加工業者，および仲卸業者）の在庫状況等の情報収集とその分析検討である．②情報の検討と調整とは出荷団体に対する働きかけであり，2，3日先の当該市場への入荷予測を産地に情報提供するのである．③出荷された商

ゅうり）

商品の均質性	選果の厳密性	包装梱包	量目の正確さ	回　答回数計
14	13	10	13	164
8.5	7.9	6.1	7.9	99.7
70	40	80	90	
65	60	89	91	
58	57	80	81	
75	67	93	97	
86	82	84	90	
37	36	86	80	
50	50	75	75	
100	100	75	75	
11	11	10	10	141

示している．また，本表は統計変量を導出で各指標が得る構成比率を寄与率として表は $b_{ij}\cdot\{a_j/S\}\times 100$ で与えられる．b_{ij} は表 k に一定のウェイトを与えるごとに a_j は合21のウェイト付けを行い，ウェイトごと

品の観察では，当該青果物卸売市場に搬入された商品を標記13要因について観察，検討している．

　もちろん，着荷後セリ台に上場するまでの僅かな時間に行われるので，観察検討はセリ人の能力によって変化せざるを得ない．④上場された商品の分析検討では，ダンボール箱に詰め込まれている商品をサンプルとして公開し，買受人とセリ人がセリ台上の商品に対して分析検討を行う．ついで，セリ時点における商品の供給量の多寡によって買受人の商品確保の熱気が左右され，その結果各商品の価格が発見される．したがって，価格が発見される前の①，②，③，④の過程が卸売会社にとって最も重要な検討内容である．

　次節では，まず第1に商品の品質を表す指標相互間の相関係数を計測する．次に，それらの計測値をもとにして，各品質指標から主成分を抽出し検討する．最後に，主成分分析で計測された主成分スコアを説明変数とする重回帰分析を行い，価格形成に主導的な影響を与える指標の検討を行う．分析対象品目は，京阪神地域で有力な卸売会社である大果大阪の2月におけるアールスメロン，中部圏で取引額の最も多い名果㈱の2月きゅうりの2品目である．なお，アールスメロンときゅうりを取り上げた理由は，アールスメロンが食味の良さを代表する果実的野菜の王様であり，これにはトマト・いちご等も含まれる．きゅうりは歯ごたえの良さを代表する品目でありそれは主に鮮度条件によって支配される．野菜類は上記2品目に大別されるからである．

3. 主成分分析法による計測結果の検討

(1) 相関係数による指標相互間の関係

表1-2では序数的統計変量を連続統計変量に変換している．数式で示せば，第 j 番目の指標の得点は，

$$a_j = \{(第1位の観測個数)\cdot(4k+1)+(第2位の観測個数)\cdot(3k+1)$$
$$+(第3位の観測個数)\cdot(2k+1)+(第4位の観測個数)\cdot(k+1)$$
$$+第5位以下の観測個数\} \quad \cdots\cdots ①$$

で与えられる．ここに，k は序数的統計変量に対するウェイトを示しており，$k=1$ とおけば1位から5位までの順位は等差級数的に変化する．k の値を変えると a_j は様々に変化する．また，$k=0$ の場合は順位間に得点格差が与えられず，単純な回答数合計となる．

ついで，

$$S = \sum_{j=1}^{13} a_j \quad \cdots\cdots ②$$

②式は総得点を示している．したがって，第 j 列の構成比率は

$$\{a_j/S\}\times 100 \quad \cdots\cdots ③$$

で計算を行う．

その各指標の構成比率にA農協からH農協までの当該市場への搬入商品の，それぞれの指標評価値（b_{ij}）を掛けることで変数が形成されてくる．すなわち，変数

$$x_{ij} = b_{ij}\cdot\{a_j/S\}\times 100$$

で表現される．

したがって，序数的統計変量に対するウェイト（k）を変化させれば各指標の変数は変化する．われわれは各指標を変数として利用するために，a_j を一定の基準でもって様々に変化させた．変化させた質的変数（指標）とそれぞれの産地から当該市場に入荷した量，および価格とを用いて重回帰分析

を行った.

　計測結果によれば，F 検定値が大きくしかも決定係数が最も高くなるのは，①式の $k=0$ の場合である．しかもこの傾向は品目によって変化しなかった．上記の計測結果を参考にして，重回帰分析を行う場合に出現する統計学上の欠点（多重共線性）を避けるため，本研究では多変量解析法（主成分分析法）を適用した．

　以降の計測は，①式に $k=0$ を代入した場合の変数で統一している．さて，表 1-4 では季節によって指標間に変化を起こさないアールスメロンを取り上げ，指標間の相関係数を検討しよう．はじめに，大果大阪（福島本場）の 2 月メロンの各指標のうち，量目の正確さに関しては産地間の差異はなく，変数としての利用ができないので削除している．

　表 1-4 の表頭の各指標を縦列に沿って順に検討しよう．鮮度と熟度との間に高い相関係数（$r=0.935$）があるが，鮮度と出荷量の安定性・継続性，および出荷ロットとの相関は低く，それぞれ 0.178，0.059，0.158 と無相関に極めて近い．また，鮮度の列で見ると，標記以外の要因に対しては全般的に高い相関関係が存在し，しかもその係数がすべて正である．

　同じく，縦列の熟度と他の指標との関係を検討すると，熟度と着色状態，外観，商品の均質性および選果の厳密性との間に高い相関がある．しかし，熟度と出荷量の安定性，出荷の継続性および出荷ロットとの関係は，計測した値が負の場合も存在し，相関が極めて低い．また，縦列の着色と他の指標との相関を検討すると，着色と味覚，および商品の均質性との間に高い相関を示している．他方，味覚の良さと出荷量の安定性，継続性，および出荷ロットとは低い相関係数となっており，やはり当該市場に対する産地の出荷対応と味覚の良さの間に強い相関があるとは言えない．味覚の良さと極めて強い相関を示すのは包装・梱包の状態であり，相関係数は 0.998 となっている．つまり，味覚が良ければよいほど包装・梱包の状態も良くなることを示しており，常識的判断と一致している．また，味覚の良さとダンボールへの詰め込み状態，および商品の均質性には高い相関がある．

表1-4 アールスメロンの指標（要因）間の相関係数（大果大阪）

		商品の鮮度	商品の熟度	着色の状態	外観の良さ	味覚の良さ	出荷量の安定性	出荷の継続性	出荷ロット	箱への詰め込み状態
商品の鮮度	x_2	1.000								
商品の熟度	x_3	0.935	1.000							
着色の状態	x_4	0.805	0.743	1.000						
商品の外観	x_5	0.720	0.730	0.716	1.000					
味覚の良さ	x_6	0.800	0.656	0.820	0.620	1.000				
出荷量の安定性	x_7	0.178	−0.038	0.297	0.139	0.651	1.000			
出荷の継続性	x_8	0.059	−0.091	−0.065	0.066	0.155	0.333	1.000		
出荷ロット	x_9	0.158	0.101	0.230	0.466	0.377	0.520	0.601	1.000	
箱への詰込状態	x_{10}	0.779	0.592	0.629	0.716	0.867	0.510	0.348	0.157	1.000
商品の均質性	x_{11}	0.808	0.759	0.807	0.589	0.841	0.321	−0.159	0.175	0.727
選果の厳密性	x_{12}	0.744	0.792	0.507	0.694	0.345	−0.206	−0.148	−0.118	0.345
包装・梱包の状態	x_{13}	0.794	0.652	0.832	0.607	0.998	0.638	0.372	0.372	0.865

　このほか，注目すべき点は選果の厳密性の行と出荷量の安定性，出荷の継続性および出荷ロットとの関係であり，相関係数は負となっている．つまり，選果・選別をきちんと行う産地ほど継続的出荷および安定的出荷に欠け，市場における価格変動に対して敏感に反応していることを示唆している．すなわち，巨大な産地であってそのシーズンの主力商品が等階級別にみて，例えばM級品であった場合，それをできるだけ高く有利に販売するには継続的・安定的出荷が求められる．しかし，アールスメロンのように高級品がご く僅かしか生産できない性格を持った商品の場合は，市場価格に敏感に反応し，少しでも高値をつける市場への出荷対応が中心となっていることを示唆するものであろう．

　また，鮮度条件が高ければ高いほど商品の着色状態は良くなり，しかもダンボールに詰め込まれた商品の均質性も高くなるという傾向を示している．つまり，商品の等級別区分をしっかり実施する産地は，鮮度保持条件も良くなり，その結果果皮の色艶も良くなることを示唆している．

(2) 2月きゅうり

表1-5のデータは名古屋市北部市場に立地する㈱名果の営業データを基礎資料として利用しているので,サンプルサイズは18となった.

2月のきゅうりは商品の熟度と味覚の良さに対してセリ人の評価点が与えられていない.この理由は,産地間において品種の差異が存在せず,施設に暖房機を導入し,一定の大きさ(20cm)に生育した果実を順次収穫していくことによる.その結果,圃場における熟度の差異が味覚に与える影響はほとんど生じないからである.

名果㈱は,中部圏のみならず北陸地域にまで影響を与える中部・北陸圏の拠点市場である.大果大阪(卸売会社)のような巨大な消費都市で一括消費する性格の市場とは異なり,北陸方面(石川・富山)および中部方面(岐阜・長野)への転送ウェイトが大きい.それだけに転送物に対しては,厳しい目を向け判定することになる.また,産地から直接当該市場に入荷することを歓迎する空気も強い.

こうした前提条件を考慮して計測結果(表1-5)を検討すると,第1主成分z_1の固有値は5.39で,商品の鮮度(x_2),着色の状態(x_4),箱への詰め込み状態(x_{10}),商品の均質性(x_{11}),選果の厳密性(x_{12})の5指標と高い相関を示していることがわかる.第2主成分は固有値が1.77で,第2主成分までで全情報量の79.6%を表している.第3主成分と第4主成分の固有値は小さい.

座標軸を回転させた因子は,

$$F_1 = 0.873(x_2) + 0.875(x_{12})$$
$$F_2 = 0.817(x_9)$$
$$F_3 = -0.854(x_8)$$
$$F_4 = 0.897(x_5)$$

商品の均質性	選果の厳密性	包装・梱包の状態
1.000		
0.440	1.000	
0.850	0.327	1.000

表1-5 2月きゅうり 抽出した主成分の係数（名果：サンプルサイズ

変数		データ		各主成分の因子負荷量				回転後の因	
		平均	標準偏差	z_1	z_2	z_3	z_4	F_1	F_2
1. 商品の鮮度	x_2	5.93	1.55	0.848	-0.124	-0.266	-0.371	0.873	0.081
2. 商品の熟度	x_3	※	※	※	※	※	※	※	※
3. 着色の状態	x_4	4.69	1.51	0.971	-0.089	0.053	-0.035	0.773	0.453
4. 外観の良さ	x_5	6.75	1.47	0.643	-0.492	-0.417	0.406	0.365	-0.065
5. 味覚の良さ	x_6	※	※	※	※	※	※	※	※
6. 出荷量の安定性	x_7	5.16	2.27	0.632	0.642	0.117	0.104	0.283	0.702
7. 出荷の継続性	x_8	7.87	0.88	0.234	0.759	-0.583	-0.021	0.019	0.277
8. 出荷ロット	x_9	4.73	2.31	0.565	0.657	0.286	0.167	0.208	0.817
9. 箱への詰込状態	x_{10}	6.02	1.85	0.898	-0.173	0.330	0.160	0.618	0.542
10. 商品の均質性	x_{11}	5.14	1.95	0.971	-0.206	-0.096	0.062	0.738	0.288
11. 選果の厳密性	x_{12}	3.72	2.05	0.901	-0.109	0.154	-0.300	0.875	0.313
12. 包装・梱包の状態	x_{13}	＋	＋	＋	＋	＋	＋	＋	＋
13. 量目の正確さ	x_{14}	＋	＋	＋	＋	＋	＋	＋	＋
固有値（λ_k）		—	—	5.39	1.77	0.825	0.462	—	—
累積寄与率（%）		—	—	59.9	79.6	88.7	93.9	—	—

註：1) 因子負荷量は主成分 z_k と元の変数 x_i との相関係数である．
　　2) 表中の※印は評価点のない場合であり，＋印は評価点が変化しない場合である．

である．すなわち，第1因子（F_1）は商品の鮮度（x_2），選果の厳密性（x_{12}）によって主に構成され，F_2 因子は出荷ロット（x_9）で，F_3 因子は出荷の継続性（x_8），F_4 因子は商品の外観（x_5）によって主に構成されていることを示している．

以上，2月の市場における評価は，名古屋市場においては鮮度条件以外にも重要な指標があることを示している．

(3) アールスメロン

本項の分析基礎データは大阪市福島本場の大果大阪の営業データを基礎資料として利用しているので，サンプルサイズは17となった．

アールスメロンは年間を通じて供給されており，シーズンによって評価指標は変化しない．アールスメロンはメロン類の中でもっとも高級な商品であり，これには2つの系統がある．その1つは横浜植木町で開発された植木系

子負荷量	
F_3	F_4
−0.228	0.291
※	※
0.015	0.415
−0.008	0.897
※	※
−0.397	0.034
−0.854	0.001
−0.248	−0.022
0.282	0.430
−0.043	0.586
0.037	0.170
＋	＋
＋	＋
−	−
−	−

アールスメロンである．植木系アールスメロンは果肉はグリーン色で柔らかく，舌ざわりも滑らかで糖度があまり高くなくても甘みを感じる商品である．しかし，病害に弱く高度な栽培技術を要求するので，生産技術力の高い地域で栽培されることが多い．もう1つはセーヌ系統と呼ばれるもので果肉の色は植木系と同じであるが，果肉が堅く咀嚼しなければならず，糖度が高くないと甘みを感じないという性質を持っている．具体的には，植木系のメロンが糖度14度の場合，セーヌ系では15〜16度でないと同じ甘みを感じない．しかし，病害には強く，宮崎県のように周年温暖な地域ではセーヌ系を栽培することが一般的である．2つの系統による違いに加えて，等階級の区分が産地毎に異なり極めて細分化されているので，一般的に言ってサンプルサイズは多いほど安定した計測結果を導けるが，サンプルサイズが17と少ない．

　すでにアールスメロンの相関係数表を示しているので，表1-6 はバリマックス回転させた結果を掲げた．

　座標軸を回転させた因子負荷量を検討すると，

$$F_1 = 0.853(x_2) + 0.896(x_3) + 0.919(x_{12})$$
$$F_2 = 0.865(x_6) + 0.806(x_7) + 0.784(x_{10}) + 0.865(x_{13})$$
$$F_3 = -0.908(x_8)$$
$$F_4 = 0.878(x_9)$$

となった．座標軸を回転させて要因の絞り込みを行った場合，第1主成分に主な影響を与えているのは，商品の鮮度 (x_2)，商品の熟度 (x_3)，および選果の厳密性 (x_{12}) になることを示している．第2主成分には，味覚の良さ (x_6)，出荷量の安定性 (x_7)，箱への詰め込み (x_{10})，および包装・梱包の状態 (x_{13}) が主な影響を与えていることがわかる．つまり，表1-5と表1-6に提示した主成分分析結果によれば，ともに第1主成分の固有値は前者が5.39，後者が6.69と相対的に大きな値を示している．しかも第1主成分の

表 1-6　アールスメロン　抽出した主成分の係数（大果大阪：サンプルサイズ 17）

変数		データ		回転後の因子負荷量			
		平均	標準偏差	F_1	F_2	F_3	F_4
1. 商品の鮮度	x_2	4.09	1.89	0.853	0.462	−0.069	0.007
2. 商品の熟度	x_3	3.58	1.23	0.896	0.249	0.068	0.038
3. 着色の状態	x_4	4.03	1.09	0.625	0.545	0.125	0.136
4. 外観の良さ	x_5	4.39	1.76	0.739	0.289	−0.034	0.105
5. 味覚の良さ	x_6	4.65	1.52	0.444	0.865	−0.043	0.176
6. 出荷量の安定性	x_7	3.59	1.72	−0.182	0.806	−0.136	0.344
7. 出荷の継続性	x_8	4.79	1.38	−0.061	0.109	−0.908	0.315
8. 出荷ロット	x_9	4.21	2.77	0.025	0.222	−0.324	0.878
9. 箱への詰込状態	x_{10}	5.06	1.56	0.397	0.784	−0.362	−0.155
10. 商品の均質性	x_{11}	4.66	1.80	0.529	0.638	0.221	0.086
11. 選果の厳密性	x_{12}	3.79	1.72	0.919	−0.016	0.047	−0.135
12. 包装・梱包の状態	x_{13}	4.27	1.37	0.441	0.865	−0.042	0.179
13. 量目の正確さ	x_{14}	＋	＋	＋	＋	＋	＋
回転前　固有値（λ_k）		−	−	6.69	2.37	1.09	0.656
累積寄与率（％）		−	−	57.4	77.1	86.2	91.6

註：1)　因子負荷量は主成分 z_k と元の変数 x_i との相関係数である．
　　2)　表中の＋印は評価点が変化しない場合である．

　因子負荷量はともにすべて正の値を示している．商品属性に関係する指標の因子負荷量は，極めて高い正の値を示しており，総合的価格形成指数と呼ぶことができる．すなわち，それぞれの指標（要因）に対してすべて高い評価が与えられれば，市場価格が高くなることを意味する．

　表1-5によれば，第2主成分 z_2 は，鮮度，着色の状態，外観といった商品属性に関係する指標がすべて負の因子負荷量となった．また，商品の品質条件を保証する箱への詰め込み状態，商品の均質性，および選果の厳密性の3指標の因子負荷量も負の値を示している．この傾向はアールスメロンの場合にも当てはまる．逆に，出荷量の安定性，出荷の継続性，および出荷ロットは正の相対的に高い値を示す．したがって，主成分 z_2 は販売対応指数と呼ぶことができる．すなわち，産地において生産技術を高め，狭義の品質条件を改善し，それの商品維持管理機能を強化すれば，高価格で有利販売がで

きるという産地の意識が依然として強く,販売対応に関連する指標と結びついた販売ではないことを指摘し得る.

4. 重回帰モデルによる計測結果

計測式は,
$$Y = a_0 + a_1 x_1 + a_2 z_1 + a_3 z_2 + a_4 z_3 + a_5 z_4$$
である.

ここで,Y:相対価格($P_i/\bar{P}$),$\bar{P}$:当該月次の平均単価,
P_i:当該産地の価格,x_1:相対入荷量(Q_i/Q_a),
Q_a:全入荷量,Q_i:当該産地の供給量,
$z_1 \cdots z_4$:全品目の主成分スコアである.

なお,重回帰方程式の計測に際して変数増減法を用いており,取捨採択基準 F 値は 2.0 である.

(1) 2月きゅうり

本節の分析基礎となるデータは名古屋市北部市場に立地する㈱名果の営業

表 1-7 変数増減法による重回帰分析計測結果

関数の型 $Y = a_0 + a_1 x_1 + (\sum_{i=1}^{4} a_{i+1} \cdot z_i)$

	定数項	入荷シェア	主成分スコア				決定係数	主成分に主導的な影響を与える変数
	a_0	x_1	z_1	z_2	z_3	z_4	$\bar{R}^2$	$z_1 \sim z_4$
2月名果きゅうり	94.7	−0.956*	20.9**	8.70**	8.64**	−14.7**	0.940	x_2, x_5, x_8
(18)		(−1.74)	(11.1)	(3.38)	(4.39)	(−6.80)		x_9, x_{12}
アールスメロン	88.9	※	19.8**	※	※	※	0.596	x_2, x_3, x_{12}
(17)			(4.96)					

註:1) 主成分に主導的な影響を与える変数を挙げているが,それは回転後の因子負荷量の値に基づいている.
2) 変数増減法の取得基準 F 値(c_1)と除去基準値(c_2)はともに 2.0 である.
3) ( )内の数値はデータサイズおよび t 検定の t 値を示している.また,*印は 5% 水準で,**印は 1% 水準で有意でない.
4) $\bar{R}^2$ は自由度調整済みの決定係数である.
5) 記号※は,変数増減法によって計測した場合,変数として計測されなかったことを示す.

実績に基づいている．表1-7によれば，2月の（名果）きゅうりの場合，計測された回帰係数はすべて有効であり，自由度調整済み決定係数 $\bar{R}^2$ が0.940と高い値を示している．バリマックス回転させた後の因子で判断すると，産地間の価格格差は商品の鮮度（x_2），外観の良さ（x_5），出荷の継続性（x_8），出荷ロット（x_9），選果の厳密性（x_{12}），入荷シェア（x_1）によって説明できる．

(2) アールスメロン

アールスメロンの市場価格格差を説明する要因を，バリマックス回転を行った因子で判断すれば，商品の鮮度（x_2），商品の熟度（x_3），選果の厳密性（x_{12}）である．主成分スコア z_1 の回帰係数は19.8であり，t 値も大きく有意でない要因として作用している．したがって，アールスメロンが本来備えている品種特性を生かした栽培管理を行い，適切な熟度の状態で収穫し，形状規格を揃えて迅速に輸送することが有利販売に繋がることを示している．

従来から，卸売会社のセリ人は鮮度条件を価格形成の最も重要な要因として指摘している．しかし，われわれの計測結果によれば，鮮度指標は13指標の1つに過ぎない．事実，即日上場可能な産地からの出荷も産地段階で荷をまとめ，継続的・安定的出荷へとその対応が変化しており，即日上場産地であろうが3日目上場産地であろうが，鮮度条件に大きな変化が存在せず，安定的出荷が価格形成の重要な要因であることを分析結果は示している．

5. 本章のむすび

本研究では，まずはじめに卸売市場における青果物の価格形成に及ぼす要因を探るため，商品価値に視点をおき，市場における商品の評価特性を実態調査した．この調査は旬（10日間）を1つの期間として調査しているので，日別の供給曲線と日別の需要曲線との交点を発見するよりも，ある程度弾力的な供給曲線と需要曲線（週ないし旬単位）で形成される市場価格を取り扱

っている．分析は，まず第1に相関係数の計測を行い，設定したデータの妥当性を検討した．ついで，主成分分析を適用してメロンときゅうりの価格格差に関与する13の品質要因を少数の総合特性値に集約している．同時に主成分スコアを算出し，この主成分スコアと入荷量シェアを説明変数として，各産地から供給される青果物の価格格差に関する要因の分析を行った．その結果，きゅうりは商品の鮮度，地肌の色艶，出荷の継続性，出荷ロット，さらに選果の厳密性によって市場における商品価値が形成され，これに量的側面が加わることによって市場価格が形成されることが明らかになった．

　アールスメロンは圃場での適切な生育によって成熟したメロンをできるだけ鮮度の良い状態で輸送し，地肌の色艶がよく，詰め込まれたメロンの形状がきちんと揃っていることが市場価格を有利に展開する条件であるが，それに量的な側面が加わって市場価格が形成されるという特性を解明することができた．

　すなわち，食味の良さを代表する品目として果実的野菜の王様であるアールスメロンを取り上げたのであり，歯ざわり（主として鮮度条件に支配される）の良さを代表する品目としてきゅうりをその研究対象として取り上げたのである．したがって，野菜類はアールスメロン・トマトに代表される作目群ときゅうり・なすに代表される作目群に大別され，それぞれの作目は上記研究成果に基づく販売対応を行えば有利販売を実践し得ることが判明した．

第2章　作目の選定戦略と産地形成の理論的検討

1. 本章の課題と方法

　本書のテーマとも密接に関連する地域農業振興と作目選定戦略および産地形成との相互関係について，はじめに説明しておこう．1977年4月の日本農業経済学会大会におけるシンポジウムのテーマで「地域農業振興と農政」という課題が取り上げられ検討された．その場での共通認識として地域という概念は極めて多様性を伴った空間的広がりを意味している．具体的には国家間あるいは一国内の行政上の区分（国家間であれば国境）を意味し，行政上の区分は多くの場合自然的性状の差異を伴っている．したがって，地域農業といった場合，その具体的内容はそれぞれの地域で展開されている農業の多様な形態を包摂する概念として使われている．つまり，一般的には自然的性状の異なる条件の下で出現する多様な営農システムを持った農業を地域農業の内容と捉えることができる．

　本書では，地域農業という言葉を特定地域の農業者が一定の目標の下に組織され，自主的に運営することを意味しており，その場合，組織主体は地方公共団体，農協，生産部会等を意味するものとしている．

　また，地域農業振興という場合，ある地域の農業・農村の振興を図り，もって地域農業者の生活水準を向上させ，都市勤労者の所得と何ら遜色のない所得を確保可能にすることが目標とされてきた．このために，地域農業の振興を主体的にサポートする機能を行政が果たしてきたのであるが，ややもす

ると画一的な施策に陥りやすく，そのことが地域農業の振興にとって妨げになってきたのである．

　というのも昭和30年代後半から，適地適産のスローガンの下に多種多様な地域で画一的な作目（例えば温州みかん）の増産活動が実践され，その結果市場における大幅な値崩れを招くという農政上の大失敗を経験してきたからである．今日では地域の自主性に基づいて樹立された地域振興計画が求められるようになってきたが，それでも「地域農業振興をいかに図るべきか」という点に関して，経済理論上からの科学的論拠を持った分析が貧弱なように思われる．ことに，地域内部でどんな作目を作り，その作目を地域の基幹作目として「いかなる手段を用いて」育成すべきかという点に関してほとんど検討することもなく推移してきたと言えよう．

　他方，地域農業の振興計画に基づいて農業生産活動を実践する個別農家はその経営規模が零細であり，しかも耕地が分散していて効率性の悪い経営（零細分散錯圃）を実践しているため，農業から稼得される所得だけでは不足し，多くの場合農外労働に就業している状態である．

　こうした状況はわが国農業の構造的特質であり，農業就業人口が極端に減少し，農業（就業）後継者が存続しないにもかかわらず，営農意欲を持った個別農家への耕地面積の集積は進展せず，農用地面積も急激な減少を見せている．

　しかしながら，今日の農産物の海外からの輸出攻勢に対応するためには徹底したコスト削減を推進しなければならない．こうした海外からの農産物輸出に対処するためには，高橋正郎氏がその著書〔4〕で主張している如く，地域農業の組織革新が不可欠となろう．

　同氏はその著書において次のように述べている．「構造変革に際して，農家単位のスクラップ・アンド・ビルドを進めようというのではなく，農業生産の作業工程単位，農業経営の経営機能単位のスクラップ・アンド・ビルドを進め，農業生産の規模や，経営機能の及ぶ範囲を拡大し，高能率な地域農業の組織をビルドしようとするものである．（中略）個々の農家という零細

な規模にとらわれず，特定の作業工程，あるいは，特定の経営機能に限定してではあるが，家族を単位とする農作業から，家族を越える労働人数の作業処理に転換すること，いいかえれば，組織化，集団化によって，その効率的なシステムを新たに作ることでビルドアップしようとするものなのである」（同書 103-104 ページ）．同氏の主張は耕種部門，ことに水稲生産を意識した生産構造の組織革新をイメージされているのであろうが，施設園芸経営者にとっても零細分散錯圃は避けがたい現実であり，水稲生産におけるコスト削減と施設園芸経営におけるコスト削減は至上命題だからである．

さて，地域農業振興計画を樹立する場合，①どんな作目を地域の基幹作目として選定すべきか，②たとえ地域内部で基幹作目となるべき有利作目を選定できたとしても，それをいかにして有利販売に結びつけ，地域内部に面積拡大していくか，③最終的に，いかにして銘柄確立を伴った商品（ブランド形成）を地域の基幹作目に育成していくか，といった地域農業に関する基本課題を正面から取り上げ，分析しなければならない．この場合，「どんな作目を作るべきか（作目選定戦略）」という問いに対して次の3点を考慮しなければならない．

その第1は現在地域内部に張り付けられている個別作目のkg当たり単価が全国平均単価を凌駕しているかどうか，第2には当該作目の単位面積当たり収穫量が全国平均収穫量を上回っているかどうか，第3には当該作目の単位面積当たり生産費が全国平均生産費よりも安いかどうか，の3点である．この3点に加えて，商品（製品）のライフサイクル理論から導出されるライフステージを検討することが求められている．

一方，適地適産という考えを経済論理的に再検討すると，地域の気象条件や土壌条件を考慮した最適な作目の生産を意味しており，①収穫量，②秀品出荷率，③生産コストの3つの条件に好影響をもたらす作目であることを意味している．つまり，同一作目で比較すれば，他地域の単位面積当たり生産量よりも多く収穫でき，収穫物の品質は優れており，しかもその単位面積当たり生産費は相対的に安いという経営経済上の有利性を備えていることを意

味しているのである．したがって，ある地域内でこうした有利性作目を見つけだせれば，その作目に特化し他地域にまで搬出・販売することで相対的に高い所得を稼得することができる．

　次いで，ある程度有力な生産地域に成長してくれば，他地域で形成されたより強力な産地との競争に勝利しなければならなくなる．すなわち，われわれは麻野尚延氏〔3〕が初めて提唱した産地棲み分け理論を実践的に展開すべきであると考える．もっとも，麻野氏は動物生態学の分野で開発・発展されてきた言葉を援用しただけであり，農業経済の分野で実証的に分析したものではない．

　本章で取り扱う競争力指数による分析は，それぞれの地域で生産されている個別作目の粗収益と生産費の相対比率を基礎データとして算出するものであるから，それぞれの地域で特有の作目に相対的有利性を持つものが析出されてくる．それらの作目をそれぞれの地域で基幹作目として育成し，産地を形成することによって，それぞれの地域の自然的性状に適した多様な作目がそれぞれの地域で生産されてくる．こうした活気のある地域農業の状態を産地棲み分け理論の展開と考えている．それだけに，より有力な産地に対して直接的な競争を挑むのではなく，はじめは①集出荷コストの安い市場の選定を行い，有力産地との競合を避けながら市場棲み分け産地として展開し，②収穫物の出荷時期をずらせ時期別産地棲み分けを行うことが肝要であろう．こうした手段で時間を稼ぎながら生産部会員の結束を図り，生産技術の向上と生産コストの削減を推進せざるを得ないのである．かくして，生産技術的ならびに経営経済的に優れた産地が形成されれば，大都市圏に立地する特定市場での不動の地位を獲得することが可能となろう．

　われわれのアプローチは地域農業構造論的視点でもって，言い換えれば，農業立地論的視点に立って分析しようとするものであり，土地の持つ自然的性状や市場からの交通地位によって生産費および集出荷コストの違いが生まれ，それが競争力指数の算定に差異をもたらす．

　後に見るように，われわれは競争力指数を地域農業立地配置構造の基礎に

据えているので，それぞれの農産物が市場に供給される場合，自動的に供給コストが最小になるから，それは最適立地配置を実現した状態となっている．したがって，「適地適産の原則」を再貫徹することが近年の農業をめぐる危機の克服に繋がるものとしているのである．

ところで，経済理論的にはD. リカルドが国際貿易の提唱に際して提示した比較優位性の原理を産地形成理論に援用することができる．この比較優位性の原理を基礎に，わが国で初めて数式として提示したのが藤谷モデルで，同モデルを基礎に輸送コストを明示的に提示したモデルが頼モデルである．両氏のモデルはともに競争力指数と名づけられている．

両モデルとも比較的簡単なデータで算定でき，しかも地域内部で「何をつくるべきか」という課題に対して一定の指針を与える点で優れたモデルである．

本章でははじめ（第2節）に経済理論とモデルの紹介を行い，次いで（第3節）特定地域にその理論を援用した実態調査結果を提示する．もちろん，同モデルの援用だけでは当該地域に何をつくるべきかを決定することができないので，もう1つの軸にキロカロリー当たり市場価格を取り，ビジュアルな形で競争力指数と組み合わせたオリジナルモデルを提示する[1]．

なぜなら国民経済の発展段階に応じてそれぞれの国民が要求する食料の種類が異なり，飢餓状態に置かれている諸国では穀類を中心とした食料が求められるが，市場価格は極端に高くなり，キロカロリー当たり市場価格も相対的に大きくなる．

他方，成熟した経済状態に到達しているわが国では穀類が社会的に払底することはなく，キロカロリー当たり市場価格は極端に低くなる．それに伴ってビタミン・ミネラル質食品の需要拡大が始まり，相対的に市場価格が高騰するという食生活上の変遷が始まっている．こうした事実を踏まえて，キロカロリー当たり市場価格を分析のもう一方の柱として，図形化している．

もちろん第3節のこうした仮説定立的・実証的アプローチが地域社会にどのように反映されたかという点について，個別作目の作付面積の推移を10

年・20年のタイムスパンによって検証する．

　それゆえ，何をつくるべきかという問いに対して一定の解答が用意されれば，それをいかに有利に販売するかという課題に逢着する．しかし，農産物を最も有利に販売する条件はブランドの形成に成功するかどうかにかかっている．

　第4節では，ブランドという言葉が意味する経済学上の概念を整理し，その理論内容を提示する．ブランドが形成されるためには特定地域の特定作目に関する生産物の品質向上とそれを取り扱う既存の流通業者の安定的・継続的取引が実践されねばならない．そうした条件の下で，特定地域の特定作目に関する玄人筋からの興味と関心を呼ぶために必要な生産量の地域内部におけるまとまりはどの程度必要なのかについて実証的に解明しなければならない．そこで，第5節では青果物の流通業者が注目する量的まとまりについて，実態調査することにした．実態調査から得られたデータを基礎に，地域内部で活動する農家集団が何戸程度のまとまりを持って生産活動を行えば注目される産地になるかを提示している．

　すなわち，第4・5節では地域農業内部で生産される農産物の有利販売に関する理論的な検討と実証的な分析を取り上げ，考察を行った．

　第6節では，地域内部の農家間における個別作目の品質向上競争を取り上げ，農家間の品質向上競争についてその実態を提示する．われわれが提示する地域農業の実態は施設型の専門化・専作化経営の典型的な生産部会の事例であるが，こうした強力な施設園芸部門の専門化・専作化経営を地域内部で複数個創造し，それに畜産部門等の協力を求め，零細分散錯圃の克服を図りながら地域複合経営を推進することによって，地域農業の競争力を強化することができるものと考えている．

　しかし，農業者個人は生産面積規模の大小を問わず，いずれも一個の経営者である．その経営者を互いに競争させるということは至難の業である．しかも伝統的な日本の集落は中根千枝氏によれば，典型的なタテ社会の人間関係（〔2〕参照）が形成されている．つまり，命令する側とされる側との間で

感情的な軋轢が生じやすい．これを避けるためには新たな運動理念が必要であり，われわれは実態調査を通じて生産部会における新たな運動理念に逢着したので，それを提示する．

また，耕種部門において零細分散錯圃の解消を推進し，コスト削減を強力に推進するためには専門化・専作化経営の団地化された生産部会を参考にしなければならず，本章において紹介している施設型の強力な生産部会の事例が好例となるであろう．つまり，施設型生産部会を中心にコスト削減を率先して推進する場合，その経験が地域内の耕種部門の経営に波及していくと判断されるからである．

2. 国際貿易促進の理論と競争力指数の概念について

(1) 比較優位性の原理

D.リカルドが国際貿易の提唱に際して提示した，比較優位性の原理は，今日では立地理論や主産地形成論に応用されている．ここではその理論の概要を過去の研究業績から引用しておこう．

「英国は1ヤードのらしゃ（羅紗）を生産するに100時間の労働を要し，また1ガロンのぶどう酒を生産するのに120時間の労働を必要とする．ポルトガルにおいては同単位のらしゃ，ぶどう酒を生産するのに90時間，80時間で足りる．だからポルトガルは両生産物ともに英国より少量の労働時間で生産できる．しかもなお，ポルトガルはぶどう酒に特化し，英国はらしゃに特化して，相互に交換した方が両国とも有利である．なぜだろうか．これを説明するのが「比較生産費の原理」である．

この場合，基本的なことは両国において2つの生産物の生産費比率が異なることである．労働のみが生産費を構成する要素と仮定すれば，英国（E国と略称する）においてらしゃ対ぶどう酒の生産費比率は100：120，ポルトガル（P国と略称）においては90：80である．したがってE国におけるぶどう酒に比べてのらしゃの生産費は，P国におけるぶどう酒に比べてのらしゃ

の生産費より割安である，なぜなら (100/120)＜(90/80) であるから．他方，P国におけるらしゃにくらべてのぶどう酒の生産費は，E国におけるらしゃにくらべてのぶどう酒の生産費より割安である．(120/100)＞(80/90) であるから．そこでE国はらしゃに，P国はぶどう酒の生産に比較優位性をもつ．

　もう少しくわしく言えば，E国ではらしゃ1単位の生産を犠牲にすることによって 100/120＝0.83 単位のぶどう酒しか生産できないが，ポルトガルでは 90/80＝1.12 単位のぶどう酒を生産することができる．またぶどう酒について見れば，ぶどう酒1単位を犠牲にすることによって，E国では 120/100＝1.2 単位のらしゃを生産することができるが，P国では 80/90＝0.9 単位のらしゃしか生産できない．したがってE国はらしゃ生産に，P国はぶどう酒生産に比較優位性をもつわけである．(中略) たとえば国際交換比率がらしゃ120単位に対してぶどう酒100単位，すなわちE国における国内交換比率と同じにきまったとしよう．E国ではらしゃ120を輸出して100のぶどう酒を輸入することができるのだから得もなければ損もない．他方，P国は100のぶどう酒をE国に輸出するために 100×8/9＝88.9 だけのらしゃの生産を犠牲にしなければならぬ．しかしそれと交換に120のらしゃを得たのであるから，差引 31.1 (＝120－88.9) の利益になる．逆に交易条件がP国の国内交換比率 80：90 に等しければ，P国では損得ないが，E国では100のらしゃを輸出して交換に 112.5 (＝100×90/80) のぶどう酒を取得することができる．国内では100のらしゃを生産するために 83.3 (＝100×100/120) のぶどう酒を犠牲にしたわけだから，差引 29.2 (＝112.5－83.3) だけの利益をえる．

　かように交易条件が一方の国の国内交換比率に等しければ，その国は貿易による利益がないから (損もしないが)，貿易に積極的ではないだろう．だから交易条件は両国における国内交換比率 (この場合，12/10 と 8/9) を限界としてその中間にきまることになる (中間のどこであるかは国内需要に依存する，後述)．上例において 1：1 にきまったとしよう．E国においてはら

しゃ100を輸出して交換にぶどう酒100を輸入する．国内においてはらしゃ100を生産するに要する労働でもってぶどう酒83（＝100/120×100）しか生産できないから100－83＝17の利益をえる．P国においては100のらしゃを輸入して100のぶどう酒を輸出する．100のぶどう酒を生産するには8,000時間の労働を要し，これだけの労働では国内においては89（＝8000/90）のらしゃしかつくれない．しかるに今は貿易によって100のらしゃが得られるから，差引100－89＝11の利益をえる．このように交易条件が両国国内交換比率の中間にあるならば，両国とも貿易によって利益を得るから，それぞれ優位を保つ生産物に特化して，それと相手国の生産物とを交換した方がよいことになる．これが「比較生産費の原理」の大要である．」（〔6〕140-142ページ）

すなわち，国家間の公正な交易条件（為替レート）を前提として，一方の生産費を基準に他方の生産物の生産費を割算をして求めているところに「比較生産費の原理」のエッセンスがあることを理解されよう．つまり，絶対的な有利性ではなく相対的有利性を意味しているのであって，この考え方を実証分析に応用したものが，次に述べる藤谷モデルおよび頼モデルである．

(2) 藤谷モデル

藤谷築次氏はD.リカルドの「比較優位性の原理」を敷衍し，競争力指数という形で各作目の当該地域内部における相対的有利性を判定する指標を開発されている．同モデルはJ.S.ベイン著『産業組織論』の理論にも影響されたキログラム当たり生産費と価格を基本としたモデルであるが，ここでは単位面積当たり収量・市場価格・生産費を用いて説明しておこう．同モデルはi作目の国内レベルにおける生産費カバー率と当該地域において実現された生産費カバー率との相対比率でもって算出したものである．

同モデルを提示すれば，競争力指数

$$C_{ri} = \frac{\{P_{ii} \cdot Q_{ii}\}/\{C_{ii}\}}{\{P_{ai} \cdot Q_{ai}\}/\{C_{ai}\}} \gtreqqless 1.0 \quad \cdots\cdots\cdots\cdots\cdots\cdots\cdots\cdots\cdots ①$$

で与えられる（〔7〕参照）．ここにおける数式の意味を説明すれば,

 P_{ai}：i 作目の kg 当たり国内平均農家（庭先）価格
 Q_{ai}：i 作目の 10a 当たり国内平均生産量
 C_{ai}：i 作目の 10a 当たり国内平均農家（庭先）生産費
 P_{ii}：i 作目の kg 当たり当該地域の平均農家（庭先）価格
 Q_{ii}：i 作目の 10a 当たり当該地域の平均生産量
 C_{ii}：i 作目の 10a 当たり当該地域の平均農家（庭先）生産費
 C_{ri}：i 作目の競争力指数

である．

したがって，分母指標は全国レベルで見た i 作目の生産状態が過剰になっているか，あるいは過少であるかを判定する指標となっている．つまり，生産過剰に陥っていない場合は，粗収益が生産費を上回り，その値が 1.0 以上になる．値が 1.0 以上であれば，全国レベルで見て，i 作目の単純再生産（生産費を農林水産省の 2 次生産費で計算した場合は拡大生産が可能となる）が可能であることを示している．

他方，分子の指標は i 作目の当該地域における生産費カバー率を示しており，もちろんその値は 1.0 以上であることが求められているが，それだけでなく，全国平均の値を上回ることが望ましい．当該地域における i 作目の生産費カバー率が全国平均を上回るための条件は，① 10a 当たり生産費が全国平均を下回るか，② 10a 当たり収穫量が全国平均を上回るか，③あるいは市場価格が全国平均価格を上回るかの，いずれかの条件を満たさねばならない．

①の条件を満たすためには，当該地域の労賃水準が他地域に比べて安いことと，i 作目に関する生産技術条件が優れていて，当該作目の生産を労働節約的に推進し得ることが挙げられる．②の条件を満たすためには当該地域における気象条件や土壌条件が相対的に有利に作用する場合（豊沃度地代の第 1 形態および第 2 形態）と，生産技術条件が優れている場合である．③の条件を満たすためには，ある特定の出荷対象市場において市場シェアが高く，

第 2 章　作目の選定戦略と産地形成の理論的検討　　39

第1章で青果物価格形成の特質を明らかにしたように，安定的・継続的出荷を実践している場合である．もちろんこの場合でも，i 作目の品質が優れているか，あるいは他産地と比べて遜色のない品質状態となっていることが大切である．

　上記3条件が同時にすべて満たされるということはなくても，そのうちどれか1つの条件を満たせば，有力な産地を形成することができるのであり，農業関係機関が当該地域における農業振興を図る上で，検討すべき課題を提示している．それゆえ，藤谷モデルは当該地域内において今後検討すべき課題を提示している点で優れたモデルということができる．

　ただし，青果物の生産は年次毎に激しい変動を繰り返すので単年度の生産費調査データのみで比較分析することは危険性が大きい．したがって，3カ年程度の調査データを平均して利用することが望まれる．

(3)　頼モデル

　頼モデルでは「産地間競争力指数」という呼称で表現しており，以下のような算定式を提示している（〔8〕参照）．

　同式の提示に基づいて，「各産地では長期的な見通しに立って，どの作目が相対的に産地間競争力の強い作目であるかを，真剣に検討しなければならない．著者は，常々，産地の主幹作目を選ぶ基準として，次の産地間競争力指数を示し，それが現在1よりも大きい，あるいは近い将来，大きくする自信のある作目を選ぶことを提案している．

$$\text{産地間競争力指数} = \frac{\text{当産地生産物の} \dfrac{\text{市場価格}}{\text{生産費}+\text{流通費}}}{\text{主な競争産地の} \dfrac{\text{市場価格}}{\text{生産費}+\text{流通費}}} > 1$$

　要するに，産地間競争力の強い作目とは，①単位当たり生産費をより節約することができるか，②単位当たり流通費をより節約することができるか，③生産物品質の向上か，あるいは端境期出荷によって市場価格を上げることができるか，④市場取引力を強化してより高い市場価格を実現することがで

きるような作目であるといえよう」と主張しており，藤谷モデルをより精緻化したモデルとなっているが，現実に同モデルを利用する場合，立地場所の異なる巨大市場毎に競争産地が異なってくるので，特定の農協の生産部会がどの産地を当面の競争産地として想定するかという難しさを伴っている．

だが，国家間の競争力指数を算定する場合は比較すべき対象市場が単一となるので，頼モデルの方が優れたモデルとなる．両モデルとも国内産地の競争力を算定するために考案されたモデルであり，国際間の競争関係を明確にする理論として利用されるとは想定していなかったものと考えられる．しかし，いずれのモデルも D. リカルドの比較優位性の原理をその基礎にしていることは明らかであろう．

(4) 作目選定戦略の決定

上記のモデルは地域内部における営農改善課題を与えてくれるが，地域内部に有力な作目が多数存在する場合，競争力指数が 1.0 以上の値を示す作目も相対的に多数存在することになるから，地域内部で振興しようという作目を決定するには不十分である．つまり，生産サイドからの分析だけでは決定できないのであって，需要サイドの構造変化を組み込んだモデルが要求されるのである．

農産物の消費・需要動向を検討すれば，世界的な食料消費の動向は，飢餓的な状況から徐々に社会が安定し，地域生活者の所得向上とともに穀類のみの消費から動物性蛋白質の消費へと変化していくことはよく知られている事実である．ついで，飢餓的な状況から解放されて，穀類の生産が安定的に推移し始めると，畜産物類への消費拡大が始まり，これと並行してビタミン質・ミネラル質食品への移行が始まるものと考えられる．

わが国の食料消費構造の長期的展望を行えば，団塊の世代があと 5 年で 60 歳に達することになり，国際的に見ても超高齢化社会になることは明らかである．超高齢化社会の到来ということは，わが国の食料消費構造が高カロリー・高蛋白質食品から低カロリー・高ビタミン・ミネラル質食品への移

第2章 作目の選定戦略と産地形成の理論的検討

行を必然とするものである．つまり，毎日規則正しい食事を摂取することによって健康増進を図ろうとする消費者は益々拡大してきているのである．このことを食料消費行動の側面についてより具体的に言えば，酸性食品（精肉類）への需要圧力は相対的に縮小し，菌茸類・野菜類等（ビタミン・ミネラル質食品）への需要圧力は相対的に増大するものと判断されるのである．

そこでわれわれは，食料消費構造を正しく反映する指標を以下のように設定することにした．すなわち，

$$V_i = \{P_i\}/\{K_{ci}\} \cdots\cdots\cdots\cdots\cdots\cdots\cdots\cdots\cdots\cdots\cdots\cdots\cdots\cdots\cdots ②$$

P_i：i 作目の kg 当たり市場価格

K_{ci}：i 作目の kg 当たりキロカロリー

ここで，K_{ci} は各作目が保有する固有の値であるため，V_i の値を上昇（または下降）させるのは市場価格 P_i に独り依存することになる．つまり，当該作目の品質条件を一定にすれば，市場における需給両曲線の交点によって P_i は決定されるから，短期的には主に供給サイドの条件変化によって P_i が変化することになる．また，それぞれの作目が保持する固有のカロリーが大きければ大きいほど，V_i の値は低位に押し留められることになる．したがって，同指標は低カロリーでしかも市場価格が相対的に高い作目ほど，その値を大きくすることになる．近年，砂糖の例で明らかなように，カロリーの高い食品は敬遠され，菌茸類のような低カロリー食品が人気を博していることからも判断できよう．

つまり，長期的に見て，低カロリー・高ビタミン・ミネラル質食品群の市場価格は高位安定的に推移するものと想定することができよう．

この事実は厚生労働省の国民栄養調査に顕著に現れており，緑黄色野菜の需要拡大となっている．具体的には，トマト・かぼちゃ・ニンジン等である．ただし，厚生労働省の国民栄養調査は調査期間が短く，11月の連続した3日間に実施しているため，国民全体が同調査の結果と一致した食生活を行っているかどうか疑わしいという批判がある．

しかしながら，すでに説明した藤谷モデル（①式）とカロリー当たり市場

価格（②式）とを組み合わせることによってビジュアルで構造的なモデルを作成することができる．

3. 実証分析への応用とその分析結果

　本節では，はじめにわれわれが開発したモデルの説明を行い，ついで宮崎県の都城農業改良普及所が作成した資料を基に理論モデルに当てはめた結果を検討しよう．

　図 2-1 はわれわれが開発した理論モデルである．同図の縦軸には V_i を，横軸には競争力指数 C_r を表示している．さらに，縦横両軸の 1.0 上に点線を引き，A グループ，B グループ，C グループと区分している．縦軸の目盛り 1.0 上で点線を水平軸と平行に引いているが，その理由は過去に何回か計量化の計測を行った経験からである．同図から

　A グループ：当該地域における振興作目群（$C_r>1.0$, $V_i>1.0$）
　B グループ：販売組織対応強化作目群（$C_r>1.0$, $V_i<1.0$）
　C グループ：普及技術強化作目群（$C_r<1.0$, $V_i>1.0$）

と呼ぶことができよう．

　A グループに属する作目群は競争力指数が 1.0 以上の値を示し，しかもキロカロリー当たり市場価格も 1.0 以上の値を示すものであり，低カロリーでしかも市場価格が高く，同時に相対的有利性を保持していることを示しており，長期的に見て当該地域における振興作目として位置づけることのできる作目群であることが肯首できよう．

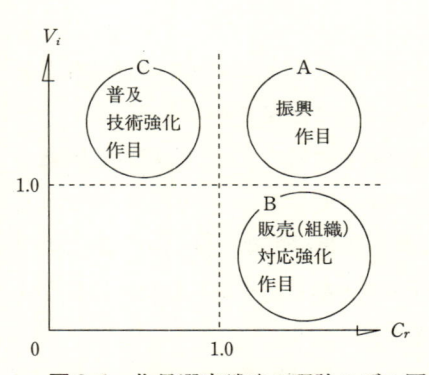

　B グループに属する作目群は競争力指数の値が 1.0 以上となって

図 2-1　作目選定戦略の理論モデル図

いるが，キロカロリー当たり市場価格は1.0以下の値しか示さず，相対的有利性を保持しているのだが，長期的に見て当該作目の保持する固有のカロリーが高いために販売組織対応を強化しないと当該地域内部での存続が危ぶまれる作目群であることを示している．したがって，販売組織対応強化作目群と呼ぶことができよう．

Cグループに属する作目群はキロカロリー当たり市場価格は高いのだが，当該地域における競争力指数が1.0以下の値を示しており，長期的に見て人々の需要動向に即した作目なのだが，当該地域内部における自然的条件（土壌条件を含む），あるいは生産技術条件が他地域よりも劣っているために生産コスト・反収・品質のいずれかの要因が競争力指数に影響を与えており，その結果競争力指数の値を1.0以下に押し留めているのだから，生産コスト・反収・品質のいずれかの要因を改善向上させる努力が大切な課題である．すなわち，このグループは普及技術強化作目群と呼ぶことができるだろう．

青果物類を食事・料理利用形態別に検討すると，かんしょ・ばれいしょ・さといも・だいこん等の煮炊き物を中心とする野菜類の消費は減少傾向を示している．しかし，生食用（レタス・きゅうり・セロリ等）の消費は安定的に推移しており，緑黄色野菜類（かぼちゃ・にんじん・トマト・ブロッコリー等）は厚生労働省の国民栄養調査によれば，着実な消費拡大を遂げている．したがって，野菜類全体の消費が減退しているとする見解には疑問が生ずる．むしろ高齢化社会の到来によって，日常食生活を正しく行うことで健康増進を図ろうとする社会的風潮は一層の高まりを見せており，高ビタミン・ミネラル質食品への転換が図られてくるものと考えられる．

こうした論理的考察でもって宮崎県都城盆地地域の振興作目の検討を行うことにしよう．

(1) カロリー当たり市場価格の算定

成牛1頭当たり精肉生成量は，成牛600kgであれば枝肉は約360kgになり，包丁を入れて部位毎に精肉として販売する場合，部位毎の精肉合計が

表 2-1　肉牛の部位別構成比とカロリー

部位名	精肉量(kg)	構成比(%)	カロリー(kcal)	kcal/100g
かた	16.00	17.02	233.00	39.66
かたロース	12.25	13.03	328.00	42.74
かたばら	16.00	17.02	317.00	53.95
ヒレ	3.50	3.72	238.00	8.85
リブロース	6.25	6.65	289.00	19.22
サーロイン	9.25	9.84	364.00	35.82
うちもも	10.00	10.64	165.00	17.56
しんたま	8.50	9.04	165.00	1.49
らんいち	8.25	8.78	237.00	20.81
そともも	7.50	7.98	172.00	13.73
合　計	94.00	100.00	2,508.00	253.83

出典：『畜産大事典』（養賢堂），『図説食品成分表』（一橋出版）．

250kgになるものとして，全体のカロリー計算をすれば100g当たり253.8 kcalとなる．他方，成牛1頭当たり市場価格は70〜80万円で取引されているから，その中位数75万円で取引されるものとすれば，精肉重量は250kgで，キロ当たり精肉価格は3,000円である．したがって，キロカロリー当たり単価は1.182となる（表2-1参照）．なお，同表のように，どの牛種を屠畜しても精肉の種類が各部位の生成量と同等に生成されるものとしている[2]．

他方，南九州および沖縄県の特産品である砂糖キビの反収は7,500kgであり，その搾汁量は16％で，粗糖生成量は975kgである．また，粗糖1トン当たり市場価格は21,034.56円であり，粗糖100g当たり383.0kcalの熱量を持っている．したがって，100g当たり市場価格は0.00549円/kcalとなる[3]．

なお，永年性作目群については将来価値を現在価値に割り引いた値を基礎として算定することが望まれる．茶・タバコ・養蚕等の嗜好作物・工芸作物についてはカロリー計算ができないので除外することにし，花き類については次章で詳しく検討することにしよう．

第2章　作目の選定戦略と産地形成の理論的検討

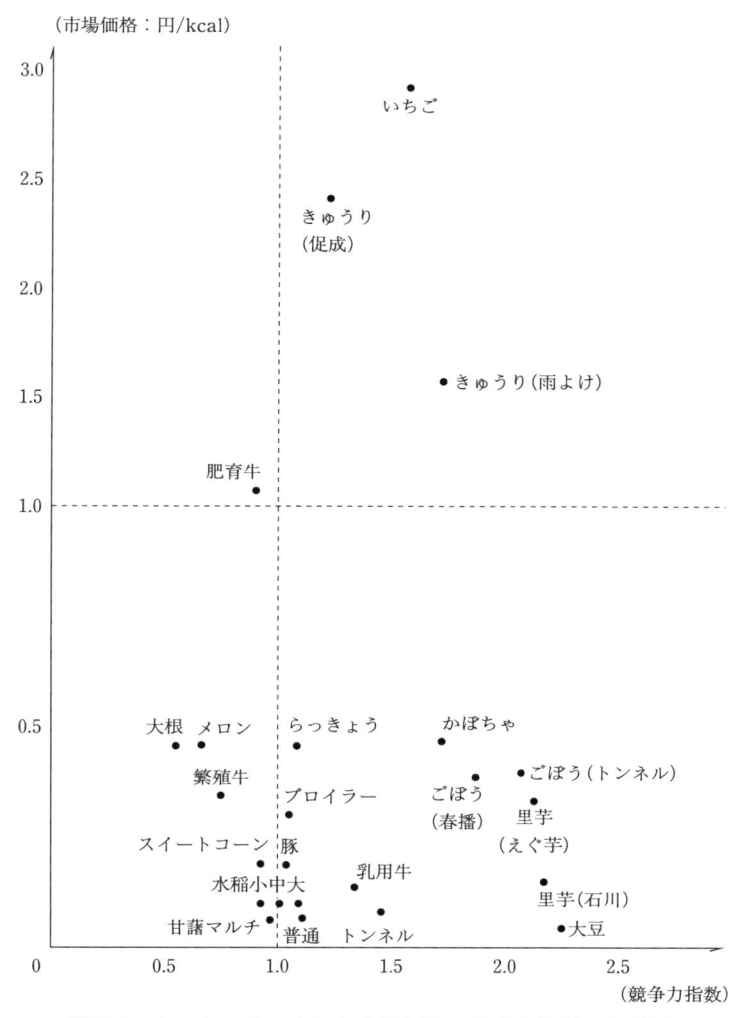

図2-2　キロカロリー当たり市場価格と競争力指数の相関図

(2) モデルの適用

　さて，われわれが提示しているモデルに都城農業改良普及所のデータから算出された生産費調査に基づいて競争力指数とキロカロリー当たり単価を描

いてみると，図2-2の如くであり，その基礎データは章末の付表1である．同図の縦・横両軸の1.0の値の位置で両軸に平行に点線を記入している．

農林水産省の生産費データおよび東京都中央卸売市場年報のデータと比較すると，農業改良普及所のデータは営農実態を反映した正確な事実を示しており，地域の営農実態とその改善に直接役立つ資料となっている．

それゆえ，われわれが提示した作目選定戦略の理論モデルにあてはめると，今後同地域内で振興すべき作目はいちご・促成きゅうり・雨よけきゅうりの3品目であることを決定することができた[4]．

さて，上記の研究結果を実施した時点（1991年）と現在の状況を都城盆地地域の作目別土地利用状況とを比較して，調査理論が実際に適用され生きた理論として実践されているかどうか検討しておこう．付表2は作目別作付面積の実態を示している．同表によれば，1980年から2000年までの20カ年にその作付面積を拡大している作目はきゅうりのみであり，われわれが提示した作目の決定理論と一致している．また，ピーマンは1980年から90年にかけてその作付面積を拡大させたが，90年から2000年にかけて現状維持で推移させている．いちごは地域内でまとまった生産量となっていないために調査されていない．その他の作目群はすべて作付面積または飼養農家戸数の減少を示しており，われわれの仮説定立的実証分析の妥当性を示唆している．

4. ブランド確立のための経済理論

(1) 経済学の分野で開発されてきた理論

経済学におけるブランド概念に対応する理論は，1962年にE.H.チェンバレンが『独占的競争の理論－価値理論の再啓発－』（訳書[9]）の中で，価格理論の応用という筋を通すことによって独占と競争の抽象的な理論研究を行っており，その体系の中で 'the differentiation of the product（生産物の質的分化）' という言葉を使ったのがはじめである．その後，ハーバード学派

のJ.S.ベインが『産業組織論』(訳書〔10〕)の中で，市場構造を決定する重要な要因として，①市場の集中度，②製品差別化，③市場の参入障壁，の3点を挙げ，'product differentiation'を生産物の差別化と訳するようになり，産業組織論の中で定着することになったのである．

チェンバレンの生産物の差別化という概念は「生産物のある一般的な種類について（中略）ある供給者の財貨（あるいは用役）を他の供給者のそれから区別させるだけの何かある重要な基礎が認められる場合」，その生産物は差別化されているという．「その基礎は客観的な事実であってもいいし主観的な仮想であってもいい　とにかく　買い手に対して何らかの重要性を持ち　生産物のあるバァライアティー（variety）をほかのバァライアティー以上に選好させるという事態を生ずることが　大切である」と主張し，こうした事態が発生すれば生産物が差別化されていると認定しようというのである（同書72ページ）．

したがって，生産物の差別化とは，①生産物それ自体の特徴に基づく場合と，②生産物の販売をめぐる諸条件に関連して行われる場合，の2種類が存在することになる．①に関する具体例としては，特許に基づく排他的特徴，商標，商品名，包装，容器，品質，デザイン，色，スタイル，等を挙げている．また，②に関する具体例としては，小売業では――単に一例に過ぎないが――として，売手の立地の便利さ，彼の店の一般的格調や性格，商品の選び方，公正な取引をするという信望，丁寧な態度，能率の良さ，商品に対する信用の形成，アフターサービスの有無，等を挙げている．「この種の目に見えない諸要素が　売り手でそれぞれ異なっている場合　「生産物」は《買手が多かれ少なかれそれを斟酌し　そういう無形要素を商品それ自体に抱き合わせて買うかたちになっている》という意味において　それぞれ異なっているといわねばならぬ」と主張している（同書73ページ参照）．

このように，生産物の差別化という概念はある産業の市場構造を規定する概念として形成されたものであり，個別企業の販売をめぐる諸条件をその理論体系の中に含んでいるのである．だが，チェンバレンの理論体系を踏まえ

たベインの産業組織論では市場構造が個別企業の市場行動を規定し，その結果として個別産業の市場成果が決定されるのである．したがって，ある産業に属する個別企業の行動は基本的に市場構造によって規定されることになる．

個別企業の市場行動とは，価格政策はもちろんのこと製品政策と販売促進政策を意味しているが，個別企業がその市場内で他企業より有利な地位を確保（利潤極大）しようとするために，製品政策（生産物の差別化）と販売促進政策（広告・宣伝）をセットで展開していくことになる．

この点に関して，ベインは「両方の種類の政策とも，たぶん目的として，意思決定単位の生産物の需要を増やすこと，ないしは減少を防止することをねらいとしている．（中略）販売促進政策と製品政策のどちらも，本質的に多次元的であり，価格政策よりも複雑である．販売促進政策は費やす金額の決定と同様に，促進キャンペーンの複雑な計画を立てることも含まれる」（同書377ページ）と主張しており，後に見るブランド概念よりもより広範な内容を含んでおり，生産物の差別化が市場構造を決定する重要な要因として取り扱われている．

(2) ブランドとは何か

本項ではブランド概念に関する文献のサーベイを行い，それが生産物の差別化概念とどんな点で相違するのか検討することにしよう．

米国マーケティング協会によれば，ブランドとは「他社の商品やサービスとの違いをはっきり示す名前，語句，デザイン，シンボル，など．ブランドの法律用語は商標（trade mark）．ブランドは売り手の1つの商品，商品ファミリー，全商品についてその独自性を示すものである．企業全体として使われる場合は，商標名（trade mark）という言葉の方が適切である」と定義している．

しかし，上記定義には消費者および生産者の特定商品に対する行動が明示されておらず，商標の持つ多面的な内容が欠落しているという指摘がある．つまり，消費者の反復消費を狙いとした企業の広告・宣伝活動の効果を無視

した定義であることは明らかである．

次いで，D.A. アーカーはその著『ブランド優位の戦略』(訳書〔13〕)において「ブランド（それが代表する会社）は，主として次の四つの要因によって今日まで生命力を維持し続けている．品質へのこだわり，認知の換起，ロイヤルティの育成，そしてこれが最も重要であるが，強力で明確なブランド・アイデンティティの開発，がそれである」(同書2ページ）と主張している．また，アーカーは上記4要因について詳しく論述し，ブランド・エクイティという概念を提示している．つまり，単なる商品名に過ぎないブランドがなぜ高い経済価値を持つことになるのかという点に関して論考の焦点を絞り，検討しているのである．ここでブランド・エクイティとはブランド資産を意味する．

また，石井淳蔵氏はその著『ブランド　価値の創造』〔14〕において，名前（商品名）とブランドとブランド・アイデンティティとの相互関係を次のように定義している．「「名前」は実態に従属した「あるいは実体をそのまま写しとる透明なメディア」を指すときに，「ブランド」はその名がメッセージ性を持った（あるいは，それが指示する実体に左右されない独自の価値を持った）ときに用いる．「ブランド・アイデンティティ」とは，ブランドの普遍的統一性というよりもう少し強く，ブランドの価値の源泉，ブランドの（他にかわりうるものがない）「絶対的な本来の価値（意味）」と定義する」(同書112ページ）としており，何の変哲もない商品がブランドを冠しただけで，高い経済価値を実現することの不思議について論考しているのである．しかも，「「ブランドの価値は，いったいどこからどのように生まれるのか」というブランド価値の誕生について，実のところ手がかりとなる理論があるわけではない」(同書9ページ）と主張し，過去の研究成果を注意深く読むと，対照的な2つの意見があることを指摘している．その第1は，「「ブランドとは，市場で消費者に選ばれた商品である」ことを強調する意見である．「市場におけるブランド自然選択説」とでも名づけられよう」とし，もう1つの対照的な意見として「「ブランドの核心にはつねに，制作者や経営者の

そのブランドにかける思いや夢，世界観やビジョンがある」という意見である．これは，「ルイ・ヴィトン」や「ベンツ」には，そもそもそれとして認められる価値（パワー）が内在しているとする論である．とりあえず，ブランド・パワー説と呼ぶことにしよう」と名づけ，貨幣論における貨幣創世記に関する2つの説と対比しているのである．しかし，いずれの説を採るとしてもその理論が十分に成熟していないことを指摘している．

(3) 商品のライフサイクルとブランド

最後に，鳥居直隆監修『強いブランドの開発と育成』〔15〕では米国マーケティング協会の定義に飽きたらず，「ブランドとは，消費者が他社とは違う特徴と価値を認め，継続的に購入利用するロイヤルな顧客を持った商品やサービスのことをいう」としており，ブランド形成による高い経済価値を実現するための様々な論考を行っている．しかも，商学部では経済学部の分野で開発された理論体系の単なる応用では物足りないとする風潮があり，商学部独自の理論体系を打ち立てたいという意識は強い．商学部独自で開発した理論体系はごく僅かであると言われているが，E.J.マッカーシーの「商品のライフサイクル理論」は商学部の分野で誇りとする理論体系である．その理論と結びつけて理解しようとし，ブランドという概念のなかに包摂しようとしている．

すなわち，すべての商品にはライフサイクルが存在し，そのライフサイクルに規定されてその商品の寿命が決せられるということになれば，企業は新しい商品の開発に忙殺されることになり，消費者もまたブランドに込められた高い品質の商品を選ぶことができないために多大の労力を費やすことになる．そこで，企業はマスメディアを通じてブランドに新たなコンセプトを付与し，商品のライフサイクル期間を延長・拡大しようとするのである，と理解することができよう．

上記ブランド概念には，ブランドが冠せられ，その結果として当該商品の市場における売上量（額）が増大することに関して論考されているのであっ

て，市場構造が変化するという視点は存在しない．したがって，ブランド概念は経済学部の分野で開発された生産物の差別化概念に込められている市場構造の構成要素としてマクロ的な意味で用いられているものではなく，個別企業または個別商品の販売戦略上の一手段として利用されていることに注目すべきであろう．

さらに，ブランド価値の源泉を追究しようとするあまり，論理的考察が中心であり，当該商品と密接に代替する商品との市場シェア・市場価格・宣伝活動等が当該商品に与える影響（販売数量・販売価格）に関する分析はほとんど行われていない．

いずれにしても，商学部で展開されてきたブランド概念を園芸農産物のブランド形成に直接利用しようとすることは不可能である．なぜなら，その概念自体が農産物の流通に適用できるほど明快ではないし，さらに園芸農産物のブランド形成に対してどんな手段をとることが有効なのか全く明示されていないからである．また，ブランドという概念は経済学の分野で使用されている生産物の差別化といった市場構造を変革する要因の1つとして使用される概念とは違い，例えばいちご生産者集団の中の特定地域に属する生産者集団ないし産地に対して冠する概念となっている点に注意しておかねばならない．

5. 市場サイドからみた産地の出荷量と季節別出荷シェア

(1) はじめに

石井淳蔵氏のいう市場におけるブランド自然選択説を採るとしてもブランド・パワー説を採るとしても，ブランドに込められた品質・機能・素材・サイズ・使用性といった商品属性が優れていることに加えて，表示的価値（名称・マーク・ロゴ・デザイン・シンボル）と意味的価値（パーセプション・イメージ・印象・感情・評価・愛着・信頼）とが合体してブランドが構成されるものであるという認識は，一般的な常識として是認されよう．だが，こ

れらの要素だけでブランドが形成できるのではない．その商品を取り扱う流通業者にとって何らかの経済的なメリットがなければならない．たとえば，当該商品のバックチャージが他社の密接に代替する商品の取り扱いによるバックチャージよりもはるかに大きい，といった内容を伴っていなければならないだろう．

そこで，園芸農産物のブランド形成（銘柄確立）について考察しておこう．青果物のブランド形成に成功している商品の具体名は，静岡の茶・静岡のアールスメロン・三ヶ日町の温州みかん・鳥取のらっきょう・青森のニンニク等を挙げることができる．

第1に，いずれの商品も開発当時の社会経済情勢を考察すると，高級品としてのイメージが形成されていたことを挙げ得る．したがって，市場価格は相対的に有利な価値づけがなされていた．

第2には，相対的に有利な価値づけに見合った品質管理がなされてきたことを挙げ得る．例えば，産地段階でダンボール箱に詰め込む商品の品質規格および形状規格を他の産地に先駆けて厳格に規定し，違反者に対しては厳しいペナルティを課してきたのである．その結果，高級品としてのイメージが定着し，贈答用としても大いに活用されたのである．しかし，現在では贈答用や病気見舞いに果実類を利用することは稀であり，贈答用や病気見舞いには切花を用いることが多い．

第3には，当時の社会経済情勢の下で，当該商品が需要の拡大期にあったので，厳しいペナルティを課しても生産意欲をそぐことはなかった．それゆえ，特定産地内で当該商品の生産面積を拡大していくことができた．その結果，ある特定の季節（月次）・ある特定の市場において圧倒的な市場シェアを占めることができ，その時期の市場価格を産地の出荷対応である程度コントロールすることができたのである．

第4には，当時のマスメディアを積極的に活用し，産地のイメージを最終消費者に無意識のうちに擦り込む努力を払ってきたといえよう．

第5には，この点が最も重要であるが，青果物流通は国民の食生活にとっ

て必要不可欠なものであるだけに，政府の法的規制に縛られて，卸売業者（荷受け）は差益商人として機能することができず，単なる手数料商人として営業しなければならない．それゆえ，できるだけ安く仕入れ，できるだけ高く売るという商行為を行う（差益商人）ことができず，農家・農協の立場に立ってできるだけ高く売るという行為（手数料商人）だけが自己の経営を安定化する手段である．したがって，ある特定の産地から供給される商品を取り扱うことにより当該産地からのバックチャージを大きくすることなどはできないのである．それだけに，日常の取引を通じて，主力商品の平均単価をできるだけ高くするためには，できるだけ多くの買受人がセリ場に参加することが望まれる．

　つまり，卸売業者（荷受け）は今後需要拡大が見込める商品を可能なかぎり多く扱うことが有利な経営に繋がることになる．

　もう1つの条件は銘柄（ブランド）の確立された商品をできるだけ多く取り扱うことである．その理由は，たまたま特定の月次において市場への供給量が拡大したとしても，ブランドの確立された商品は大きな値崩れを起こさないからである．

　こうした条件を満たすために，卸売業者（荷受け）は買受人に対して各種のサービスを提供している．この条件の中には，当該商品の収穫・出荷時期を通じて安定的・継続的に当該流通業者に供給し，当該商品が安定的な商材として利活用されることを含んでいる．たとえば，高品質な商品を生産する産地であっても商品が時々しか当該流通業者の手に入らないということであれば，商材として当てにできない産地になる．

　それゆえ，上記5要因のうちどれ1つも優れた条件を備えていることがないとしても，流通業者が将来当該産地の商品が市場において高い評価を得ることになるかもしれないという見通しを持ってくれれば，商品の販路拡大努力を惜しまないだろう．つまり，流通業者は，それなりの十分な利益が挙げられなければ特定産地の商品を積極的に取り扱うことはしないのである．

　以上，全国的な規模で特定産地の青果物が銘柄を確立した当時の食料農産

物に対する消費者の購買対応と現在のそれとは大きく異なっているが，ブランド形成過程における諸条件を詳細に論述した．

　ここで，園芸農産物のブランド形成のための条件をまとめておけば，①生産出荷段階で厳格な品質管理（品質規格・形状規格の両者を含む）がなされていること．②ダンボール箱に詰められた商品の品質が玄人筋（流通関係者）の誰が検査しても納得の得られるものであること．③豊凶の変動にもかかわらず，そうした品質管理が出荷初期から出荷終期に至るまで一定の状態で推移し，毎年安定した生産量が確保されること．④豊凶の変動にもかかわらず，出荷対象市場に対しては一定量の継続的出荷がなされること（定質・定量出荷）．⑤当該産地の商品がいかに高品質なものであるかを消費者に訴求していくこと（広告・宣伝活動）．この中には，当該商品をおいしく食するための料理方法を含む．⑥消費者の嗜好の変化に備えて，常に新しい品種を当該産地の主力品種の一部に導入しておくこと．これには生産者の新品種への栽培を通して主力商品（品種）に関する生産技術の向上が含まれる．

　①〜⑥の条件を満たすためには産地生産部会の詳細な取り決めと学習活動が必要であるが，その部分については削除しておく．なお，①〜⑥の条件は単に青果物の銘柄形成だけにとどまらず，花き類の生産においてもそのまま当てはまる条件であるが，花き類の品質判定基準は青果物の場合とは異なるので，第3章において論述する．

　ところで，近年の最終消費者の食品に関する消費購買行動は，食品の安全・安心を前提として，一方で手軽さ・簡便性を追究すると同時に，他方ではスローフード運動等に触発されて，①有機・無農薬食品であるとか，②生産者の顔が見える食品であるとか，③食事を通じて四季折々の季節を感じさせる食品であるとか，という条件が重視されるようになった．したがって，美味しい・旨い等官能面に訴求するといった銘柄だけではなく，有利販売に関して上記①から③の条件が付加されるようになってきた．したがって，銘柄確立の手法も多様化しており，形状規格・品質規格を揃えて官能面に訴求するといった画一的な銘柄確立運動から，消費者の多面的な Want（欲求）

に対してストレートに訴求するだけで，有利販売につながる．

こうした事実は，毎年の日本農業賞審査報告書等で明らかである．それゆえ，現代社会では従来の銘柄確立運動よりも比較的簡単に食料農産物の有利販売が可能となっていることを指摘しておきたい．

では青果物の銘柄確立産地として，そうした条件を備える産地は出荷対象市場においてどの程度のシェアを占めることが必要なのだろうか．次項以下で実証的に検討することにしよう．

(2) 実態調査の方法

青果物年間取扱金額上位20社のうち，立地場所が東京都以西の荷受機関19社（札幌市場を除く）に対して訪問聞き取り調査を実施し，協力の得られた18社について集計を行った．なお，聞き取り調査は1994年に行ったものである．

調査の内容は，品質条件（形状規格・品質規格）が銘柄の確立されている産地の条件と同一として，当該市場にどの程度のシェアを持つことが必要な条件となるのかを聞いている．聞き取った調査データに基づき，東京都中央卸売市場に収容されている卸売会社（荷受機関）が取り扱う月別入荷量データの過去10カ年（1991～2000年）の平均入荷量と比較した．

(3) 実態調査結果の検討

表2-2は調査結果を取りまとめたものである．

同表に基づいて根菜類から始めれば，日次的入荷量を検討するとだいこんのモード（並数）は10～20トンの幅にある．にんじん・ごぼうは5～10トンの幅にそのモードを示している．れんこんは1～3トンの幅にある．

土物類（食用かんしょ・さといも・らっきょう）では，モードが3～5トンの幅にあることを示している．果実的野菜（いちご・ネット系メロン）は市場統計では品種毎の集計がなされているが，新興産地が新規に銘柄を確立するためには，生産の初期から最高級品たるアールスメロンを生産すること

表 2-2　銘柄確立産地として確保すべき最低出荷量（1 日当たり）の分布

		0.3t	0.3~0.5	0.5~1	1~3	3~5	5~10	10~20	20~30	30t 以上	回答数計
根菜類	だいこん	—	—	—	1	—	6	8	1	2	18
	にんじん	1	—	—	2	1	9	3	—	2	18
	ごぼう	—	—	2	4	4	6	1	1	—	18
	れんこん	—	1	2	3	1	—	—	1	—	8
土物類	食用かんしょ	—	—	1	4	2	4	4	1	1	17
	さといも	—	—	1	3	5	6	2	—	1	18
	らっきょう	—	—	1	6	6	3	—	—	1	16
果実的野菜	いちご	—	1	2	6	3	2	2	1	—	17
	ネット系メロン	—	—	4	5	3	2	2	—	1	17
葉茎菜類	キャベツ	—	—	—	—	1	5	6	2	4	18
	レタス	—	—	—	1	2	9	5	1	—	18
	ほうれんそう	—	—	1	10	2	3	—	—	1	17
	ねぎ	—	—	1	7	3	4	2	—	—	17
	ニラ	—	1	3	4	1	—	1	—	—	10
	チンゲンサイ	3	2	2	9	—	—	—	—	—	16
果菜類	夏秋きゅうり	—	—	—	2	2	9	6	—	—	18
	なす	—	—	—	7	1	6	3	—	1	18
	ミニトマト	3	2	4	6	1	1	—	—	—	17
	夏秋ピーマン	—	—	—	10	4	4	—	—	—	18
	スイートコーン	—	—	—	5	1	2	1	—	—	9

資料：農林水産省食品流通局野菜振興課「生鮮野菜・野菜加工品の輸出入実績」第 3 章付表より．「野菜の生産費」．
註：実態調査結果に農水省生産費データを修正して作成した．

が難しいので，ネット系メロンとして聞き取ることとした．いちごの場合も同様である．果実的野菜のモードは 1~3 トンの幅にある．

茎葉菜類のうち，キャベツとレタスは重量性と増嵩性があるために，前者は 10~20 トンの幅に，後者は 5~10 トンの幅にあることを示している．茎葉菜類のうち，軟弱蔬菜の性格を持つほうれんそう・ねぎ・ニラ・チンゲンサイはそのモードを 1~3 トンの幅にあることを示している．

果菜類では，夏秋きゅうりが 5~10 トンの幅にあり，なすが 3~5 トンの幅にあることを示している．他方，ミニトマト・夏秋ピーマン・スイートコーンは 1~3 トンの幅にあることを示している．

第2章　作目の選定戦略と産地形成の理論的検討

状況
(単位：企業数)

国内生産量	輸入量（フレッシュ）
*	*
86(万t)	2,967(t)
*	*
*	*
*	*
*	*
*	*
*	3,416
*	20,695
281	29,477
51	955
37	19
*	*
*	*
*	*
89	*
51	29
*	*
16	5
39	135

農林水産省統計情報部

　以上の結果は全国の大都市で営業する荷受機関（卸売会社）の年間取扱金額規模と地域生活者の個別品目に対する消費需要のあり方によって必要とする個別品目の需要量が異なること，さらに荷受機関の性格が，集散市場としての性格を強く持つ場合と，多元集荷・集中消費的性格を持つ市場とでは個別品目の必要需要量が異なるのである．その結果，表2-3のようなモード上のばらつきを示したものと判断される．

　しかしながら，同表の調査結果に基づいて1日当たり市場入荷量を明確にしておけば，だいこん・キャベツは10トン，にんじん・ごぼう・食用かんしょ・さといも・レタス・夏秋きゅうりは日量5トン，その他の品目（れんこん・らっきょう・いちご・ネット系メロン・ほうれんそう・ねぎ・ニラ・チンゲンサイ・なす・ミニトマト・夏秋ピーマン・スイートコーン）は日量1トンの入荷量となる．

　さて，農林水産省の生産費データから平均反収（毎年10a当たり収穫量は変動するが）が情報として提示されている．しかも，それぞれの作目毎に収穫・出荷期間が明示（この条件も年次によって大幅に変化する）されているから，表2-3によって，どの程度の農家戸数が地域内で結集すれば銘柄確立に最低限必要な出荷量をクリアすることができるかを検討することにしよう．

　だいこんはモードの最低出荷量を10トン/日とした場合，出荷期間が4.1カ月であるから，その期間の特定市場への出荷量は948.8トンということになる．他方，だいこんの反収は8トンであり，個々の農家の平均作付面積を50aとすれば，24戸の農家が結集すれば，銘柄確立に必要な最低限の出荷量は確保されることになる．

　にんじんについては，荷受機関への出荷量を5トン/日とすれば，収穫・

出荷期間が2.75カ月であるから,出荷期間全体の供給量は316.3トンとなる.他方,反収は3トンであるから,1農家当たり50aの作付面積で生産するものとすれば,21戸の農家の結集が不可欠である.

同様な計算をすると,ごぼうは489トンの出荷が求められており,1農家当たり作付面積を50aとすると,シーズン中の出荷量は9.3トンとなるから,53戸の農家が結集しなければならないことになる.

表2-3 作目別銘柄確立のために結集すべき農家戸数の推定計算

		1日当たり入荷量	シーズン中の出荷総量	個別農家の経営面積	10a当たり収量	出荷期間	結集すべき農家戸数
根菜類	だいこん	10(t)	948.8(t)	50(a)	8,039(kg)	4.125(カ月)	24(戸)
	にんじん	5	316.3	50	3,041	2.75	21
	ごぼう	5	489	50	1,860	4.25	53
	れんこん	1	276	50	1,740	周年供給	32
土物類	かんしょ	5	1,380	100	1,871	周年供給	74
	さといも	5	644	50	1,836	*	70
	らっきょう	1	36.8	20	1,800	1.6	10
果実的野菜	いちご	1	147.2	20	2,841	6.4	26
	ネット系メロン	1	276	30	3,037	周年供給	30
葉茎菜類	キャベツ	10	690	100	5,218	3.0	13
	レタス	5	575	100	2,572	5.0	22
	ほうれんそう	1	184	50	1,567	8.0	23
	ねぎ	1	179.4	30	2,890	7.8	21
	ニラ	1	243.8	20	3,300	10.6	37
	チンゲンサイ	1	241.5	10	2,330	10.5	*
果菜類	夏秋きゅうり	5	133.4	10	8,613	5.8	15
	なす	1	144.9	10	8,890	6.3	16
	ミニトマト	1	92	10	7,284	4.0	13
	夏秋ピーマン	1	138	10	4,468	6.0	31
	スイートコーン	1	76	20	1,292	3.3	29

註:1) 実態調査は1994年1月末から2月上旬に行った.
2) 1カ月の出荷日数は週休2日制のため,約23日とみるのが妥当である.
3) 平均反収は農水省統計情報部による生産費データと,実態調査結果から算定した.
4) 個別農家の栽培面積は実態調査から算出しているが,必ずしも平均値を取っているわけではない.
5) さといもの出荷期間は,6月下旬,8月中旬,11月下旬,3月下旬となっている.
6) 実態調査で調査できない品目については,各県の普及センターに問い合わせ,地域内部の標準的な経営面積を基準にしている.

第2章　作目の選定戦略と産地形成の理論的検討

　レンコンの生育出荷条件を知らないので，食用かんしょに進もう．食用かんしょは早掘が7・8月であり，遅掘が9・10・11月の出荷となっている．11月から5月までは各農家の蔵出し出荷によって周年供給されている．また，食用かんしょの場合，1農家で200aの経営面積を栽培していることが多い．しかし，各農家が100aの経営を実践するものとすれば，74戸の農家の結集が求められることになる．

　さといもは早生と晩生があり，早生の場合は6月下旬から8月中旬までが出荷期間となるが，晩生の場合は11月から3月下旬までの4カ月の出荷となる．したがって，表2-3に示したように70戸の農家の結集が不可欠となる．らっきょうは出荷期間が1.6カ月と短いため，1農家当たり生産面積を20aとすれば，10戸の農家が結集すれば特定の卸売市場において注目される産地となるのである．

　いちごは20aの面積を栽培する26戸の農家の結集が必要となっており，ネット系メロンについては30aの栽培面積を持つ30戸の農家が必要であることを示している．

　キャベツ・レタスについては，前者が13戸，後者が22戸の農家でもって，それぞれの経営面積を1ha栽培することが必要となっている．

　ほうれんそうは収穫・出荷期間が8カ月であるという前提で推定すれば，23戸の農家の結集で銘柄確立に必要な最低出荷量が確保されることになる．同様な計算を行えば，ねぎは21戸，ニラは37戸，夏秋きゅうりは15戸，なすは16戸，ミニトマトは13戸，夏秋ピーマンは31戸，スイートコーンは29戸結集すればよいことを示している．また，チンゲンサイは同一の株から何回も収穫することが可能であるとされており，その栽培実態が不明瞭なため，農家戸数の推定は控えておきたい．

　以上の計算が正確な推定となっているかどうかは，われわれが調査した荷受機関からの回答の妥当性に依存していると言えよう．つまり，モード（並数）から割り出した日入荷量が荷受機関の現実の入荷量と比較して，その値の妥当性を検討すればよいであろう．

そこで，東京都の中央卸売市場に収容されている青果物卸売会社（荷受機関）の月別入荷量の実態を検討することにした．表2-4は検討結果を示している．

東京都の中央卸売市場は都内に9カ所設置されており，2000年時点で築地市場には青果関係2社，大田市場には4社，北足立に2社，葛西に2社，豊島1社，淀橋市場に2社，板橋市場に2社，世田谷市場に1社，多摩ニュータウンに2社の合計18社が収容されている．そこで，1991年から2000年にわたる品目別・月別入荷量の1荷受機関当たり10カ年平均月別入荷量を計算したものを提示しておこう．

出荷ケース数（トン数）の妥当性を検討するにあたって，その前提となる

表2-4 銘柄確立と市場シェアの相互関係

(単位：トン，%)

	10カ年平均入荷量	1荷受け当たり平均入荷量	銘柄確立に望ましい入荷量	シェア
だいこん	168,339.3	9,352.2	948.8	11.8
にんじん	106,225.3	5,901.4	316.3	5.4
ごぼう	15,458.3	858.8	489.0	56.9
れんこん	8,343.0	436.5	276.0	59.5
かんしょ	34,403.6	1,911.3	1,380.0	72.2
さといも	18,221.9	1,012.3	644.0	63.6
らっきょう	2,156.6	119.8	36.8	30.7
いちご	28,697.4	1,594.3	147.2	9.2
メロン類	46,460.1	2,747.8	276.0	10.0
キャベツ	183,546.9	10,197.1	690.0	6.8
レタス	82,281.2	4,571.2	575.0	12.6
ほうれんそう	24,650.0	1,369.4	184.0	13.4
ねぎ	58,119.7	3,228.9	179.4	5.6
ニラ	11,902.1	661.2	243.8	36.9
チンゲンサイ	7,134.6	396.4	241.5	60.9
夏秋きゅうり	100,332.2	5,574.0	133.4	2.4
なす	49,547.0	2,752.6	144.9	5.3
ミニトマト	11,028.8	612.7	92.0	15.0
夏秋ピーマン	27,624.8	1,534.7	138.0	9.0
スイートコーン	16,092.1	894.0	76.0	8.5

註：10カ年平均入荷量は「東京都中央卸売市場年報」の年間合計入荷量から1荷受当たり平均入荷量を算定した．

第2章　作目の選定戦略と産地形成の理論的検討　　　　　61

考察を行わねばならない．つまり，特定の作目を除けば，どの作目に関しても作型を同一にすれば収穫・出荷期間はせいぜい1～2カ月である．したがって，ある特定市場の月間入荷量を100トンと仮定すれば，年間入荷量は1,200トンとなる．このうち，当該市場が特定産地からの供給量に100％依存したとしても，通常の作目は作型をずらして生産しているので収穫期間が3～4カ月間となるのだから，特定産地のシェアは年間を通してみれば25～33％にしか過ぎないことになる．こうした観点から，表2-4を検討すれば，ごぼう・れんこん・食用かんしょ・さといも・らっきょう・ニラ・チンゲンサイの7品目は市場シェアが大きすぎ，その妥当性に根拠がないと判断される．なぜなら，当該市場の経営にとって，特定産地の供給に100％依存する月次を出現させることになれば，その産地の凶作年には，たちまち市場経営が成り立たなくなるからである．

　しかしながら，特定の品目に関しては特定の地域で集中的に生産されており，「その他の地域」では全く生産されていないものがある．こうした品目は特定時期に集中出荷されるので，集中出荷されている時期が過ぎれば，商品が市場から姿を消す．したがって，市場から姿を消した時期に欲しいとする市場関係者（セリ人）がいてもおかしくない．それゆえ，商品が払底する時期にその商品の供給を要望する場合，シェアが大きくなることがある．

　他方，1荷受当たり平均入荷量と銘柄確立のために望ましい入荷量との比較において，にんじん・ねぎ・夏秋きゅうり・なすの4品目はその値（シェア）が低すぎるように思われる．

　妥当な値を示している品目群には，だいこん・キャベツ・レタス・いちご・ネット系メロン・ほうれんそう・ミニトマト・夏秋ピーマン・スイートコーンの9品目を挙げることができよう．

　こうしたシェア分析におけるばらつきを発生させた原因は，調査回答者（市場のセリ人）が特定の分野（例えば果菜類の専門家）について精通しているので，他の分野の場合も同様であると判断して，銘柄確立のために望ましい入荷量について回答したものと判断される．その結果，集計したモード

（並数）にばらつきを生じたものと考えられる．

　ともかくわれわれの調査によって，銘柄確立のための地域内部における農家戸数のまとまりがどの程度必要であるのかについて，客観的な手がかりを与えている．さらに，WTO農業交渉の行方次第では，耕種部門の代表作目である米（水稲）の銘柄確立による有利販売の実践的活動に対しても参考になるものと判断される．

6. 生産部会における品質向上競争[5]

　本節では，宮崎県内の先進的産地である尾鈴農協いちご生産部会とその部会長の活動を紹介し，リーダーシップのあるべき姿を指摘しておこう．尾鈴農協いちご部会規約の第1条は，「いちごの生産および流通過程の計画化と協同化を促進し，園芸振興の基盤を確立して農協事業を推進し，生産農家の所得拡大を図ることを目的とする」としており，尾鈴農協の組合員であって，いちご部会の趣旨に賛同する生産者であれば誰でも部会員になることができる．

　しかし，新たにいちご部会に参加する場合は最低2週間以上の研修を義務づけている．いちご部会の部会長は河野勝氏であり，同氏の言葉を引用しながら，尾鈴農協いちご部会の紹介を始めることにしよう．

　同氏は生産部会組織の運動理念を中根千枝著『タテ社会の人間関係』に求めており，同農協管内に居住する農業者であればいちご部会への参加・脱退は自由であるが，自ら組織運営上の規則が形成されねばならないとされるのである．

　そこで，われわれも中根氏の『タテ社会の人間関係』を引用することから始めよう．中根氏は同著において，日本社会の伝統的組織はX型であるとされ，X型集団の特徴を次のように述べている．すなわち，「日本人がめざましい近代化をやりとげることができた一因は，「タテ」につながるXの構造を百パーセント生かして使った，ということに求められよう．この組織構

第 2 章　作目の選定戦略と産地形成の理論的検討　　　　　　　　63

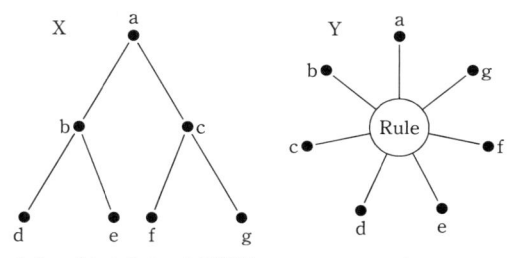

出典：『タテ社会の人間関係』117，120 ページより引用．

図 2-3　X 型社会と Y 型社会のモデル図

造の長所は，リーダーから末端成員までの伝達が，非常に迅速に行われるということ，そして動員力に富んでいることである．（中略）集団の意思統一がしやすいこと，速やかにできることである」（128 ページ），「X 集団の短所は「ヨコ」の関係が機能しにくいことにある．セクショナリズムが数々の弊害をもっていることは今さらここに記すまでもなかろう」（130 ページ）と，多くの事例でもって克明に論述されるのである．

　他方，Y 型組織集団の特徴は「このようにしてできた集団においては，個々の成員は，それに直接つながる人間関係に忠実であるのではなく，集団の規則(ルール)自体に忠実であることによって，集団構成の基盤ができている」（120 ページ）．しかし，Y 集団へ h という個人が参加しようとするときは，全員の承認を受ける必要があるのに対し，X 集団への参加は常に外に向かって下方が開放されている点を指摘されている．また，同書 3 章の 3 節の註で「文化というものは受容・変化しやすいが，社会構造の基盤をなすところの人間関係のあり方というものは，歴史的，文化的変容にもかかわらず，変わりにくいものであることが指摘できるのである」と主張しており，タテ社会の典型である農村集落から構成されてくる生産部会の成員に契約概念（コントラクト）を形成することの難しさを指摘している．さらに，「この点，集団の生命が人間以外のルールというものにある Y 集団は，成員の直接的人間関係・力関係に集団の生命が影響されることがない，という集団としての

強さ,安定性をもっている」(126ページ)とされ,Y型社会の生活・生産活動の基礎に社会的規範としての神との契約がルールの中心を占めていることを指摘している.

つまり,わが国のように優れたリーダーが何かの原因で倒れた場合,その集団が行き場を失い分裂してしまうことを防ぐために以下のような部会ルールを作成するのである.

すなわち,尾鈴農協の河野氏は伝統的なタテ社会の典型であった農協生産部会の弱点を克服するために,Y(西欧型)型社会の長所を積極的に取り入れた部会全員の論理の積み重ねによる規則(ルール)を作成する.各成員はこのルールの下で平等であり,しかもこのルールによってしっかりと結ばれており,トレーニング期間は和気藹々(あいあい)の人間関係を形成することを示している.だが,この規則に違反するものは部会から除名処分にするのである.

その内容を同氏は図2-4で示している.

同図は河野勝氏が独自で開発した運動理念を図形化したものであり,縦型社会の長所と西欧型社会の長所を融合した新しい組織概念を示している.つまり,西欧型社会の特徴は社会基盤の基礎に宗教的理念があり,その理念の下に人々の暮らしが成り立っている.ルールの規範は宗教的理念であるのだが,尾鈴農協いちご部会のルールの規範は部会員全員の話し合いによる全員一致のルールを生産・販売活動の規範にしている点であり,河野勝氏の組織運営上の独創的な発想に基づいている.

その結果,生産部会を大きく2期に区分し,トレーニング期間では全員で話し合い,全員が納得したルール(生産部会での規律と約束)を中心におき,そのルールの下で全員が平等であり,対等であることを原則としている.なお,同図のトレーニング期間における外円と内円とを実線で結んでいるのは,個別生産者が生産部会の全員一致で決めたルールを全員で支えルールを遵守することを意味している.

つまり,小農の経営者としての自覚を促し,尊厳を重んじることを通じて,品質向上競争を生産部会に導入することを狙いとしている.上記内容を具体

第2章　作目の選定戦略と産地形成の理論的検討　　65

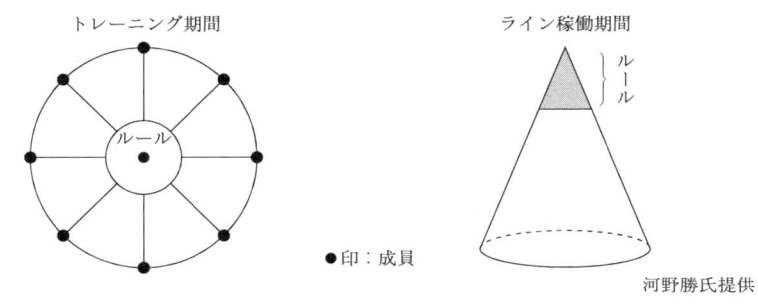

図2-4　生産部会の組織運営図

的に説明すれば，生産部会において来期の出荷目標とコスト削減目標を全員で話し合い，合意できたものが来期の目標となる．この目標（秀品出荷率の向上・経営コスト削減）を達成するために各部会員の個別経営内で生産技術の向上努力と経営コスト削減のための無駄の排除を実践するのであり，このことが競争原理の導入に他ならない．

　トレーニング期間はいちごの生産ラインが休止する5月1日から9月1日までをそれに充てている．それゆえ，同期間は図の左側に示されている組織形態となり，このサークルに参加しようとする新たな成員は部会全員の承諾を必要としている．

　しかし，一度いちごの栽培・育成・収穫・販売期（ライン稼働期間）に突入すれば組織全体が迅速で正確な情報の下で，すばやい対応を求められることになる．したがって，その執行体制は図2-4の右側の図形に示されている縦型社会の長所を生かした組織に変貌する．なぜなら，全員で真剣にいちごの生産と販売について検討し，合意に達したものを簡単に破るようでは，強力な産地が形成されないからである．

　さて，尾鈴農協いちご部会の概況から説明しよう．現在（1985年当時）の参加者は101名であり，出荷最盛期の出荷量は2万ケース/日に達する．したがって，1農家当たり200ケース/日の出荷がなされていることになる．販売金額は，1986年度で5億2000万円に達しており，1農家当たり500万

円以上の粗収益を生んでいる．

　いちご生産年度を大きく2期に区分し，5月1日から8月31日までは，すでに説明したY型（西欧型・協議型）の組織形態の下で前年度の生産・販売活動に対する批判と反省に基づき，新たな規則づくりに邁進するのである．したがって，この期間中は全員が平等に自由に論議を行うことにしている．その際，徹底した幹部役員の批判もなされるのである．

　9月1日から翌4月30日まではX型（伝統的日本型），つまり実行型の組織へ移行させる．いちごの出荷販売命令系統を最も効率的に推進するのである．例えば，12月期に強い寒波に襲われ，ビニールハウスに多大の被害が予測されるような場合，生産部会長の緊急の判断を必要とするからである．一度実行型に移行すれば，幹部役員の批判はそのいちご生産年度が終了するまで許されない．

　こうしたルールを作成したのであるが，部会員がこのルールに違反し，いちご部会を脱退するものが出現した場合どうするのか，という質問に対して同氏は以下のように答えている．

　今，仮に10名の部会員が脱退したとすれば，10名の人達によって出荷される販売量は日量2,000ケースになる．この2,000ケースをある特定の市場へ出荷するとすれば，脱退をしなかった残りの90名が出荷する18,000ケースのうち，6,000ケースを脱退した人達が出荷する市場に向けて集中出荷すればいい．そうすればその市場のいちご価格は暴落するはずである．しかし，残りの12,000ケースをまったく別個の市場に出荷販売することによって，残った部会員90名の所得を確保することは可能であるというのである．

　確かに，需要曲線が右下がりであるから，他産地のいちご出荷量を一定であるとすれば，以前とほぼ同水準の販売金額を確保することが可能である（もちろん需要曲線の形状に依存することになるが）．

　こうした強い措置とすぐれたリーダーシップを発揮し得る部会長がいるということだけで，全員で協議し決定した規則を簡単に破ることはできなくなるのである．つまり，すぐれたリーダーシップと全員参加による規則づくり

がこの部会の特徴であり，最大の強みとなっている．またこの部会では，新たにいちご部会に参加した人達とすでにいちご部会に参加していて努力し続けてきた人達の感情的凝(しこ)りを残さないようにするため，各種個人施設への補助金は拒否している．

その理由は，すでに独自で苦労を重ね，独自の資金で施設を建設した人と，補助金をもらって新たに参加する部会員との感情的な対立を防ぐためである．また，ライン稼働期間においてはいちごのランナーを育成し，10月に部会員への各戸配布を行い，11月下旬から12月の上旬に収穫出荷対応を推進している．その際，いちごの苗作りやランナーの配布作業は部会員全員の参加による完全平等な労働出役が義務づけられ，諸般の業務がなされている．つまり，育成作業の協同化による外部経済の内部化効果を推進しており，経営コストの削減を推進しているのである．

さらに，河野勝氏は「商品をつくる」ということの意味を次のように説明される．つまり，どんな小売店にも必ずゴールデン・スペースと呼ばれる陳列棚が設けられている．そのゴールデン・スペースは通行人が足元を見たり，天井を見たりするところではなく，人間の目が自然に向かうところであり，その店舗の最も目立つ場所に設置されているはずである．

したがって，いちご専門店のその最も目立つところに尾鈴農協のいちごが一歩でも半歩でも近づけられて展示され，最終的にゴールデン・スペースを同部会のいちごで埋められることをもって商品をつくるということの意味である，とされるのである．つまり，商品をつくるという意味をここに見出すべきであると力説するのである．

こうした商品の品質向上努力を基礎に流通業者の厳しい品質判定基準をクリアしなければならず，そうした局面では他産地との熾烈な競争に打ち勝たねばならないことを意味している．このためにはいちごの品質が揃って向上しなければならず，品質向上競争を農家間で行わねばならない．また，同部会ではいちごの苗作りからパック詰めまですべて全員で協力している．

同部会は本章の冒頭で引用した高橋正郎氏の「地域農業の組織革新」をま

さに実践しており，個別農家の労働の範囲を超えた作業は全員参加して行っている．また，パック詰めに関しては，消費者の目を生かす努力を行っていることも付言しておきたい．

しかし，上記事例は尾鈴農協という宮崎県内でも最も進歩的な農協において開花した産地であり，しかも同部会は排他的な雰囲気を持たないように努力しており，尾鈴農協が誇りとする部会となっている．

もっとも，上記のような生産部会の組織革新ができれば，特定の個人がリーダーとして機能しなくても，ある意味で生産部会員全員がリーダーとなるのだから部会の方向性を提示するだけで，全員がその方向で協力することになる．したがって，高橋正郎氏が主張するような2名のリーダー（オピニオンリーダーとその調整者）を必要としない．

逆に，地域内部における政治的な派閥争いが強く，別の言葉で言えば政争の激しいところ（縦型社会の影響の強い地域）では，個別生産部会と農協の軋轢を避けることができないので，人間関係に関するルールづくりと契約概念を学習する運動論を追加しなければならないだろう．

もっとも，こうした地域（政争の激しい地域）がわが国農業を構成するあらゆる地域について見られるものであるから，たとえその理念・構想が立派であってもそうした構想を実現するためには地域農業の内部に人間関係の凝（しこ）りをつくらず，スムーズな関係を保つことが肝要である．

7. 本章のむすび

本章でははじめに競争力指数の理論とその実証化に向けた利用を行うためには，単年度のデータではなく3年間程度の生産費データを用いることが大切であることを指摘し，もう一方の軸にキロカロリー当たり市場価格を組み込んだモデルによって地域営農作目の決定を行った．その理論的帰結を都城盆地地域に適用し，10年間のタイムスパンでもって検討してみると，水稲の減反政策によって遊休化した農地の利活用は唯一きゅうりの生産に向かっ

ている．施設園芸部門および耕種部門を含めて，きゅうり以外に作付面積を拡大している作目はなく，われわれが提示した理論の妥当性を示している．同地域では，夏秋きゅうりの雨よけ栽培から生産活動が始まったわけであるが，現在（2003年）では鉄骨ビニールハウスの導入による本格的な栽培に取り組み始めており，そのことは本章付表2の平均反収を見れば明確である．

　また，都城盆地では従来から畜産部門の盛んな生産が行われており，養豚（肥育・繁殖・一貫），酪農，肉牛（肥育・繁殖・一貫）経営がみられる．養豚経営および肉牛経営においては企業的な大規模経営から零細経営まで幅広く混在しており，零細規模経営の競争力が弱いために，地域全体としての競争力指数を低くしたものと判断される．

　かくして，地域内部で何を作るべきかという課題をクリアすれば，その作目に関してどの程度の作付面積があれば銘柄確立に必要な出荷・販売規模になるかという課題が出現するが，第4・5節でその課題に対して実証的に分析している．また，同節ではブランド概念についてこれまでの研究成果を要約提示し，生産物の差別化とブランド概念の差異を明確にしながら，近年の社会経済情勢から有利販売が相対的に容易に行い得ることを指摘している．

　都城盆地地域では「みやこの牛」というネーミングで肉用牛の銘柄確立運動を展開しているが，宮崎県全体では「宮崎牛」という形で同じく銘柄確立運動を展開しており，競合する部分があることは否定できない．

　さらに，同地区はさといもの大産地であるが，さといもは投機性の強い作目であり，生産者が出荷販売を共同して推進しようとする機運に欠けており，そのことが銘柄確立に結びつかない原因の1つとなっている．

　最後に，地域内部で確定した作目の品質向上競争は集落内の人間関係を従来のような伝統的な人間関係から，近代的な関係に組織変更すべきことを中根千枝著『タテ社会の人間関係』によって明確にした．もちろん，本書で提示している内容は社会学的発想ではなく，あくまで経済学的に活用しているわけであり，契約概念の形成によって地域内部の販売金額を拡大させ得るからである．

付表1 カロリー当たり価格・市場

		kcal/100g	kcal当り市場価格	C.P.R	生産量(kg)	粗収益(円)	1次生産費	競争力指数
水稲(大)(3.0ha以上)	都城 全国	356	0.106	1.22 1.14	540 517	158,220 155,390	129,858 135,985	1.070
水稲(中)(1.0〜3.0ha)	都城 全国	356	0.106	1.18 1.14	540 517	158,220 155,390	134,097 135,980	1.035
水稲(小)(0.5〜1.0ha)	都城 全国	356	0.106	1.09 1.14	486 517	142,398 155,390	130,078 135,985	0.956
かんしょ (トンネル)(普通)	都城 千葉	139	0.091	1.33 1.16	1,080 2,000	471,409 360,000	355,455 310,098	1.147
かんしょ (マルチ)(普通)	都城 千葉	139	0.091	1.14 1.16	1,800 2,000	280,620 360,000	247,134 310,098	0.983
かんしょ (普通)(普通)	都城 千葉	139	0.091	1.14 1.16	1,800 2,000	280,620 360,000	247,134 310,098	0.983
さといも (石川里芋)(夏秋どり)	都城 全国	60	0.137	1.23 0.61	1,260 2,280	336,249 242,120	273,592 396,166	2.016
さといも (えぐいも)(夏秋どり)	都城 全国	60	0.317	1.23 0.61	1,260 2,280	336,249 242,120	273,592 396,166	2.016
だいこん (加工用)(秋どり)	都城 全国	18	0.461	0.48 1.39	6,000 5,600	99,600 257,644	127,077 185,481	0.561
ごぼう (トンネル)	都城 埼玉	76	0.354	1.47 0.73	1,530 1,564	581,737 194,834	396,142 268,032	2.014
ごぼう (春播き)	都城 埼玉	76	0.354	1.32 0.73	1,800 1,564	420,800 194,834	319,559 268,032	1.808
らっきょう	都城 島根	52	0.457	1.17 1.08	1,665 2,100	352,900 662,000	301,413 617,397	1.083
かぼちゃ (露地抑制)	都城 神奈川	36	0.445	0.83 0.49	1,080 1,643	221,158 194,666	266,687 398,607	1.694
きゅうり (促成)(ハウス冬)	都城 全国	11	2.373	1.66 1.39	12,000 12,171	3,096,960 3,047,788	1,862,266 2,194,719	1.194
きゅうり (雨よけ)(露地夏)	都城 全国	11	1.591	1.46 0.85	8,000 8,311	1,230,800 951,325	841,961 1,123,173	1.718

註:1) 市場価格は円/キログラム当たりキロカロリー．
 2) 欄内の記号＊は1頭当たり体重が畜産物生産費データに記載されていない．
資料:全国データは「昭和61年，62年，63年産農畜産物生産費調査報告（農水省）」を用いて算定

価格・競争力指数の計算結果表

		kcal/100g	kcal当り市場価格	C.P.R	生産量 (kg)	粗収益 (円)	1次生産費	競争力指数
大豆	都城	417	0.06	1.74	270	94,113	54,162	2.175
	全国			0.80	214	50,877	63,772	
スイート（マルチ）	都城	101	0.171	1.01	990	193,842	191,491	0.935
コーン（トンネル）	山梨			1.08	1,700	510,000	473,400	
いちご（促成）	都城	35	2.866	1.62	2,600	2,380,920	1,466,058	1.528
	三重			1.06	3,534	2,741,778	2,598,737	
メロン(促成アンデス)	都城	43	0.468	1.26	2,200	1,136,250	902,661	0.636
（エリザベス）	全国			1.98	2,987	971,872	490,309	
茶	都城	—	—	1.20	1,810	589,500	490,636	0.863
	鹿児島			1.39	1,514	366,873	263,604	
たばこ	都城	—	—	1.25	250	423,646	338,491	0.828
	全国			1.51	247.1	455,874	302,003	
養蚕	都城	—	—	2.14	135	251,370	117,540	3.147
	全国			0.68	75.3	159,272	234,748	
肉用牛（繁殖）	都城	253.8	0.422	1.09	メス 280	292,135	268,009	0.858
	全国			1.27	オス 300 *	455,012	358,620	
肉用牛（肥育）	都城	253.8	1.182	1.08	生体重 663	458,000	424,271	0.850
	全国			1.27	*	825,069	648,731	
乳用牛（30頭規模）	都城	59	0.141	2.06	5,600	644,828	313,551	1.338
	全国			1.54	6,303	676,167	438,955	
豚（一貫）	都城	250.9	0.212	1.08	生体重 110	30,941	28,642	—
	全国			—	—	—	—	
豚（繁殖）	都城	250.9	0.212	1.07	30kg当り	13,859	12,894	1.000
	全国			1.07	8.9頭当り	158,472	147,671	
ブロイラー	都城	182	0.248	1.10	2.6kg	520,028	473,237	1.089
（1,000羽当り）	全国			1.01	1,000羽当り	478,640	473,660	
小麦（奨励金含）	都城	333	0.523	—	—	—	—	—
	全国			1.35	420	69,140	51,242	—

し，都城地域は都城農業改良普及所データによる．

付表2 都城盆地地域の

		水　稲			小　麦			作付面積(ha)
		作付面積(ha)	収量/10a(kg)	収穫量(t)	作付面積(ha)	収量/10a(kg)	収穫量(t)	
都城市	1980年	3,000	453	13,600	6	250	15	544
	1990年	2,470	494	12,200	5	240	12	72
	2000年	2,060	539	11,100	1	287	3	5
三股町	1980年	601	441	2,650	4	250	10	167
	1990年	520	488	2,540	4	235	9	62
	2000年	426	539	2,300	0	278	0	3
山之口町	1980年	337	433	1,460	6	230	14	40
	1990年	283	481	1,360	0	233	0	4
	2000年	229	539	1,230	0	271	0	2
高城町	1980年	756	458	3,460	11	236	26	167
	1990年	638	483	3,080	2	240	5	18
	2000年	552	537	2,960	1	249	2	2
山田町	1980年	419	482	2,020	3	233	7	71
	1990年	397	494	1,960	1	239	2	8
	2000年	319	544	1,740	0	291	0	1
高崎町	1980年	870	460	4,000	6	233	14	168
	1990年	769	484	3,720	2	238	5	30
	2000年	748	543	4,060	1	285	3	12
合　計	1980年	5,983			36			1,157
	1990年	5,077			14			194
	2000年	4,334			3			25

		あずき			落花生			作付面積(ha)
		作付面積(ha)	収量/10a(kg)	収穫量(t)	作付面積(ha)	収量/10a(kg)	収穫量(t)	
都城市	1980年	2	93	2	19	203	39	728
	1990年	4	95	4	38	261	99	578
	2000年	…	…	…	4	263	11	218
三股町	1980年	1	95	1	8	197	16	65
	1990年	1	95	1	5	259	13	33
	2000年	…	…	…	2	258	5	6
山之口町	1980年	1	97	1	4	197	8	50
	1990年	0	95	0	10	254	25	22
	2000年	…	…	…	2	260	5	5
高城町	1980年	1	97	1	30	191	57	168
	1990年	1	98	1	30	266	80	63
	2000年	…	…	…	5	270	14	18
山田町	1980年	1	97	1	6	202	12	130
	1990年	1	98	1	4	260	10	47
	2000年	…	…	…	2	262	5	52
高崎町	1980年	1	97	1	8	196	16	274
	1990年	1	97	1	12	258	31	153
	2000年	…	…	…	2	258	5	53
合　計	1980年	7			75			1,415
	1990年	8			99			896
	2000年	0			17			352

第 2 章　作目の選定戦略と産地形成の理論的検討

農産物の作付状況

二条大麦		裸　麦			だ い ず		
収量/10a (kg)	収穫量 (t)	作付面積 (ha)	収量/10a (kg)	収穫量 (t)	作付面積 (ha)	収量/10a (kg)	収穫量 (t)
277	1,510	5	251	13	67	151	101
292	210	1	235	2	190	228	433
333	17	—	—	—	125	206	258
284	474	2	224	4	12	148	18
293	182	0	236	0	37	233	86
331	10	—	—	—	22	206	45
262	105	2	224	4	7	142	10
285	11	0	231	0	6	226	14
320	6	—	—	—	3	206	6
286	478	3	238	7	9	152	14
283	51	0	235	0	25	222	56
325	7	—	—	—	6	206	12
265	188	2	248	5	21	150	32
288	23	0	235	0	66	229	151
326	3	0	265	0	16	215	34
260	437	9	250	23	20	150	30
280	84	0	235	0	51	225	115
324	39	1	280	3	15	210	32
		23			136		
		1			375		
		1			187		

かんしょ		春植ばれいしょ			秋植ばれいしょ		
収量/10a (kg)	収穫量 (t)	作付面積 (ha)	収量/10a (kg)	収穫量 (t)	作付面積 (ha)	収量/10a (kg)	収穫量 (t)
2,320	16,900	15	1,810	272	7	1,300	91
2,790	16,100	11	1,720	189	6	1,300	78
2,480	5,410	38	3,730	1,420	2	3,640	20
2,270	1,480	6	1,780	107	2	1,280	26
2,830	934	3	1,710	51	2	1,270	25
2,400	144	2	2,000	40	1	1,840	6
2,210	1,110	3	1,750	53	1	1,250	13
2,510	552	2	1,670	33	1	1,250	13
2,270	114	1	2,000	10	0	1,710	2
2,270	3,810	5	1,760	88	2	1,310	26
2,430	1,530	3	1,700	51	2	1,300	26
2,290	412	1	2,000	16	0	1,690	4
2,330	3,030	5	1,740	87	2	1,270	25
3,020	1,420	2	1,690	34	2	1,260	25
2,500	1,300	1	2,000	10	0	1,630	3
2,310	6,330	4	1,730	69	2	1,260	25
2,390	3,660	3	1,680	50	2	1,270	25
2,340	1,240	1	2,000	14	0	1,700	3
		38			16		
		24			15		
		44			3		

(つづき)

		きゅうり			トマト			作付面積(ha)
		作付面積(ha)	収量/10a(kg)	収穫量(t)	作付面積(ha)	収量/10a(kg)	収穫量(t)	
都城市	1980年	14	3,410	477	5	3,280	164	2
	1990年	25	6,470	1,580	3	4,000	136	8
	2000年	22	12,900	2,790	3	5,410	173	7
三股町	1980年	4	1,780	71	2	3,650	73	0
	1990年	3	4,070	126	1	2,570	36	0
	2000年	2	10,600	222	1	3,910	43	0
山之口町	1980年	1	1,670	20	1	1,830	22	—
	1990年	2	5,910	124	0	7,000	21	1
	2000年	3	9,670	290	0	5,000	5	2
高城町	1980年	2	1,300	26	1	1,830	22	—
	1990年	5	4,820	241	…	…	…	1
	2000年	10	10,500	1,050	0	5,500	11	2
山田町	1980年	1	2,080	27	1	1,200	12	—
	1990年	1	2,800	28	…	…	…	3
	2000年	2	10,400	207	0	4,330	13	2
高崎町	1980年	10	3,200	320	1	1,200	12	—
	1990年	11	4,890	553	…	…	…	3
	2000年	11	11,900	1,310	0	2,000	2	3
合計	1980年	32			11			2
	1990年	47			4			16
	2000年	50			4			16

		さといも			すいか			作付面積(ha)
		作付面積(ha)	収量/10a(kg)	収穫量(t)	作付面積(ha)	収量/10a(kg)	収穫量(t)	
都城市	1980年	295	1,780	5,250	12	2,100	252	92
	1990年	345	1,210	4,190	4	2,200	88	24
	2000年	175	2,300	4,030	2	2,000	40	15
三股町	1980年	67	1,970	1,320	2	1,600	32	7
	1990年	49	904	443	1	1,500	15	3
	2000年	37	2,280	844	1	1,500	15	1
山之口町	1980年	32	1,780	568	2	1,600	32	2
	1990年	28	975	273	1	1,500	15	1
	2000年	18	2,200	396	1	1,500	12	1
高城町	1980年	165	2,000	3,300	3	1,600	48	4
	1990年	142	1,450	2,060	1	1,600	16	1
	2000年	62	1,900	1,180	1	1,500	12	1
山田町	1980年	84	2,140	1,800	3	1,600	48	4
	1990年	94	1,390	1,310	1	1,600	16	1
	2000年	47	2,000	940	1	1,500	12	1
高崎町	1980年	205	2,200	4,510	6	1,700	102	5
	1990年	144	1,500	2,160	1	1,500	15	1
	2000年	59	1,900	1,120	1	1,500	12	1
合計	1980年	848			28			114
	1990年	802			9			31
	2000年	398			7			20

第2章 作目の選定戦略と産地形成の理論的検討

ピーマン		かぼちゃ			だいこん		
収量/10a (kg)	収穫量 (t)	作付面積 (ha)	収量/10a (kg)	収穫量 (t)	作付面積 (ha)	収量/10a (kg)	収穫量 (t)
3,380	44	15	913	137	130	4,920	6,400
5,330	437	32	744	238	127	4,080	5,180
7,000	483	16	950	147	104	4,230	4,410
8,670	26	9	667	60	68	4,820	3,280
6,500	26	2	800	16	99	4,020	2,980
7,250	29	1	820	11	66	4,130	2,730
—	—	8	675	54	37	4,300	1,590
7,200	72	1	400	4	51	3,910	2,000
8,350	192	0	700	2	35	4,160	1,460
—	—	6	567	34	52	4,350	2,260
5,600	26	3	600	18	28	3,720	1,040
6,600	139	1	750	5	17	4,230	698
—	—	2	900	18	32	4,380	1,400
7,170	215	2	800	16	16	4,060	634
6,000	102	2	720	12	10	4,100	418
—	—	22	605	133	44	4,320	1,900
5,100	153	6	700	42	5	2,790	148
6,700	221	3	800	24	4	4,050	150
		62			363		
		46			326		
		23			236		

キャベツ		はくさい		
収量/10a (kg)	収穫量 (t)	作付面積 (ha)	収量/10a (kg)	収穫量 (t)
2,400	2,210	33	3,450	1,140
2,840	674	21	2,540	529
2,730	418	10	2,450	250
2,390	167	5	3,380	169
2,870	86	4	2,700	108
2,670	32	1	2,440	22
2,400	48	2	3,100	62
2,300	23	2	2,800	56
2,630	21	1	2,400	12
2,300	92	5	3,100	155
2,300	23	3	2,800	84
2,570	18	1	2,330	14
2,500	100	5	3,100	155
2,580	31	2	2,800	56
2,600	26	1	2,300	23
2,500	125	5	3,100	155
2,200	22	4	2,710	95
2,570	18	1	2,380	19
		55		
		36		
		15		

註：1) 第98・108・118回「宮崎県統計年鑑」より作成．
  2) 欄内の記号
  ①－；皆無または該当数字がないもの
  ②…；事実不詳あるいは資料がないもの
  ③x；該当数字はあるが，統計法により公表を控えたもの

付表3 都城盆地地域の畜

		乳用牛			肉用牛			戸数(戸)
		戸数(戸)	頭数(頭)	1戸当たり飼養頭数	戸数(戸)	頭数(頭)	1戸当たり飼養頭数	
都城市	1980年	329	8,175	24.8	4,342	27,532	6.3	1,012
	1990年	254	8,180	32.2	3,220	28,000	8.7	573
	2000年	163	6,630	40.7	1,740	32,500	18.7	138
三股町	1980年	49	1,165	23.8	926	6,094	6.6	145
	1990年	35	1,180	33.7	704	6,830	9.7	82
	2000年	21	687	32.7	382	6,600	17.3	19
山之口町	1980年	44	1,151	26.2	496	4,033	8.1	86
	1990年	32	1,280	40.0	280	3,240	11.6	44
	2000年	22	1,090	49.5	167	3,010	18.0	15
高城町	1980年	47	1,339	28.5	1,239	8,980	7.2	384
	1990年	32	914	28.6	942	11,000	11.7	180
	2000年	22	704	32.0	548	9,190	16.8	50
山田町	1980年	38	1,044	27.5	851	4,918	5.8	173
	1990年	30	972	32.4	600	5,300	8.8	108
	2000年	21	707	33.7	329	3,750	11.4	40
高崎町	1980年	59	1,494	25.3	1,414	10,700	7.6	286
	1990年	42	1,510	36.0	1,080	13,700	12.7	186
	2000年	21	1,420	67.6	727	14,500	19.9	79
合計	1980年	566	14,368	25.4	9,268	62,257	6.7	2,086
	1990年	425	14,036	33.0	6,826	68,070	10.0	1,173
	2000年	270	11,238	41.6	3,893	69,550	17.9	341

註:第98・108・118回「宮崎県統計年鑑」より作成．

 さらに，高橋正郎氏が指摘している日本農業の経営構造問題を解決するためには，尾鈴農協いちご部会のような強力な生産部会を農協内に作目毎に結成することが大切である．他産地との熾烈な競争に打ち勝つためにコスト削減努力が喫緊の課題として出現してきた場合，零細分散錯圃の改善のために農協が率先して調整し，振興局・普及所・市町村役場が生産部会との連携を深め，課題解決に取り組むべきものと考えられる．
 なぜなら，地域農業の生産活動から離れ，どこかの都市で生活している離農者との連絡を取ることさえ難しい状態になっているので，現時点では農用

産物類の飼養状況

養豚		採卵鶏			ブロイラー		
頭数(頭)	1戸当たり飼養頭数	戸数(戸)	頭羽数(千羽)	1戸当たり飼養羽数	戸数(戸)	頭羽数(千羽)	1戸当たり飼養羽数
90,800	89.7	958	606	632.6	—	—	—
107,800	188.1	503	395	785.3	98	3,450	35,204.1
155,900	1,129.7	9	370	41,111.1	68	2,678	39,382.4
7,217	49.8	192	187	974.0	—	—	—
8,390	102.3	99	262	2,646.5	12	318	26,500.0
4,300	226.3	2	x	—	7	206	29,428.6
3,924	45.6	101	1	9.9	—	—	—
7,870	178.9	71	1	14.1	4	175	43,750.0
20,400	1,360.0	—	—	—	2	—	0.0
18,875	49.2	169	3	17.8	—	—	—
36,000	200.0	105	3	28.6	35	1,176	33,600.0
60,600	1,212.0	1	x	0.0	23	930	40,434.8
20,889	120.7	130	7	53.8	—	—	—
25,500	236.1	85	115	1,352.9	14	435	31,071.4
32,200	805.0	2	x	—	8	259	32,375.0
19,727	69.0	225	103	457.8	—	—	—
29,100	156.5	104	186	1,788.5	57	1,744	30,596.5
36,400	460.8	12	255	21,250.0	36	1,206	33,500.0
161,432	77.4	1,775	907	511.0	—	—	—
214,660	183.0	967	962	994.8	220	7,298	33,172.7
309,800	908.5	26	625	—	144	5,279	36,659.7

地の交換分合を促進することさえ難しくなっているからである．したがって，地域農業の組織革新を推進しようとすれば，農用地収用に関する新たな法律の制定を視野に入れた展開が望まれているのである．

　また，都城盆地地域ではある特定の品目（さといも等）に関して銘柄を確立するために必要な量的課題はクリアしているのであるから，出荷販売に関する生産者間の人間関係をスムーズにするための組織改革が残された課題であり，農業関係機関が率先して組織改革に乗り出し，解りやすく明瞭な目標を掲げ，生産部会のスムーズで親しみの持てる人間関係を構築することが不

可欠となろう.

　最後に, 本章で用いた競争力指数による地域営農作目の選定戦略理論モデルは地域農業に対して有力な情報を提供していることを証明しているが, 作目の選定戦略に関しては次章で分析しているように, E.J. マッカーシーのライフサイクル理論に基づいた需要関数の計測を通じて作目選定戦略を展開することも可能である.

　したがって, 分析手法の異なる2つのアプローチを採択し, 分析を行えば, これまでネックとなっていた地域営農作物の選定を科学的な論拠でもって確定し得るものと判断される.

　また, 地域農業の振興はあくまで生産者集団の営農努力が中心であり, 地域内部における作目別生産部会を中心に展開せざるを得ないのである. それと同時に, 地域内部の農家が一体全体何戸程度のまとまりでもって特定市場への出荷販売対応をすれば, 有利販売に繋がっていくのかということに関しても分析しているので, 地域営農作目の有利販売について活用できる.

注
1) キロカロリー当たり市場価格という概念は今村奈良臣氏がある講演会で提示したものである.
2) 繁殖牛の経営では自家繁殖させた牛を精肉にすることはない. したがって, 初生牛を屠畜するのは交雑種かまたは乳用牛の仔牛であり, 交雑種も肥育されるので, 生後100kg以下で屠畜する場合, 乳用牛の引き取り単価は4〜5万円/頭である. いわゆる濡れ仔であり, 精肉生産量は成牛の場合と同様とした.
3) 砂糖キビの収穫方法には違いがあり, ハーベスタで収穫したものを製糖工場に持ち込む場合と, 茎と葉っぱを分離せずに無脱葉のまま製糖工場に持ち込む場合, およびクリーンケン（茎だけの状態）で製糖工場に持ち込む場合の3種類である. この場合, 搾汁対象である砂糖キビの茎だけにした状態のものをトラッシュと呼んでいるが, そのトラッシュ率は無脱葉が90％強, ハーベスタが83％強, クリーンケンが99.2％強となっている. もちろん, この歩留まり率は収穫年次によって若干の変動を見せることになる.
4) 都城の営農実態については後掲資料・文献16を参照されたい.
5) 本節は1988年6月に南九調査事務所から印刷公表された筆者の報告書に基づいている.

第3章　花き流通システムの変貌と将来展望

1. 本章の課題と方法

　昭和40年（1965年）代の当初から高級な花き生産物（鉢花洋ラン類を含む）に対して生産者の注目を集めてきたが，1990年代に入ってバブル経済の崩壊とそれに続く深刻な不況，これに伴って花き類の全般的な需要停滞が加わり，生産の現場にも深刻な影響が出始めている．今や日本経済をとりまく環境は厳しく，あらゆる産業分野において不況風が吹き荒れており，しかも政府の財政投融資政策が大転換し，従来のような公共投資による景気の下支えが期待できない状況では，農業部門に従事する成員の他産業への就業機会が減少してきているので，それぞれの産業部門で稼得する所得を中心に日本経済を支えねばならない．

　ところで，わが国の経済・社会状況を検討すれば，①高度経済成長の終焉によって個人所得の増大が期待できなくなっていること，②少子高齢化社会の到来によって安定的（停滞的）な社会が形成されてきたこと，③国民全体が高学歴になっており，自然環境・生物生育環境等に関して深く理解するという条件が整っていること．上記3条件は花き類の消費購買行動に対して持続性のある安定的な消費購買対応を期待することができる．しかも高齢化社会であるということは自然条件の微妙な変動（寒波の襲来・酷暑の到来等）によって，あるいは性悪な流行性の疫病によって多くの人々がその命を失う事態が発生しやすく，葬儀用切花の需要は安定的拡大を辿るものと考えられ

る．

　しかし，従来見られた超高級品の飛ぶような売れ行きを期待することはできなくなっている．

　本章では農業内部の産業で唯一資本・労働集約的であるが高収益を確保できる部門と目されてきた，切花類全般の需要動向および超高資本の投入による高収益の確保が可能であった花き類（高級洋ラン類を含む）の今後の需要動向について検討を加え，花き生産の将来展望を行うものである．

　このことは同時に，花き流通構造の実態を解明することにも繋がっている．なぜなら，花き卸売市場においても需要の旺盛な花き類を取り扱わざるを得ないのであり，従来のように鉢花専門市場・切花専門市場といった区分ができなくなってきたからである．われわれは花き流通構造が今後どのような変貌を遂げていくかということに関して，実態調査を通じて明らかにする．加えて，花き類の全般的な需要停滞によって市場価格が低迷しており，花き生産に希望が持てないと巷間言われているが，本当だろうか．今後とも需要の安定的拡大が見込める品目も存在するのではないか，また需要の停滞している品目についても経営におけるコスト削減努力によって安定した収益を実現し得るのではないか，こうした視点から花き類の将来展望について実証しようとするものである．

　現時点における花き類の市場価格は1990年代前半の好調な日本経済に支えられていた頃に比べると確かに低迷していると言えるが，それでも青果物類全体の価格に比較すれば遥かに有利な価格条件を維持していると言える．

　しかし，花き生産は地域農業を面的に支えるという効果は低い．なぜなら，高級洋ラン類は装置化された施設で生産されており，きく・ユリ類でさえ施設内で生産される場合が多く，労働集約的な作業を伴うために地域内の農用地を大面積利用するという性格からはほど遠い作目群である．またこの条件に加えて，花き類の生産者は来期の花きの色別作付面積を花き生産者同士で話し合うということを嫌い，個別経営者がこっそりと来期の流行色を予測し，他人には秘密にする傾向が強いためである．

したがって，日本農業の構造的弱点（経営面積の狭隘性およびその零細分散錯圃）を積極的に改革するという動因をはらんでいないが，大都市勤労者の所得を遥かに凌駕する経営を実践する農家群が存立する．

このため，地域農業者の間では花き生産者集団を一種のメルクマールとしており，食料農産物を生産する集団の励みになる存在である．

他方，花き類の生産者は集落内または地域内で最高の所得を確保しようという意識は強く，より豊かな生活をめざして切磋琢磨するという点で，農業生産者の中でも最も競争ということを深く理解している集団である．具体的には品質向上や新品種の開発を実践している姿に現れている．それだけに，花き生産に取り組む農業後継者が多ければ多いほど，若者が地域農業の内部に留まることが期待できるので，花き類の消費動向とその将来展望を無視することができないのである．たとえば，宮崎県の農業大学校への進学者数をみても，畜産経営コースと花き類経営コースを選択する学生が多いという事実は経営の収益性と関係しているのであろう．

こうした観点から，本章では花き類の消費・需要動向に関する計量経済的な分析を行う．

それゆえ，はじめにE.J.マッカーシーの理論の紹介を行う．商品（製品）のライフサイクル理論はあらゆる商品に対して適用可能である．ことに，花き類に関しては従来から奢侈財ないし贅沢財と見なされてきており，マッカーシーの商品のライフサイクル理論が最も良く当てはまるものと考えられるからである．

次いで，花き類の需要が戦後から現在に至る間にどのように変化してきたかについて論述する．また，花き卸売市場は青果物の卸売市場と同様であるとして整備されてきており，同時に卸売業務のコンピューター化が促進されているが，その功罪について論述する．さらに，花き卸売市場の制度的変更（中央卸売市場への移行）が促進されており，そのことが集荷力に多大の影響を与えていることを実態調査によって明確にする．

また，マッカーシーのライフサイクル理論は地域農業振興を図る上でも重

要な理論として位置づけられているので，それの実証面への適用を行うことにした．したがって，計量経済学的な接近にならざるを得ないが，花き類に関する統計データは貧弱なものであり求めるデータが十分備わっていないが，東京都の中央・地方卸売市場のデータを基本分析資料として活用し[1]，計測することにした．

最後に，計量経済学的アプローチに基づいた計測結果を提示し，花き類全体の将来展望をマッカーシーのライフサイクル理論に依拠した分析に基づいて考察する．

こうした実態調査による分析と計量経済学的分析を通じて，花き流通構造の解明を行い，花き産業全体の将来展望を行おうとする．

このことは前章の競争力指数分析による作目選定戦略をマッカーシーのライフサイクル理論から導出される作目と比較検討することによって，地域営農作目の選定戦略をより確実性の高い，しかも科学的論拠を持った理論とすることができるからである．

2. 商品のライフサイクル理論

本節では本章で用いる中心的な経済理論の説明を初めに行い，その内容を紹介する．中心的な経済理論とはマッカーシーのライフサイクル理論であり，花き類による地域農業振興を図る場合，必要不可欠な理論であると判断されるからである．なぜなら，花き類はその品種の多様性とともに多くの場合生産費データが欠如しており，生産費の比較検討が不可能であるという理由からである．

図3-1は製品のライフサイクル曲線を示している．マッカーシーは製品という言葉を「商品とサービスの間に区別を設けないで，それらをすべてトータルプロダクト（製品）と呼ぶ」として定義している．また彼はファッションのサイクルも「一般的に製品のライフサイクルの段階に対応するものである」として，ファッションのサイクルを①差別性段階，②対抗段階，③経済

第3章　花き流通システムの変貌と将来展望　　　　　　　　83

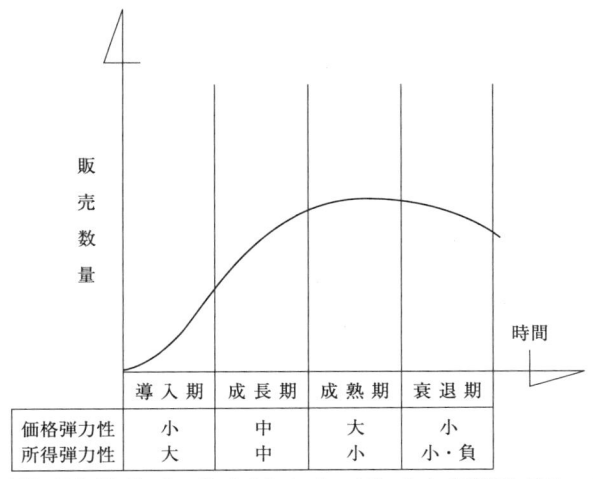

	導入期	成長期	成熟期	衰退期
価格弾力性	小	中	大	小
所得弾力性	大	中	小	小・負

出所：E.J. MaCarthy, Basic Marketing (7th edn.), IRWIN, 1981, p. 313.
　　　但し図には若干の変更を加えている．

図 3-1　製品(商品)のライフサイクル曲線

的対抗段階に区分している．

　それゆえ，花き生産農家が，来期の流行色をファッション・カラー（流行色）にヒントを得ようとしていることはそれなりの意味を持っているのである．すなわち，花き生産者がファッション・カラーに強い関心を示しているということは花き類の生産者が互いに経済的対抗段階に置かれていることを知っているからである．もちろん，来期の流行色を予測できれば，自己の経営成果を飛躍的に拡大させることができるからである．

　さて，あらゆる製品には生物・生命体と同様に，その生成から消滅に至るライフサイクルが存在する．頼平氏はこのライフサイクル理論を経済論理的に5段階に詳細に区分しているが，ここではマッカーシーの段階区分に従って説明しておこう．

　製品（商品）が新たに開発され，市場に投入される段階を①導入期＝市場開発期と呼んでいる．この時期は一般消費者が新製品の存在・利点・用途等について全く知らないので，製品（商品）に対する受容性を開拓するために

セールス・プロモーションを行う必要がある．しかし，類似製品（商品）は全く存在しないし，その商品を開発するために掛かった費用がすべて新商品の価格に掛けられるので，高価格とならざるを得ない．したがって，需要の価格弾力性は小さく，所得弾力性は大きな値を持つことになる．

②成長期＝市場成長段階．この段階では市場において新製品が認知されるようになり，競争者達が市場への参入を始めて，各社はもっと優れた製品デザインの開発を目指して努力する．その結果多種多様な製品が生まれる．しかし，製品の需要は急速に拡大し，操業度が高まるため，収益はピークに達する．この段階の需要の価格弾力性は①の時期よりもやや大きくなり，所得弾力性は①の時期よりもやや小さくなる．

③成熟期＝停滞期．寡占状態が一般化しない限り多数の競争者が市場に参入する．競争はますます激烈となって個別企業の利益は減少する．市場開拓の戦国時代とも言うべき段階に達しており，プロモーション経費が増加するとともに，競争者の中には価格割引を始める者もあって，業界全体の収益は減少する．業界全体の総需要がほぼ飽和状態となる段階で，基本的に製品（商品）が類似しているために，企業にとって製品（商品）の価値を高める唯一の残された方法は，情緒的な宣伝訴求に頼る他はない．需要曲線はますます弾力的となり，価格弾力性値は大，所得弾力性値は小となる．

④衰退期＝減少段階．この時期になると，品質・性能のより優れた新製品が旧製品（商品）にとって替わる．滅亡しかけている製品（商品）の操業度は次第に低下し，場合によっては，その製品（商品）が市場から姿を消す．この段階における需要の所得・価格両弾力性値はともに小となり，場合によっては，所得弾力性が負となることも生じる．以上，マッカーシーによる商品のライフサイクル理論の概要であり，それを図示したものが図3-1である（〔1〕参照）．

図3-2は図3-1の説明において，需要の所得・価格両弾力性値の各ステージ毎の値に基づいて，その推移を図示したものである．したがって，実証的な計量経済学に基づく計測を行えば，花き類はマッカーシーのライフサイク

第3章　花き流通システムの変貌と将来展望

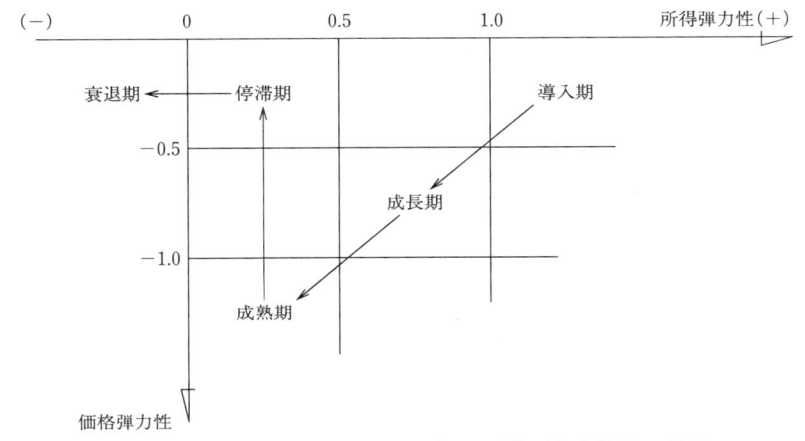

図3-2 需要関数計測に基づく価格・所得両弾力性値の推移

ル理論に合致する形で表現されてくるものと判断されるので，地域農業の振興を図る上でも有用であり，今後どんな花き作目を生産すればよいかという問いに対する解答を与えるからである．

なぜなら，需要の開発期に位置する花き作目は市場価格の暴落を心配する必要がないからであり，需要の成熟期・停滞期に位置する商品の販売対応についても，生産者に有用な対策を採らせるための論拠を与えることになる．

3. 戦後における花き消費の全般的な変遷について

(1) 花き消費の全般的な動向について

食料消費支出と家計消費支出割合が物質的な豊かさの最上の尺度であるとすれば，花き消費は精神的・文化的豊かさの最上の尺度として考えることができる．わが国の伝統的な花き消費動向の主流は，なんといっても切花類を中心に展開してきたのであり，全般的に言って切花類は物日（葬儀，両彼岸，盆・暮れ，父の日，母の日）等で集中的に利用されるという形態をとってきた．

戦後の経済的混乱と戦争による傷みをようやく拭い去ることができるようになった昭和30年代後半から第1次花きブームとでも呼べる拡大期に突入することになった．この頃の花き消費は一般家計の婦女子が日本の伝統文化を身につけるべく，稽古事として華道の家元および師範に習いに行くというのが一般的であった．現在も，一般家計では盆・暮れの物日に花屋さん（小売店）から調達する形態が見られる．

　また，昭和30年代の一般的な葬儀形態は門口に樒をずらりと並べ，棺の前の祭壇だけに切花（生花）を盛りつけた花籠を飾っていた．この頃の花屋さん（小売店）にとっては流儀花のお師匠さんを顧客として摑まえるか，あるいは金持ちの主婦を顧客として掌握し，家庭まで出掛けていって流儀花を床の間に飾りつけて高い報酬を得るという行動が小売店の経営を安定化させる秘訣であった．それだけに，小売店はそれぞれの流儀花の飾りつけ方法（活け方）を知っていなければならず，高い技術力と美的センスが要求された．

　また，わが国の高度経済成長政策の幕開けとともに（1961年），これまで花きに対して関心の薄かった一般消費者が室内装飾用としてミニチュア鉢花を狭い室内の天井から吊るす方式が考えられ，一大ブームを巻き起こした．葬儀には自宅の門先に大量の樒を並べる利用形態から，金持ちの家計を中心に花輪（造花を含む）で門先を飾る方式へと変化していき，さらには本物の切花を籠に飾りつけ，それを棺の周辺から門口まで並べるという方式に変化していったのである．

　こうした葬儀における装飾様式の変遷はきく・ユリ・ハス等の切花類の需要を爆発的に拡大させる結果となった．また，欧米風の装飾様式に影響されて，父の日・母の日等にはカーネーション・バラ等の洋花類の切花も好調に需要拡大の一途を辿ることになった．つまり，賑わいのある豪華な花が一般の花とともに拡大したのである．

　他方，わが国の精神文化面からいって，一期一会の精神に基づく流儀花は前衛風の飾りつけからオブジェ風，ついで自然風というように装飾様式が変

化していった．これに合わせて稽古花の飾りつけも変化して行き，その変化に伴って切花類の種類も爆発的に拡大していった．この理由は一般家計における嫁入り前の娘さんが華道を流儀の師範に習うことが一種の社会的ブームとなっていたからであり，この動きは昭和20年代後半から40年代前半までも続くこととなったのである．

　流儀花は戦後，前衛風→オブジェ風→自然風へと装飾様式の変遷を遂げたが，昭和40年代以降流儀花（稽古花）の利用は急速に衰退した．この理由は流儀花の飾りつけに関して細かい規制が多く，自由にのびのびと花きを生けて楽しむという雰囲気が欠如していたためである．

　それに代わって，ブーケ・コサージュ等，西洋風の利用形態とイベントの会場を飾るフラワーデザイナー等の出現がみられ，急速な拡大を遂げたのである．具体的には，喫茶店・レストラン・ホテルのロビー等で生け花を飾り，来客に対して柔らかく落ち着いた雰囲気を提供することで，顧客へのサービスを提供する店が爆発的に拡大したからである．

　また，昭和40年代以降60年代までは大型の洋ラン類に対する消費ブームが起き，超高級ラン鉢類が飛ぶように売れた．この理由は一般消費家計における需要拡大とともに，業務筋による消費拡大が花き類全体の消費需要を拡大してきたと言い得る．

　花き類の需要拡大は高度経済成長の持続的な発展によるところが大きいが，ラン鉢類の生産が植物防疫法の下で海外からの直接輸入が制限されてきたこともあって，超高級ラン鉢類の生産が不足していたこともある．供給不足の理由は生産の現場における技術力不足と温度管理の不徹底にあった．つまり，ガラスハウスの導入には多大の資本額を必要としたが，高度な資本装備を必要とするガラスハウスの導入を行うには借入に頼るほかはなく，生産者としても借入金額の返済に自信が持てなかったためである．つまり，昭和40年代の生産現場ではガラスハウスに空調設備（冷暖房）を備えたハウスは少なく，夏場のハウス内の温度をいかに克服するかという点が，生産技術上の最大の課題であった．

その結果，花き類を全国から集荷し，市場で価格発見（値決め）して買受人に販売してきた卸売業者は毎年その取引金額を拡大してきたが，バブルの崩壊以降は一転して厳しい経営を強いられることとなったのである．

さらに，植物防疫法の規制緩和が促進されるのではないか，ということが業界内で噂されており，植物防疫法の規制緩和に関する政府当局の方針がどちらの方向に動くことになるのか目の離せない状態となっている．

つまり，バブル崩壊とともに企業における交際費の削減，官官接待による高級料亭での宴会の禁止は室内装飾用切花の需要の停滞をもたらす一因ともなった．もちろん，切花の需要停滞をもたらしている要因はこの問題だけではないが，それについては後で詳しく述べることにしよう．

(2) 仏教の社会的地位の低下と葬儀様式の変化

近年特に仏教の社会的影響力の低下が囁かれているが，仏教が本来備えている壮大な宇宙観や人生観を高邁な人格を持った僧が説話するならともかく，われわれの社会生活や日常生活の中に仏教的思考およびその生活規範が浸透していないということもあって，葬儀様式に対する執着が存在しない．

より具体的に葬儀様式の変化を述べれば，逝去された人の遺骨を骨壺に納め，「〇〇氏を偲ぶ会」といった様式で逝去後30日程度後にホテルの共用ルームで開催するのである．こうした方式は首都圏を中心に展開されており，故人が生前愛した花を葬儀会場に飾るようになった．極端な場合，葬儀会場に赤系統の花を飾ることも稀ではなくなった．この場合，ホテルでの葬儀はイベント業者（レインボー，日比谷花壇等）が会場を設営するという形態が主流となっている．

仏教の社会的存在意義の希薄化による衰退に伴って葬儀様式の変化が生じ，従来から切花のきく類およびハス・鉄砲ユリ等が仏花として独占的地位を獲得してきたのだが，それら切花類の消費低迷が出現し，近年における切花類消費の停滞の1つの大きな理由となっている．

もっとも，バブル経済崩壊後のホテル業界は空室で閑古鳥が鳴く状態であ

ったので，ホテルの共用ルームを何とか利用し，売上額を伸ばし，利益を確保するための努力を行ったためであるとも言える．加えて，葬儀参列者もまた，畳に座ったり靴の脱ぎ履きを行う必要がなくなり，そこに利便性が存在するからである．

したがって，葬儀用切花として独占的な地位を占めてきた切花のうち，きく・鉄砲ユリ・ハス・小ぎく等の花き類は需要用途が固定しており，しかも近年の葬儀様式の変化に対応できないため需要の停滞ないし減退を招いてきたと言える．こうした2種類の消費停滞要因が切花類の市場価格を低迷させていると言えよう．つまり，もっぱら葬儀用の切花として利用されてきた花き類の市場価格の低迷と全般的な消費の低迷が顕著となっているのである．

(3) ガーデニングブームと花壇用花き類の消費動向

昭和60年代以降，一般消費家計における生活環境の改善（住環境・生活水準の向上）は人々をしてインドア装飾からアウトドア装飾へとその関心を外部に向けさせる余裕をもたらし，自然の中で花を愛でるという形態が切花類から花壇苗・花壇花へのブームをもたらす結果となった．

近年，NHKのガーデニングに関するテレビ放映もこのブームに拍車を掛ける結果を招いている．また，花壇（苗）花の栽培管理は比較的簡単で，家庭の婦人が行うことが多く，このブームは定着する傾向を持つものと判断される．

しかし，ガーデニングにおける超高級品の栽培は厳しい温度管理が不可欠であり，全般的に言って一般家計でガラス温室を持つのはごく稀である．パンジーのような草花を中心に空き地で栽培していることが多く，安上がりな自然の風景を自宅で実践しているというのが一般的であり，花き小売サイドでは高級な種苗が売れないという悩みを抱えている．

それゆえ，花き類の流通業界はその販売金額が伸びないという悩みを抱えているが，高齢化社会の到来とともに精神的な安定を求める風潮はいっそう拡大してくるものと判断され，高額所得者の家庭では婦人が中心となって，

花き類のみならず，野菜類の栽培も行っており，無農薬有機野菜を自宅の菜園で栽培（調達）しているのである．

また，社会の中に高学歴の人々が多くなると農薬の使用や食品添加物に対して過敏となっており，どこで生産されたものか，あるいはどんな農薬を使用してきたかといったことに対して明確な表示を求める風潮はいっそう強まってきている．

(4) 花き類に対する消費購買行動の諸特徴
1) 切花類の消費停滞と花き類利用形態の変化

経済成長は家計部門の所得拡大を促進し，それに伴って人々の花き類に対する利活用の方法が変化していくことになる．わが国の場合，人々の所得は極めて長期にわたり，右肩上がりのトレンドを示してきたのであり，それに伴って居住環境の改善も徐々に進展してきた．

従来から，切花が室内装飾用として利活用されてきたのであるが，一般消費者の生活スタイルの変化によって，室内装飾から住宅周辺の装飾へとその関心が広がってきたことである．しかしながら，花き類ことに切花に対する消費者の購買特徴は何と言っても，購入しようとする花の日持ちの良さが基本となっており，日持ちのする花き品目が購入対象となるのである．

切花類の日持ちの良さは輸送能性の良さと密接不可分の関係にあり，輸送能性が良ければ，日持ちも良いということになる．そこで，輸送能性の良さを個別品目について説明すれば，長距離輸送に耐える切花の代表としてきく類，長距離輸送に不向きな切花の代表としてラン系統の切花類が挙げられる．きく類とラン系統の中間に，バラ，カーネーション，ユリ類，チューリップ，フリージア等が位置している．

いずれにしても，花きの生命・生理活動が一定の期間で終了すれば，枯れた切花はゴミとして処理せざるを得ない．切花の場合，日持ちのよい花でも20日間程度で家庭からゴミとして廃棄されることになる．このことは家庭から排出される廃棄物をできるだけ縮小しようという生活スタイルに反して

いる．ゴミとして家庭から排出するだけでは主婦や園芸愛好家にとって楽しみが少なく面白味もかけるため，高級な鉢物類を室内で育成し，観賞するというスタイルが定着してきた．

他方，花壇苗は季節の変化とともに咲き誇る品目が異なり，花壇に植えておけば，季節が巡り再び利用（活用）できるものもある．したがって，花き類に対する消費の普及と一巡化が需要停滞を引き起こす要因として立ち働いていることを見逃すことができない．

2）花壇用鉢花類の消費動向が花き類全体に与える影響

より自然な状態で消費者個人が花壇を管理することによって，自然（季節の移り変わり）を生活の中で感じようとする風潮はますます増大してきている．その結果，花壇用鉢花の消費ブームを爆発的に拡大させている．上記のような消費形態の変遷は花き流通業界における経営形態にも変化をもたらしており，切花専門卸売会社も鉢花・花壇苗を扱わざるを得なくなっている．

しかし，花壇苗・花壇花の需要は旺盛だが，金額の張る苗・花等に対する需要は低調であり，花壇苗・花壇花を取り扱う卸売業者の取引金額は期待されているほどには拡大していない．

この理由は爆発的なブームに甘えて花壇用種苗の厳しい選別を行わなかった業界にもその責任の一端があるといえよう．すなわち，専門的な目で見た厳しい種苗の選別を行っていれば，売れ行きが停滞することはなかったと判断されるが，せっかく消費者が調達した種苗が発芽しなかったり，花を咲かせなかったりすることがあり，一般消費者に不信感を抱かせる結果になっているからである．こうした傾向は花き（切花・鉢花両者とも）経営によって生計を立ててきた花き業界全体に共通するもので，戦後からバブル崩壊までの期間，自助努力によって消費（需要）拡大を促進してきたのではなく，社会全体の持続的な所得拡大に伴って消費・需要の拡大が図られてきたのであり，花き業界全体としてその体質に甘さを抱えていることを指摘しておきたい．

つまり，戦後からバブル最盛期までは業界に厳しい労働争議が発生したわけではなく，さらには厳しい合理化を実践しなければ会社の存続が危ぶまれるということもなかったからである．

4. 花き卸売市場の構造変化と流通主体の経済行動

(1) 花き卸売市場の構造変化とその影響

関西圏（京都市）に立地する切花専門卸売会社は，伝統的に仏教文化の強い影響の下で葬儀用切花の旺盛な需要に支えられてきたが，上述の葬儀様式の変化が全国の切花生産者とその産地に影響を与えており，近年の低迷する市場価格の動向に対して強い危機感を持つようになっている．この経済的要因に加えて，関西圏に立地する花き卸売会社が地方卸売市場として展開しているのに対して，関東圏，特に東京都に立地する花き卸売会社が中央卸売市場に制度的に編入されるとともに，切花産地への歩戻しが実施され，それと同時に卸売手数料が0.5%切り下げられていることも重要な経済的理由となっている．

つまり，生産者にとって今まで10%の手数料の徴収から9.5%の手数料徴収に引き下げられたことは大きく，しかも卸売市場業務条例によれば，生産者に対して0.5%の歩戻しが，また買受人に対しても最大で1.0%の歩戻しが規定されている．

こうした経済的理由とは別に，切花の市場として全国的に強い影響力を持っていた京都市の切花専門市場が近年の花き消費動向に影響されて業界内の地位を低下させていることである．従来から，切花専門市場を経営する場合，花きに関する伝統と様式を習うために全国の花き卸売市場関係者が京都で研修を受けてきたのであるが，今やそうした業界内での慣習（しきたり）が消滅してきたこととも関係している．

それだけに，京都市の卸売市場関係者は立地場所の変更を伴った市場統合への強い期待を行政当局に望んでおり，行政当局も業者の意向を踏まえて市

第3章 花き流通システムの変貌と将来展望

表 3-1 青果物卸売市場との比較

	手数料		出荷奨励金	完 納奨励金
	野菜	果物		
青果物卸売会社	8.5%	7.0%	(17〜3)/1000	10/1000
切花卸売会社	10.0%	(9.5)	(5〜3)/1000	10/1000
鉢物（類）卸売会社	10.0%	(9.5)	—	—

註：1) 年間支払金額1000万円以上の場合のみ（出荷奨励金）．
　　2) （　）内は中央卸売市場の手数料率である．

場統合と立地場所の変更に動き出している．表3-1は青果物の流通業界の手数料と花き流通業界の手数料を纏めたものである．

花き流通業界の場合，生活必需品ではないので特に政府の補助によって運営しなければならないという理由が存在しなかったためか，花き流通業界が本格的に中央卸売市場に編入されるのは1988年以降であり，それ以前はすべて地方卸売市場として営業してきたわけである．

したがって，現在でも地方卸売市場として営業する卸売会社が圧倒的多数である．地方卸売市場として営業する場合は手数料が10%となっており，産地サイド・買受人サイドの両者に歩戻しを行う企業は稀である．

中央卸売市場に収容され，営業を始めている卸売会社でも，9.5%という0.5%の手数料率の引き下げそのものが歩戻しを行ったのと同じ結果であるとして，東京都の花き卸売（荷受機関）企業を除けば，産地に対する歩戻しを行う意志を持っていない場合が多い．

他方，完納奨励金は買受人に対して行うものであり，卸売業者からすれば，独自で集金業務を行う代わりに，一種の保険を掛けているものと認識しており，歩戻し金は必要経費と考えている．また，出荷奨励金もごく限られた産地に対してだけ実施されているのである．

したがって，青果物の卸売会社の行動とは異なった動きをしており，産地前渡し金なども花き流通業界では行っていない．花の生産出荷を行う農協等からの歩戻し要求というものは花き流通市場においてはほとんど見られないが，ことに鉢物市場においては全く存在しない．

農協の花き市場における機能は産地の決済機能（単なる金融機関）においてのみであり，青果物の場合とは相違し，農協の販売エージェントとしての機能を求められることはない．また多くの場合，農協から発信される生産者への花き流通情報が過去のデータを中心に分析しているので，現場の生産・出荷体制を混乱させることにつながりかねない．つまり，アップツーデートの情報でないために出荷のタイミングがずれているのである．この事実は農協の情報収集・分析能力がいかに欠如しているかを如実に示している．これからは限定生産を含めて，産地としての特色を出す必要があり，農協の花き生産・販売への精力的な取り組みが求められている．

(2) 東京都の花き卸売市場の構造変化

花き類の基本的性格は青果物のそれと何ら異ならないものとして，青果物が中央卸売市場を人口25万人以上の地方中核都市に設置してきた例にならい，東京都ならびに地方中核都市の青果物中央卸売市場に併設する形で，中央卸売市場への移行を促進している．

われわれの実態調査によれば，東京都では第2次整備計画（1976年）で初めて，花き市場の中央卸売市場への移行設置計画が言及され，第3次卸売市場整備計画（1981年）に基づいて，東京都下23区域内に4つの花き中央卸売市場の設置と多摩地区に2つの花き卸売市場の設置が計画された．

第4次卸売市場整備計画（1986年）には都下23区域内に5つの中央卸売市場の設置と多摩地区に1つの中央卸売市場の開設が計画された．しかし，多摩地区に花き卸売市場を設置するための用地確保が困難であるため，第7次卸売市場整備計画では多摩地区の設置に言及していない．

こうした経緯の下で，これまで地方卸売市場として零細な経営を行ってきた花き卸売市場（私企業）が中央卸売市場（農林水産大臣の管轄の下で）への移管を促進することになった．

中央卸売市場への制度的移管の狙いは，零細な花き卸売市場（制度的には地方卸売市場として位置づけられてきた）を合併させ，同時に市場統合を促

進しながら，公正で公明な市場価格を実現させることによって，産地サイドおよび消費者サイドに対して信頼を得ることを目的とし，併せて物流の効率化を狙いとしている．

整備計画の目的は以上の通りであるが，東京都では1988年4月に北足立市場を青果物卸売市場と併設する形で設置したのを皮切りに，90年9月には大田市場花き部を開設した．93年には板橋市場が開設され，95年には葛西臨海地区に，2001年4月には世田谷市場が開設されたのである．つまり，東京都23区域内に5つの花き中央卸売市場が開設されることになった．

図3-3は東京都内の卸売市場の立地配置図を示している．

北足立市場には㈱東京花きと㈱第一花きの2社が収容され，大田市場花き部には㈱大田花きと㈱FAJの2社が収容されている．

このうち，コンピューター機械セリを行っているのは3社であり，そのうち2社は本格的な稼働を行っているが，1社は2001年10月からテストラン

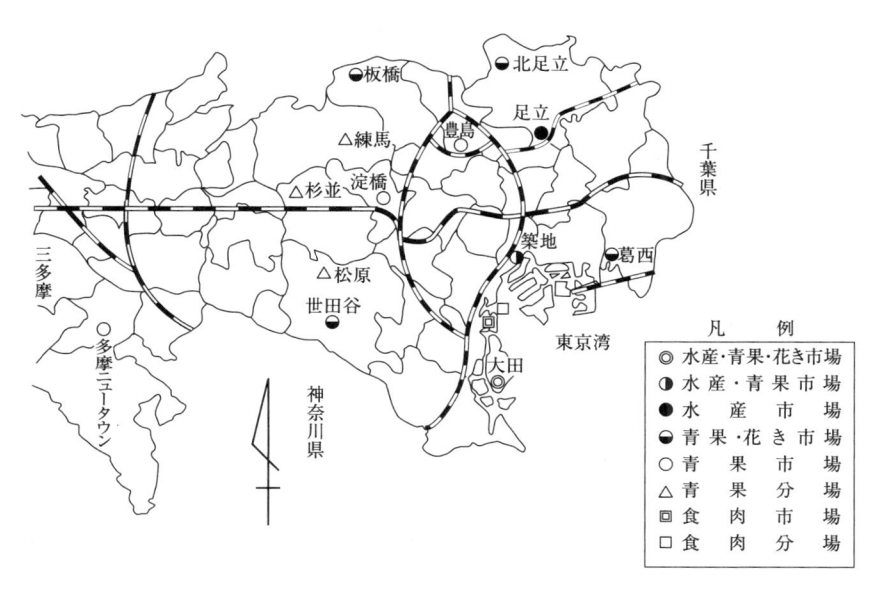

図3-3　東京都内の花き卸売市場の立地配置図

に入り，2002年4月から本格的稼働の予定である．東京都の調査によれば，北足立市場の年間取扱金額は2000年度で114億円，大田市場花き部は470億円ということになっている．

さて，1993年2月には板橋市場が開設され，2社体制で発足することになったが，2001年1月に東日本花きと板橋花きが合併・市場統合し現在は1社体制で運営されている．同市場もコンピューター機械セリを行っており，しかも合併による人員削減と役職員の削減による給与の削減が可能となり，過当競争から解放されて荷の取揃え機能が充実した，としている．板橋市場の年間取扱金額は2000年度で109億円である．

また，1995年には葛西臨海地区に，青果部と併設する形で，花き市場が2社体制で開設・収容され，2000年4月から江戸川花きと葛西花きとが合併し，東京フラワーポート㈱という社名で営業している．東京都の調査によれば，2000年度の年間取扱金額は93億円であり，政府からの補助金によるコンピューター機械セリを導入している．

最後に，2001年4月から世田谷に青果物の卸売市場と併設の形で，切花専門市場（世田谷花き）と鉢花専門市場（東京砧花き）が開設されており，いずれの会社も初年度100億円の取引額を目標にしているが，折からの不況で目標額に到達することが難しいようである．ちなみに，そのうち1社は87億円程度であり，他方の会社も同程度と推定される．世田谷市場の場合も近年のIT革命の進展に即応する形で，コンピューター機械セリの導入を図っているが，市場内に収容された顧客の店頭まで配送するシステムを採用しているのはまだ一部の市場だけである．

かくして，花き流通業界は制度的に青果物流通システムと同一の形態をとることになり，しかも取引の基本は商物一致を原則としている点に特徴がある．花き流通システムの近代化は青果物流通システムを規範としているので，花き流通システムの中に仲卸業務を積極的に位置づけようとしている．花き仲卸業者は未だ資本金および経営資源において零細であるが，業界内では新たな需要開拓の尖兵として大いに期待されている．

(3) 花き業界における仲卸業者の機能

　花き仲卸業者の主要な業務は量販店（ホームセンター等）への納入業務，葬儀等のイベントを取り扱う実需者への販売業務，小売店（市場への買出し行動をとらない小売業者）への販売業務，これに加えて特定花き類の転送業務が中心である．いまだ青果物の仲卸業者ほどにはその機能が分化しているとは言えないが，青果物流通システムを需要の開発面で支えている仲卸業者の機能を花き流通業界においても実現していきたいと積極的に取り組んでいるのである．したがって，花き流通業界においても今後仲卸業者が形成されてくることになろう．

　代払い組合（精算会社）は青果物関係業界では整備されているが，花き業界では設置されていない．つまり，青果物の中央卸売市場では常識となっている精算会社または代払い組合の結成が都内で地方卸売市場を運営する業者の強い反対によって成立しなかった．

　この理由は，中央卸売市場に編入された卸売会社と地方卸売市場のまま営業せざるを得ない卸売会社との格差が歴然とするだけでなく，精算決済業務までも遂行されたのでは地方卸売市場は立ち行かなくなるという危機感が地方市場経営の業者間に蔓延したためであると判断される．

　したがって，買受人と市場（卸売業者）との決済業務は，買受人が市場（卸売業者）に対して一定額の保証金を積み立てて取引業務を行っているというのが現状である．

　さて，東京都に立地する中央卸売市場花き部ではコンピューター機械セリを積極的に導入しているが，その功罪について指摘しておこう．

　コンピューター機械セリを導入することによって得られるメリットはセリ人が花き流通に習熟していなくてもコンピューターのソフトに工夫をすれば，買受人には秘匿した形でセリ人の端末に現在上場している産地の過去数カ年にわたる品目別，品種別，色別入荷量・平均単価・高値・安値を表示させることができ，上場順位を経験と勘に頼らなくても可能とすることである，とされている．

他方，そのデメリットはセリ台の雛壇に向いた画像を見ながらセリ価格を入札する買受人にとってはスクリーンに投影された画像と現物との違いを買受人が独自で修正しなければ落札できないのである．これを不特定多数の買受人と不特定多数の生産者の間で，画像だけで取引を行うとなると取引上のトラブルが頻発し，取引どころではなくなるだろう．
　なぜなら，買受人はコンピューター画像だけで品質の判断を行うことになり，買受人のイメージと異なる商品が落札されるからである．さらに，解像度がいくら良くなるとしても，映す角度によって枯れたり，萎んだりした部分が隠れてしまうからである．
　また，コンピューターセリと連動した荷物（商品）の自動配送装置が導入されている卸売会社は，その設備に要した資金の利息払いだけで膨大な額に上り，稼得した利益を設備資金に充当しても足りないという結果をもたらしかねない状態である．
　したがって，コンピューター技術の進歩によって，青果物・花き類の商物分離が可能となるとア・プリオリに判断しているとすれば，現実の取引実態を知らないことになろう．
　花き流通（産）業界においては，荷受機関が中央卸売市場に編入される以前から仲卸的機能を担う商業者が存在していたが，その数はごく僅かであり，花き業界における仲卸業者の経営規模は零細で，セリの売場レーン毎（切花・鉢花・花木・枝物，等）に買受人を張り付けることができる規模を持った仲卸業者は存在しない．また，一般的には花き小売店が花き仲卸業者から仕入れることはない．
　しかし，花き仲卸企業はイベント業者とタイアップして新たな需要を開拓してきたのである．具体的には葬儀形式の変化に伴うホテルの共用ルームを利活用するなど，花き仲卸業者は需要創造の尖兵として機能してきており，今後花き卸売会社は仲卸とのタイアップにおいて卸売業務の経営拡大を図るものと判断される．
　したがって，青果業界においても，新しい消費形態（食品の調理・調整・

加工）の開発と新たな需要創造の尖兵として機能している仲卸業者は業界内で枢要な位置に留まることになろうし，花き業界においても同様のことが言える．

(4) 花き小売市場の動向

　青果物の場合，昭和40年代の当初スーパーマーケットが本格的に店舗展開し始めた頃，小売店（八百屋）のマージン率が大きいということが指摘され，スーパーマーケットが積極的に青果物を店内の陳列棚に展示するようになったが，商品1つを販売するのに仕入商品をその3～5倍準備しなければならない．この状態は現在も続いており，売れ残った青果物を生ゴミとして処分せざるを得ない．

　花き小売店の場合も，1本の切花を販売するのに3～5倍の商品仕入れを不可欠としている．それゆえ，喫茶店やブティックを兼営している花き小売店では，いくらストッカーの中で保管しているとしても，蕾が開いた切花は販売できないので，店内の装飾用として利用しているが，量販店では生ゴミとして処理せざるを得ない．さらに，こうした商品仕入れ上の性格は切花小売段階におけるマージン率を上昇させ，消費者にとって高い買い物になるのである．

　すなわち，生ゴミの排出という点では専門小売店が合理的となるが，単価の側面からは量販店が合理的であり，この点で青果物の場合と花き類の場合とは共通するのである．

　現在，花き類（切り花・鉢花を含めた）を販売する小売業者の営業形態は花き小売店・ホームセンター・一般スーパーの3種類がある．このうち大手量販店（ホームセンター・一般スーパー）では，インターネットの活用によって，生産者から花き類を直接仕入れようとする傾向が強まっている．生産者が既存の花き卸売市場に出荷を手控えている鉢花の失敗作（例えば，洋ランの場合6本仕立てのものが，2本または1本立ちのもの）を大手量販店ではまとめて購入し，それを1,000～2,000円/鉢で売るようになっている．つ

まり，通常の商品が8,000〜10,000円で販売されるものを，それの1/4〜1/5で販売することになるのであるから，園芸を趣味で行う消費者以外にはその商品価値が理解できないので，人気がある．こうした取引は大手量販店と花き生産者とが，今後インターネットを使って直接取引を行うことが予想される．

　また，IT革命による異業種参入企業と大手量販店との取引（BtoB）の出現が予想される．イベント業者・ホテル業者・葬儀業者の花き類の購入先が，現在では花き仲卸業者からの買い付けとなっているが，この動向に注目する必要がある．すなわち，現状ではイベント業者やホテル業者が必要とする量的まとまりを個別生産者の生産量だけで確保することが難しいだけに，既存の卸売業者を通じて調達せざるを得ないからである．

　さらに，食品製造・加工業者の子会社が花き類の生産を行い，その供給量がイベント業者・ホテル業者の需要量に対応してくることが予想されるので，花き卸売市場を経由しない市場外流通という形態が定着する可能性があることを予想しなければならない．

　他方，花き小売業者は全員が自ら花き市場へ買出しに行くのではなく，花き市場に買受人登録している小売業者から商品を分けてもらう業者もかなりの数に上り，たとえ買受人登録していても毎日買出しに行く業者は市場買受人登録人数の60%程度となっている．

　この理由は花き小売店を専門に営業する業者だけでなく，喫茶店・フルーツパーラー等を兼営する小売業者が存在し，開市時間帯に仕事上の都合がつかない場合が出現するからであり，しかも比較的簡単に花き小売店を開設することができるからである．

(5) 異業種参入と花き流通
1) 種苗開発と異業種参入

　わが国の園芸農産物の品種開発とその研究は1986年6月以前と以後とではその様相が大幅に変化していることに注意しなければならない．

第3章　花き流通システムの変貌と将来展望　　　　　　　　　101

　1986年6月以前では，穀物類・果樹類・畜産物類といった研究経費と長時間の研究実績を要する品種開発はもっぱら政府関係機関が担当し，野菜・花きといった相対的に短期間で研究の成果が現れる品種・種苗開発は民間企業の種苗会社が担当するという静態的均衡がとられていた．図3-4の上段はそのことを示している．

　しかし，1986年6月以降，種苗法の改正に伴って異業種企業の参入が認められ，異業種大手企業（協和発酵，キリンビール，等）が相次いで種苗業界へ参入してきたのである．

　製薬会社は以前から一定の研究成果を蓄積していたが，これら異業種大手企業は研究開発経費を短期間に回収する目的で，単年性作目を中心に野菜・花きの種苗を開発し，それを花き流通業界に出荷販売するようになったので

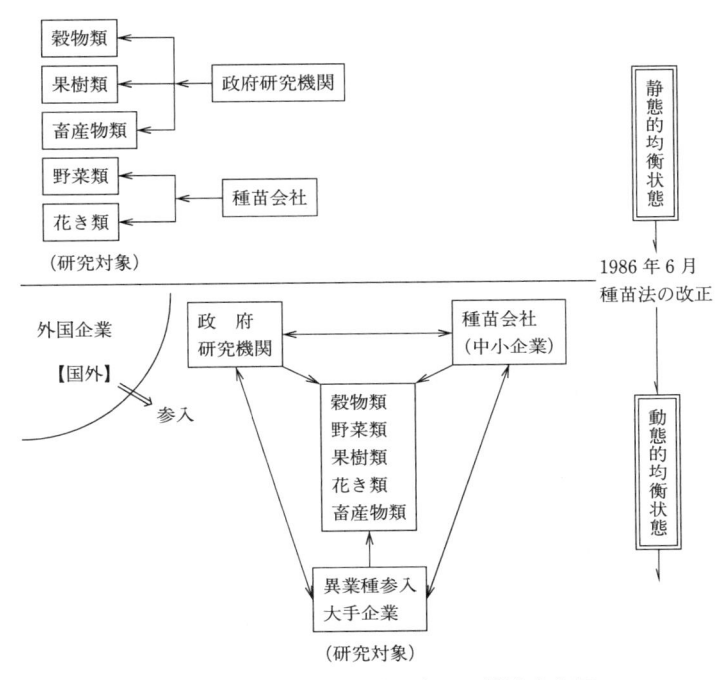

図3-4　種苗開発と異業種参入の構造変化図

ある.

　もちろん，加工食品製造企業もこうした動きに敏感に反応するようになってきた．具体的には，雪印乳業が雪印種苗という子会社を設立し，花き類の種苗生産とその販売活動を展開している．

2）異業種企業，ことに食品加工・製造業からの参入

　雪印乳業の子会社である雪印種苗は，花き類も食卓の味覚を増進させる素材の1つと考えており，パックして大手スーパーに卸している．

　キリンは，プランツパートナー・花紋を子会社として設立している．この他，カーネーションの種苗会社およびオランダの種苗会社等をも傘下にしている．考え方は雪印種苗と同様である．サントリーは花事業部を設置しており，サッポロも花きの種苗開発に乗り出している．

　もちろん，これら食品大手企業はバイオテクノロジーの将来性に強い関心を示しており，種苗開発の方向も花きの種苗のみならず，医薬品の原材料から穀類・野菜類・畜産物類に至るまでその守備範囲を急速に拡大してきている．花き業界に限定して言えば，食品製造加工会社およびアルコール類の蒸留・醸造会社等による異業種企業が生産の裏づけを持って，花き生産・種苗開発に参入してきたのである．

5. 花き類の品目別・色別需要動向の計量経済学的アプローチ

(1) 花き流通市場における統計データの性格

1) 東京都中央卸売市場データの特徴

　「東京都中央卸売市場統計年報 花き編」が編纂され公表されたのは1988年の4月に北足立市場が開場されて以降のことである．同資料は品目別・色別集計がなされており，花き資料としてはわが国で初めての本格的な統計資料である．その後，90年9月には羽田空港近くの大田市場に隣接して花き部が設置されたことに伴って，市場統計データは急速に充実されることにな

るが，その理由は㈱大田花きが中央市場への編入に伴って3社の合併を促進し取扱量が拡大したこと，さらに，㈱FAJが中央市場への編入に伴って㈱日観植物東京支社を母体とする有力企業4社の合併と市場統合を行ったためである．

続いて1993年2月には板橋市場が，95年4月には葛西市場が開場し，2001年4月には世田谷市場の開場によって中央卸売市場の統計資料は飛躍的な充実を遂げることになった．

しかし，花き類の市場統計データの場合，①仕立てた茎長，②ダンボール箱の大きさ，③詰め込み本数，④結束本数，⑤花軸の太さ，⑥積み込み方向の違い（縦積みと横積み：日持ちを良くするための工夫）等で，それぞれ異なった数量および異なった結束本数が上場されており，その整理が極めて煩雑であるため，統計資料として取引本数カウント上の誤りが起きやすいという性格を持っている．われわれは中央卸売市場のデータに不突合を引き起こす箇所を数カ所見つけているが，いくらコンピューターで集計するとしても入力する基礎データに誤りがあれば，データの信頼度は小さくなる．

2）東京都地方卸売市場データの特徴

東京都に立地する花き地方卸売市場も依然として営業を続けており（例えば，2002年12月末日時点で23区内では浅草橋を含む台東区に2カ所，杉並・江東に各1カ所，都下では日野・武蔵村山・八王子・青梅各市に1カ所），東京都は地方卸売市場統計として集計しているが，その統計データは品目類別合計で提示されている．例えば，きくの場合，中央卸売市場の統計データでは，その種類は輪ぎく・小ぎく・スプレーぎくおよびその色別入荷量を掲載している．しかし，東京都地方卸売市場データでは輪ぎくとスプレーぎくの合計入荷量を掲載しており，小ぎくとは区分しているが，その色別区分は行っていない．

したがって，色別単価のデータは統計データから確保することができない．それゆえ，地方市場のデータを中央卸売市場に入荷した品目別・色別入荷量

割合に準じて比例配分し，地方卸売市場に入荷した品目別・色別統計量として利用することにした．

地方卸売市場統計データは中央卸売市場の開場に伴ってこれまで地方統計データの中に組み込まれていたデータが中央卸売市場統計に移管・編入されるために，年次を追うにしたがって減少せざるを得ないという傾向を示してきた．

また，市場統合や合併が促進される場合，それぞれの市場経営当事者は合併をできるだけ有利に展開しようとして自己の取引金額を大きく申告する傾向がある．こうした事実が全くないとしても，上記の比例配分による入荷本数の推定値を加えることは統計量自体の安定性を損なうことに繋がる．

加えて，東京都が実施している花きの都内消費量調査（転送量調査）は3年毎の買参人に対する調査であり，調査の正確度という点に関してそれなりの制約を持つものと判断される．

しかしながら，花き流通統計データを駆使した計量経済学的接近を行おうとする場合，東京都の花き流通統計データが一定の制約を持っているとしても，その制約を前提として利用せざるを得ない．

なぜなら，わが国の中で，唯一利用可能な統計資料であり，その統計資料を利用せざるを得ないからである．本計測結果は上記の論述で明らかなように，東京都民の真の花き消費量は［(中央卸売市場統計データ)＋(地方卸売市場統計データ)－(都外消費量)］で与えられ，この計算のために必要とする各種データを取り揃えることができたので，計量経済学的にごまかしのない統計量を得るために最善を尽くした．こうした手続きを行ったのち，個別品目の色別需要関数を計測し，所得・価格両弾力性の値を図3-2にあてはめることにした．

3) 需要関数計測対象品目

本項では実証的な計測を行うための前提となる計測対象諸データについて，説明しておこう．花き需要関数の計測に必要な基礎データは①東京都中央卸

売市場年報の花き編，②東京都花き地方卸売市場統計，および③都内花き消費量調査をそれぞれ統計処理して用いている．

　計測の対象品目は輪ぎく（きく全体，輪ぎく，輪ぎく白系・黄色系・赤系・他色系），スプレーぎく（全体，スプレー白系・黄色系・ピンク系・他色系），小ぎく（全体，小ぎく白系・黄色系・他色系）である．

　カーネーション（全体，カーネー白色系・赤色系・ピンク系・他色系）は，中輪・ミニ・スプレーカーネーションを加えている．

　バラは色別（全体，白色系・黄色系・赤色系・ピンク系・他色系）に，スプレーも加えて計測している．

　ユリはユリ類全体・鉄砲ユリ・すかしユリ・その他ユリの4品目について計測した．

　草花に属するものとして，ストック（全体，白色系・ピンク系・紫色系・他色系），トルコキキョウ（全体，白色系・ピンク系・紫色系・褐色系・その他），フリージア（全体，白色系・黄色系・他色系）をその対象にした．さらに，宿根カスミソウ・アルストロメリア・ガーベラ・スイトピー・チューリップ・デルフィニウムの6品目を追加計測した．

　その理由はこれらの品目が宮崎県内で現在生産されており，それらの品目がE.J.マッカーシーのライフサイクル理論に照らしてどんなライフステージに位置しているかを生産者にいち早く伝えることで，生産者が現在の生産対象花き品目から転換すべきかどうかについて，決断を促すことができるからである．

　切花洋ランは，オンシジウム・カトレア・シンビジウム・デンドロビウム・デンファレ・ファレノプシスの6品目について行った．

　また，鉢花の洋ラン類については，大型シンビジウム，中小型シンビジウム，ノビル系デンドロビウム，デンファレ，他のデンドロビウム，それにファレノプシスを計測対象とした[2]．

4) 品目別・色別入荷量の推定計算

花き類の個別品目別・色別需要関数を計測するための基礎資料として，①「東京都中央卸売市場年報花き編」の1988年から2001年までの13カ年，②「東京都花き地方卸売市場年報」の1988年から2001年までの13カ年，③東京都が3年毎に実施している「都外・都下・都内23区内花き実需量調査」の3種類の調査結果に基づいて，東京都内の真の花き需要量（消費金額および取扱本数）を算定することにした．

ここで，③の統計資料を図形として現したものが，図3-5である．

同図の実線は切花類全体の1989年から98年までの都内の消費量を示しており，切花全体では年次を追うに従って東京都の卸売市場が次第に集散市場としての性格を強めてきていることがわかる．

他方，点線の推移は鉢花の転送実態であり，年次を追うに従って都内での消費量が拡大してきていることを示している．

それゆえ，これらの統計データを用いて単純回帰係数を求めると，

切花は　　$Y = 76.22 - 1.79t$；　　$R^2 = 0.7782$

鉢花は　　$Y = 54.38 + 0.71t$；　　$R^2 = 0.6960$

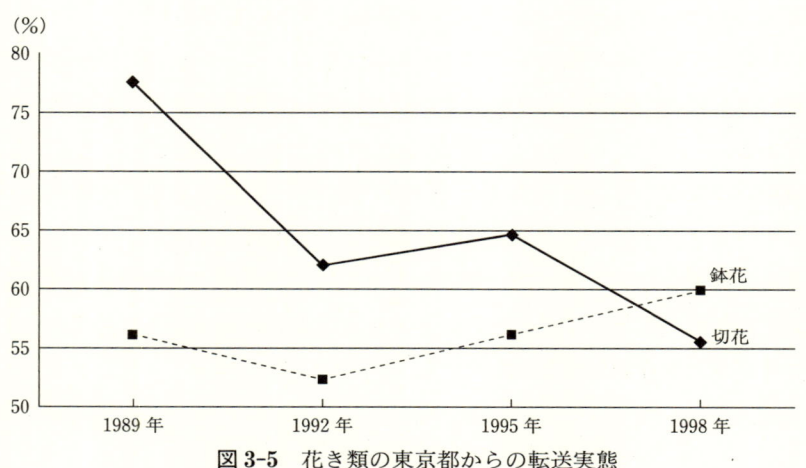

図3-5　花き類の東京都からの転送実態

第3章 花き流通システムの変貌と将来展望　　　107

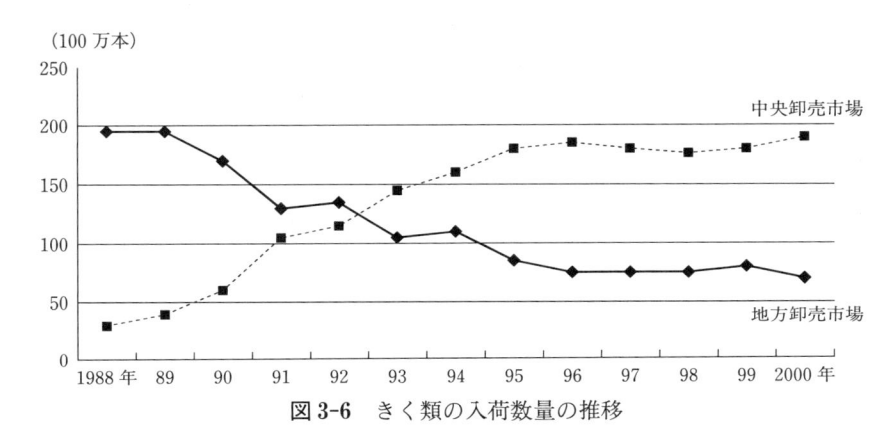

図3-6　きく類の入荷数量の推移

となり，切花は年次を追うに従って，1.79%ずつ減少していき，鉢花は逆に0.71%ずつ拡大していくことを示している．

また，②の統計資料は花き地方卸売市場の市場統合を伴った中央卸売市場への編成替えのたびに地方卸売市場統計の統計データが数量的に減少してくることと軌を一にしており，きく類の入荷量でそのことを図形的に表現すれば，図3-6の如くである．

同図によれば，年次を追うにつれて，地方卸売市場の取扱数量の減少とは逆に中央卸売市場の取扱数量の拡大が明瞭である．

5）その他の変数の利用について

需要関数の計測に必要なその他の変数について説明しておこう．

その第1は東京都民の平均的な家計における年平均所得の推移であるが，このデータは総務庁「家計調査年報」に掲載されている東京都の1世帯当たり年平均所得と世帯人員の1988年以降2001年までの統計資料を活用することにした．また，東京都の1世帯当たり家族人員でデフレートし，1人当たり平均所得を算定した．1人当たり年平均所得の時系列データに対して消費者物価指数でデフレートし，1人当たり実質所得を基礎データとして需要関数の計測に利用している．記号ではY_{ot}と表現しているが，添字のtは年次

を意味している．さらに，東京都民の消費量を記号で D_{it} と表現した．添字の it は第 i 財の t 年次における消費（利活用）数量を意味する．

次いで，品目別・色別価格統計データは東京都中央卸売市場花き編のデータに提示されている価格を用いることとし，その記号的表現は P_{it} であり，第 i 財の t 期における価格を意味する．つまり，中央卸売市場で実現されている価格が東京都の地方卸売市場においても実現されているという前提である．同データは卸売市場価格であるから，それの実質化のためには日銀卸売物価指数でデフレートしなければならない．

最後に，花きの需要量に影響を与える人口は東京都の1988年から2001年までの人口統計を用いている．記号的表現では $P_{opu \cdot t}$ と表現することにした．需要関数の形は

$$\ln(D_{it}) = \alpha \ln(Y_t) + \beta \ln(P_{it}) + \gamma \ln(P_{opu \cdot t})$$

という対数線形関数を基本関数として用いることにした．したがって，推定すべき母数は α, β, γ であり，その計測結果はそれぞれそのまま弾力性値を現している．計測結果は付表1，2のとおりである．

なお，花き類の需要関数を計測する場合，特定の品種ことに花色と競合もしくは補完関係にある品種・品目を関数に組み込むべきであるとする意見もあるが，消費実態を考慮すると品種の特定化およびそのデータの収集が不可能であるから，特に設定していない．

付表は各変数を実質化した場合の計測結果（ケース1）と，実質化せずに名目変数のまま需要関数の計測に用いた場合（ケース2）のどちらか一方の結果を掲示しており，さらに計測した結果が経済学的に意味をなさない場合が出現するために，需要関数の基本形に適宜ダミーとトレンドを変数に追加して計測した場合の結果を提示している．これに，定数項のある場合とない場合とに区分して計測した結果のいずれかを提示している．

経済学的に言えば推定されるべき母数のうち，必ずマイナスに計測されねばならない係数は価格弾力性値である．所得弾力性値がプラスとして計測されれば，その財は正常財である．同値がマイナスとして計測されれば，その

財は劣等財に転化していることになる．

また，経済論理的に言えば人口変数は通常プラスの値として計測されるのが常識であるが，たとえマイナスとして計測された場合でも誤りであると判断することはできないだろう．

なぜなら，東京都全体の人口変動は 1190 万人±10 万人となっていて，計測対象期間における東京都の毎年の人口変動は，自然的人口変動と社会的人口変動の合計が 10 万人前後である．このうち社会的人口変動の方が圧倒的

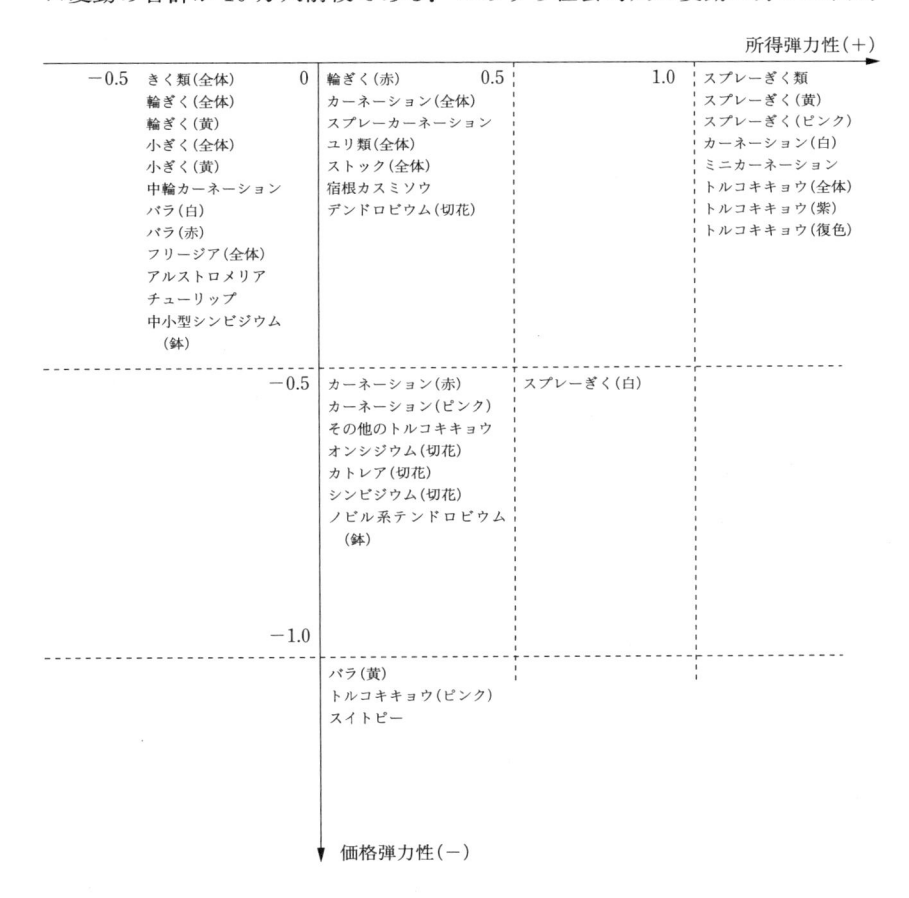

所得弾力性(+)			
−0.5　きく類(全体)　0	輪ぎく(赤)　0.5	1.0	スプレーぎく類
輪ぎく(全体)	カーネーション(全体)		スプレーぎく(黄)
輪ぎく(黄)	スプレーカーネーション		スプレーぎく(ピンク)
小ぎく(全体)	ユリ類(全体)		カーネーション(白)
小ぎく(黄)	ストック(全体)		ミニカーネーション
中輪カーネーション	宿根カスミソウ		トルコキキョウ(全体)
バラ(白)	デンドロビウム(切花)		トルコキキョウ(紫)
バラ(赤)			トルコキキョウ(複色)
フリージア(全体)			
アルストロメリア			
チューリップ			
中小型シンビジウム(鉢)			
−0.5	カーネーション(赤)	スプレーぎく(白)	
	カーネーション(ピンク)		
	その他のトルコキキョウ		
	オンシジウム(切花)		
	カトレア(切花)		
	シンビジウム(切花)		
	ノビル系デンドロビウム(鉢)		
−1.0			
	バラ(黄)		
	トルコキキョウ(ピンク)		
	スイトピー		
↓ 価格弾力性(−)			

図 3-7 マッカーシーのライフサイクル理論による計測結果の分布図

に大きい．転出・転入者は毎年40万人を数える．

これに，東京都下で出生・死亡する人数（自然的人口変動）部分を住民基本台帳に加えれば，東京都の計測期間における人口の推移が確定される．近年東京都から転出する人口が多く，また自然的人口変動は毎年3～5万人であり，全体として1190万人を中心に変動を繰り返している．都全体の人口に比べれば10万人程度の変動が花き消費量に影響する局面は極めて小さいのだが，計測期間に限って時系列的にみれば東京都の人口が減少しているので計測結果がマイナスに計測される場合がある．

以上の論述をまとめれば，価格弾力性値は必ずマイナス，所得弾力性値と人口弾力性値はマイナスに計測される場合とプラスに計測される場合がある．こうした前提的考察を踏まえて，計測した結果をマッカーシーの商品のライフサイクル理論に適応することにしよう．図3-7は上で述べてきた内容を集約する形で図形化したものである．

(2) 花き類の需要関数の計測結果とその考察
1) 需要関数の計測結果に基づく考察

図3-7と付表1より，きく類全体の消費動向はすでに需要の衰退期に突入しており，この傾向は輪ぎく全体にも当てはまる．計測結果は以下のような実態を反映しているものと判断される．すなわち，産地全体の生産者の年齢が高齢化しており，たとえ需要（量）が一定であっても供給量の減退を招くことになるので，通常は市場価格の上昇が見込まれるが，消費購買行動の変化（葬儀様式）を考慮すると価格は一定に推移するか，あるいは微減していくだろう．ただし，市場関係者の話によれば「12月期の'精興の秋'，'秀峰の力'は拡大するだろう」とのことである．

つまり，きくの消費がもっぱら葬儀（仏花）用としての利用に限定されており，しかもその葬儀様式が仏教様式から近代的な葬儀様式に移行しており，葬儀用切花としての消費（利用）量が減少しているからである．

ちなみに，きく類全体の価格弾力性値（以下，Aと表記）は-0.1であり，

所得弾力性値（B と表記）は -0.13 である．この傾向は輪ぎくの色別消費にも当てはまり，需要の減退期から衰退期に位置していることがわかる．

他方，スプレーぎくは全般的に需要の開発期から拡大・成長期に位置しており，これからも需要が堅調に推移するものと判断される．つまり，スプレーぎくは仏花としての利用からイベント花としての利用まで消費の利活用範囲が広く，多面的に利活用されているからである．

小ぎくの場合は輪ぎくと同様に仏花としての利用に留まっており，春秋期の彼岸花としてしか利用されないためである．しかし，この花の消費には強い地域性があり，鹿児島県のような祖先崇拝思想の強いところでは根強い消費（利用）が望める．

カーネーションは所得弾力性値（B）が 0.3 で，価格弾力性値（A）が -0.25 という値を示しており，全般的に需要の停滞期に突入していることがわかる．すなわち，カーネーションもきくと同様のことが言い得る．

ただし，例外的に白色カーネーション・ミニカーネーションだけは需要の開発期に位置しており，テーブル用生花としての利用が見込めるためである．

中輪系のカーネーションはすでに衰退期に位置しており（$A=-0.26$, $B=-0.46$），商品のライフサイクル理論から判断すると今後消滅していくものと判断される．この理由はカーネーション類全体に日持ち（花の咲いている期間）が悪い（短い）という性格を挙げ得る．

バラは需要の成熟期から衰退期まで（色別に見た場合）幅広く分布しているが，全般的に言って需要の停滞期（$A=-0.15$, $B=0.04$, ただし黄色）から衰退期に突入しているものと言える．市場関係者によれば，「バラ類の価格は横這いから若干の伸びが期待できる」としている．

バラは香りがあって捨てがたい魅力を持っているため，茎を長く仕立て，しかもたとえ蕾の状態で購入したとしても，飾った場所で確実に豪華な花を咲かせてくれることになれば，根強い消費・需要（部屋の装飾およびイベント花等）が見込めるものも存在する．

しかし，全般的に言ってバラの場合も水揚げ（花・茎・葉の色艶に関係し，

花持ちに影響する）が悪く，日持ちも良くないためであると判断される．それだけに，今後茎長を長く伸ばし，水揚げをよくする品種の開発が大切である．

ユリ類には鉄砲ユリ・新鉄砲ユリ・すかしユリ・オリエンタル系のユリ（カサブランカ等）が含まれるが，ユリ類全体を1つの商品と見た場合，すでにそのライフサイクルは需要の停滞期に突入しており（Aが-0.004，Bが0.26），これ以上の消費量の拡大は望めないだろう．

市場関係者によれば，「ユリ類ではハイブリッド系，オリエンタル系ユリを中心に，生産の拡大が続いている．アジアンティック系は6月から7月の生産増，8月の減少がみられ，特に冬季の暖地産物の減少が顕著であり，'新鉄砲ユリ'の生産増と'日の本(ヒノモト)'の減少が顕著である．鉄砲ユリは沈滞気味である」としている．

ユリ類はその生育特性として連作障害を引き起こす性質を持っている．生産者は球根を定植して，採花した後地中に残った球根を掘り起こし，植込み場所を変更して生産対応しているのである．

品種別の計測結果を詳しく検討すると，鉄砲ユリには'新鉄砲ユリ'と在来のユリ（日の本）が統計量の中に合算されており，2種類の品種が混在しているが，その計測結果Aは-0.017で，Bは0.63となっている．もっぱら仏花として利用されているため，所得弾力性値はあまり大きくない．しかし，経済学的には問題があるが，すかしユリとその他ユリの所得弾力性値は1.0以上となっており，鉄砲ユリ以外は需要拡大を期待し得る品目群であることが判明した．

もっとも，上記計測結果は東京都民のユリ類に関する平均的な消費動向を表現しているものと判断されるが，鉄砲ユリに関しては卸売会社から提供された品種別統計資料による計測結果を提示した後に消費動向の総合的な考察・検討を加えることとし，次に進もう．

ストック類はアブラナ科に属する花で，多彩な花色を持っているが，全般的に需要の停滞期に突入しており，消費拡大は望めない．ただし，紫色は例

外的に拡大するだろう．

　トルコキキョウはリンドウ科に属し，連作障害を引き起こすが，仏花および流儀花からイベント花まで，幅広い需要があり，ことに覆輪系の花色の開発により需要の着実な伸びを示してきた．トルコキキョウ全体の商品としてのライフステージは需要の開発期に位置しており，これからも堅調な消費の拡大が期待される．この花はしっとりとした潤いを与えるために仏花から仕事花[3]・イベント花まであらゆる用途に利用することができ，消費者に人気がある．

　フリージアはアヤメ科に属し甘い芳香を持った花きであるが，茎の成長に伴って歪曲し，花軸が弱く花輪が小さいことが切花としての特性を損ねており，全般的には需要の衰退期に突入している．しかし，花輪が大きく，茎のしっかりした芳香のある新品種が開発されれば，再び需要の拡大を期待することができるが，そうしたエポック・メーキングな話題がない限り衰退していくことになろう．

　市場関係者によれば，「フリージア全体の市場価格は横這い傾向が続くだろう．輸入球根（オランダ系）で生産する産地は残るが，在来種生産に頼る産地は停滞から減退するものと判断される．ラインベルト（在来種黄色系）は減少する．'ブルーヘブン'‘アラジン'‘エレガンス’等，オランダ系の花は花輪が大きく香りも良い．したがって，オランダ系は伸びる余地あり」としている．

　グラジオラスはアヤメ科に属し球根繁殖する．非常に水揚げがよいので切花としての特性を備えているが，全般的に言って賑わいのある花で，人々に落ち着いた潤いを与える花ではなく，しかも香りがないために消費者に人気がない．その結果，全体として需要の衰退期に突入しているものと判断されるが，覆輪系の花弁を持った落ち着きのある花色であれば，根強い需要を期待してよいだろう．

　洋ランとは明治以降西欧諸国より導入された観賞価値の高いラン科植物の総称で，地理的には熱帯から温帯まで幅広く分布している．この中には鉢花

として出荷するだけでなく，切花として出荷するものもある．

切花洋ラン類の価格は毎年厳しくなってきている．バブルの崩壊によってギフト商品の需要停滞が響いている．また，ギフトを受ける人は多数の贈呈者から同じ色調・色沢のものを貰うことになるので，ギフト商品から感動を味わうことができない．市場関係者は「カトレアは葬儀用に使われるため，価格の進展は望めない」としている．

切花としては，オンシジウム・カトレア・シンビジウム・デンドロビウム・デンファレ・ファレノプシスの6品目が花き統計には掲載されている．需要関数の計測面から判断すると，デンファレとファレノプシスを除けば，いずれの品目も需要の成長期から停滞期へ移行してきている．ファレノプシスの A 値は経済学的に疑問だが，デンファレとともにその所得弾力性値は1.0をはるかに凌駕しており，切花としての需要の拡大が今後も期待されよう．市場関係者によれば，「切花としてのデンファレは根強い需要を示すが，輸入物（タイ・マレーシア）に押され，国内産は滅亡するだろう」としている．

鉢花洋ランのうち，大型シンビジウムは需要の拡大期にあり，中小型シンビジウムは需要の衰退期にあるという正反対の計測結果を得た．

市場関係者によってラン鉢類を品目別に詳しく検討してもらった結果は以下の通りである．

「オンシジウムはタイプが多様化してきており，市場価格は現状維持で推移するだろう．供給過剰がネックとなっているからである．カトレアは他の洋ランに比べて花持ち（日持ち）の悪いのが欠点となっていて，需要は減退する．

シンビジウムは安定した需要はあるが，拡大は望めない．生産技術上の観点から量的に急拡大する心配はないが，出荷のタイミングが問題となってこよう．全般的に贈答用からホームユース用へ移行している．今後は贈答用かホームユースか，その利用形態差を意識して生産することが望まれる．デンドロはホームユースよりは贈答用としての需要が強い．したがって，現在は

全般的に停滞している．デンファレは価格的にはシンビジウムとファレノプシスの中間に位置する．デンドロと同様の開発が始まっている．ファレノプシスは贈答用としてこれからも拡大する．生産者間でメリクロン栽培法による新品種の開発が始まっている」ということである．

次いで，ラン鉢を含む鉢花について計測結果を検討すれば，ノビル系デンドロビウム（鉢）は需要の停滞期にあり，デンファレ（鉢），その他のデンドロビウム（鉢），ファレノプシス（鉢）の3品目は経済学的には是認できるが，マッカーシーのライフサイクル理論に照らして考察すると$A \cdot B$両者の値が大きすぎるように思われる．

市場関係者によれば，「鉢花はガーデニングに伴う草花（パンジー，ビオラ，キンセンカ等）を中心に拡大していく．但し，価格条件は他の花き類と比較しても安いものとなろう」とのことである．

宿根カスミソウとスイトピーは需要の停滞期にあり，アルストロメリア（ヒガンバナ科で一時期人気があったが現在は人気が離散している）とチューリップは需要の衰退期に突入していることがわかる．

ガーベラとデルフィニウムの計測結果は経済学的に肯首できない値を取っているので，説明を差し控えておきたい．

以上，首都圏，近畿圏および中部圏に立地し営業展開している花き流通業界の関係者からの聞き取り調査によって明らかになった事実とわれわれの計測結果とを総合的に考察すれば，品目別・色別花き生産の方向は上記のようにまとめることができよう．

2) 花き卸売企業データによる需要関数の計測結果

東京都内に立地する花き卸売企業への実態調査を通じて，ある特定の有力企業が保有している花き類の特定の品目に関する品種別・色別取扱統計データを需要関数の計測に用いて，品種別の需要関数を計測することにしよう．

計測対象品種は①カーネーションでは'フランシスコ'，②バラでは'ローテローゼ'，③ユリでは'日の本'，および'カサブランカ'の4品種である．

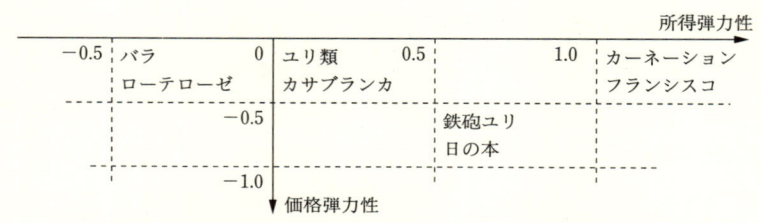

```
                                                            所得弾力性
       -0.5  バラ        0   ユリ類      0.5         1.0  カーネーション
             ローテローゼ     カサブランカ                     フランシスコ

                        -0.5            鉄砲ユリ
                                        日の本

                        -1.0
                            価格弾力性
```

図 3-8　卸売会社の品種別統計資料に基づいた計測結果の分布図

　資料を提供していただいた企業の東京都内の花きシェアは約 30% であり，このうちの 70% が東京都内で消費されていると言われている．

　上記の条件を需要関数の計測に取り込んで計測した結果をマッカーシーの商品のライフサイクル理論に照らして図形表示したものが図 3-8 である．同図によれば，カーネーションのうち'フランシスコ'という品種は需要の開発期にあって，市場価格の上昇を伴いながら生産量を拡大していくものと判断される．

　バラの'ローテローゼ'という品種はすでに需要の衰退期に突入しており，市場価格は低下し，需要量は拡大するどころかかえって減少するという経緯を辿るものと判断される．

　ユリ類のうち，'カサブランカ'という品種は市場関係者がこぞって市場への供給量が伸びており市場価格も堅調に推移すると判断しているが，われわれの計測からはかえって'日の本'の方が根強い消費需要を示すことが計測されており，市場関係者の経験とは異なる結果を得たのである．

　この理由は市場関係者がこぞって'日の本'というユリの品種が需要の減退を招くと主張するものだから，産地サイドで'日の本'から'カサブランカ'へのシフトが生起しており，'日の本'の卸売市場への供給スピードが消費者の需要減退スピードを遥かに凌駕するために，市場価格が堅調に推移するという結果を招いているものと判断される．

3）花きの品質について

　最後に花き類，ことに切花類の品質について言及しておこう．

　花き類は品目・品種毎に花形・花輪・色調・色沢・艶やかさ・香りがそれぞれ異なるので，その品質を判定する場合，同一の品種・品目であって，しかも同一の色を比較することになる．この場合，花形・花輪・色調・香りが同一となるから，花輪と茎と葉とのバランスを指摘する業界関係者が多いが，最終的に市場で判断している基準は側枝の多さ（ボリューム感）と仕立てた茎長および艶やかさで判断しているのである．

　これが花きの品質である．したがって，個々の商品にボリューム感を持たせ茎長を長くするにはその栽培期間を延長しなければならず，通常の栽培による場合よりもコストが掛かることになる．それゆえ，花き生産者は栽培期間の延長による追加的コスト負担と市場価格の増価との関係で品質水準を決定しているのである．すなわち，銘柄確立産地の形成は追加的なコスト負担と追加的な増価という微分概念なのである．

　他方，伝統的な経済理論によれば，限界費用と限界収入とが一致する点で収穫・販売することが経済合理的な行動であるとされているが，花き業界で使用されている習慣的・標準的な茎長に基づく採花適期と経済学が教える追加的な茎長の伸びとの関係を明確にすることは今後の課題としておきたい．さらに，近年の新しい産業組織論では限界費用が生産量の増大とともに逓減するということを指摘している．しかし，農産物の場合，全般的に言って収穫逓減の法則が経営面積の拡大とともにいち早く立ち現れ，花き生産においてもこうした理論が成立するので，新しい産業組織論が教える内容を花き生産に適用できるかどうか，今後の検討課題としておきたい．

4）花きの生産販売対応の総合的検討

　最後に，花き産地の首都圏における販売対応の実態をまとめて提示しておこう．その第1は，地域毎に冠せられたブランドが地域内部の販売体制の崩壊によって解体した場合（具体的には農協単位の出荷販売対応が崩れた場

合），旧来から称してきた名前を使えなくなるので，個人出荷・任意組合で出荷する場合，知名度という点で決定的なマイナス要因になってこよう．これを避けるためには第2章で取り扱っている組織対応に関する運動理論を参考にすることが有効だろう．

　第2に，植物が罹る病気・害虫による側枝・葉面の変色した商品を出荷することがあったり，また産地で採花した花を切溜めして市場価格が上昇するのを待っていることがあれば，ダンボール箱に詰め込んだ状態で，冷蔵庫に保管しているので，蔵出しされたダンボール箱が霜に覆われ，その水分で箱が歪んでしまうことがある．

　こうした販売対応をする産地は市場内の評価を極端に損なうので，市場価格は他産地と比較して大幅な低下を招くことになる．

　第3には，輸送コストの削減を考えて大箱を利用することが多く，詰め込まれた結束本数も20本結束にしてあることが見受けられるが，花き買受人は10本結束を求めており（グラジオラス・小ぎく），買受人が20本を10本に結束し直してくれないので，市場価格が他産地と比較して安く買いたたかれてしまう結果を招くことになる．

　上記のような出荷販売対応が見られる場合，地域内部で花き生産に関する熱心な話し合いを行い，販売組織の再統一を図りながら，基幹とする市場へは秀品のみを出荷するという販売対応が求められていると言えよう．しかしながら，なんと言っても花き市場の取引規模が青果物と比較してあまりにも僅少なために，産地に対する市場側の評価が決定的に重要なファクターとなっていることを理解し，組織対応の改善を図ることが大切である．

　次いで，きく・カーネーション・バラ等，その需要動向は需要関数の計測結果で明らかであり，しかもその生産対応についてはよく知られているので除外することにして，球根類を中心にその生産販売対応を検討すれば以下の如くである．

　鉄砲ユリの市場価格はあまり芳しい動きをしていないので，ユリ類全体の中で，市場価格が好調に推移する品種を選定することが求められている．と

は言っても，本文中で指摘している如く，ユリの球根からの栽培は実生栽培に比べて遥かに容易であり，その要求される生産技術と投下労働時間は実生栽培による'新鉄砲ユリ'よりも少なくてすむ．

したがって，生産者がより有利な市場価格を稼得する品種へのシフトを始めることは避けられないが，一気呵成に他品種へ転換することは避けるべきである．なぜなら，卸売企業のデータに基づく計測によれば，鉄砲ユリはまだまだ根強い需要が期待されるからである．

これと同時に，'カサブランカ'を含めたユリ類全体の品種開発を精力的に行うべきである．

鉄砲ユリを球根栽培する場合，球根は栽培前に梱包されたダンボール箱のふたを開けて①球根の選別を行い，②毛根を切り，③45～48℃の湯に1時間浸けて，④−2～0℃の冷蔵庫で45～50日保管した球根を施設ハウスで栽培することになる．前処理した球根は施設の温度管理さえしっかりすれば，いつからでも栽培できるので，土佐市の鉄砲ユリは周年供給されている．

しかし，こうした栽培前の処理はオランダから輸入した球根であれば，船旅で17日間かかるので船内冷蔵庫で処理すれば，国内で前処理した状態にまですることができる．したがって，栽培前の処理作業を大幅に削減できる．オランダのユリの球根が鉄砲ユリのそれにごく近い花きに品種改良されてきたので，高知ではオランダの球根に切り換える人が増加してくるものと判断される．したがって，鉄砲ユリの球根生産を行う産地（沖永良部）では，球根を購入する産地の生産対応に見合った形で，低温処理すべき産地と処理しなくてよい産地とをきめ細かく区分して販売することが求められている．

他方，われわれは'新鉄砲ユリ'の実生生産を行っている産地（長野県）の実態調査を行った．同産地では農協のメリクロン栽培で育成したウイルスフリーの苗から，自家採取・自家育成しており，球根からの生産は行っていない．

栽培の過程を説明すれば，初年度に自家育成した苗を4月下旬に水田に定植し，収穫は8月中旬から9月一杯にかけて行う．病害虫による被害を防ぐ

ために，必ず降雨後は殺菌作業を行っている．種子の採集は初年度育成した勢いの強い茎に咲かせた花から採取している．栽培面積は60aである．このうち，収穫後残った株を水田の土壌中でそのまま圃蔵しておき，長野の厳しい冬を越冬させて収穫する．その面積は30aである．

これに，本年度に採取した種子を自宅で苗に育て，4月には自宅で育成した苗を水田に定植する．その面積は30aであり，8月中旬から9月一杯にかけて収穫する．したがって，株の状態で土壌中で越冬した30aの'新鉄砲ユリ'が同時に成育することになり，収穫時期には60aの栽培面積となるのである．さらに，連作障害を避けるため，水田内で栽培育成し，採花した後に残った株を越冬させることで自動的に低温処理作業をクリアしている点で工夫を凝らした生産を行っていると言えよう．ちなみに，10a当たり採花本数は目標として3万本であり，平均単価は2000年で70円/本で，10a当たり粗収益は200万円を目標としているが，これまで目標値を実現してきた．

フリージアは球根の粒が鉄砲ゆりに比べて小さく，収穫・出荷に労力が余分にかかるので，球根産地ではその生産を敬遠する雰囲気が強い．しかし，フリージアの香りは棄てがたいものがあり，オランダ系統品種との交配を行うなど，新たな品種開発を伴った独自の工夫が求められており，球根から栽培する場合でも花輪の大きさだけでなく，茎のしっかり伸びる品種開発が重要のように思われる．

グラジオラスはわれわれの計測結果によっても，悪い結果を示しているわけではないので，季節風を遮断する生産上の工夫と施設内での生産展開を図り，艶やかな色合いを出すことが大切であろう．

以上，球根類の生産に関して詳しく論述したのであるが，球根類の生産販売に関してはユリ類と同様な性格を備えているので，購入者の利用目的に応じた生産販売対応をきめ細かく展開することが肝要である．

さらに，統計データに取り上げられるほどの大きな生産量はないが，市場関係者が注目している品種がかなりの数に上る．つまり，生産者があまりその生産に注目していないが，有利な市場価格を実現している品目がある．

'ソリダゴ'はその好例であり，宿根カスミソウの白色系添え花が色調的に単純で寂しい感じを与えるため，白色系とは異なる黄色系の添え花が利用されるのである．市場データにはほとんど掲載されていない品目だが，市場需要は根強いものがある．しかし，基本的に'セイタカアワダチソウ'の遺伝子を持っているので，アレルギー体質を持つ消費者には敬遠される傾向がある．その危険性を考慮して，早めに多色系の添え花を開発し，転換できる体制を敷いておくべきである．

鉢花類は植物防疫法の適用によって，海外からの直接輸入のできない作目群であるが，近年水苔の規制撤廃がなされており，毛根付きの植物の輸入規制が緩和されれば，国内生産者にも多大の影響を与えることになろう．しかしながら，鉢花類は洋ラン類を含めて商品としての花色・花形に工夫がなく，大きな鉢に単一の品種を植え付けているので，贈答用に貰った鉢花がすべて同一の色・花形であるということはよく経験することである．例えば，ファレノプシスの鉢にオンシジウムをあしらうといった形で（技術的に難しいかもしれないが）植え付ければ，需要はまだまだ伸びるものと考えられる．

以上，一般的に言って，花き類の生産は景気回復が早期に実現されることが最も大切なことであり，国内景気の回復によって，切花類全般および高級品の洋ラン・鉢花類の市場価格も回復するものと見込まれる．

6. 本章のむすび

本章は花き類の市場構造の変化についても調査しているが，同調査結果によれば，花き卸売市場の制度的変更による集荷力の市場間格差が市場構造をドラスティックに変動させる要因を孕んでいることである．

また，花き卸売市場の合併統合に伴う中央卸売市場への制度的変更と立地場所の変更によって，地方卸売市場と中央卸売市場との集荷力格差は益々拡大してきており，これに花き消費構造の変化が加わり花き地方有力卸売市場の経営不振に拍車が掛かり始めている．したがって，近い将来花き卸売市場

の構造再編は必至の情勢である．つまり，中央卸売市場間にも集荷力（商品の取り揃え機能）に格差が発生しており，経営格差が歴然としてきたことである．また地方卸売市場と中央卸売市場との経営格差も拡大している．すなわち，卸売市場間で花き類の特定品目をより有力な卸売市場からの転送に依存せざるを得ない市場と独自で集荷販売し得る市場との二重構造が定着するものと判断される．それだけに，今後生産者が出荷対象市場としてどの卸売市場を選択するのか注意深く見守らねばならない．

また，コンピューター機械セリは青果物市場よりも早く導入している．しかし，現在のところコンピューター機械セリの効用は市場運営における人材の育成に利用することができ，従来のようにセリ人の育成に何年もの時間をかける必要がなくなったことを指摘している．だが，農林水産省が推進している青果物市場および花き市場における商物分離取引に利用することは不可能であると思われる．

本章では花き類の需要関数の計測結果を提示している．統計データの利用に関して計量経済学的にごまかしのない計測としたつもりであるが，それでも一部の品目についてはやはりおかしな計測結果を得た．

もし批判があるとすれば，中央卸売市場で実現した価格をそのまま用いている点であろうが，地方卸売市場の価格が中央のそれと比較してその価格格差が存在する場合はたちまち経営の行き詰まりに陥ることになる．

したがって，地方卸売市場は中央卸売市場で実現された価格と遜色のない価格を実現するために必死の努力をしているはずである．こうした点から中央卸売市場価格を利用したのであり，あくまで一次接近としての計測結果であることを理解されたい．これに加えて，計測結果をマッカーシーのライフサイクル理論に照らして図形化し，ビジュアルな形で表現したのである．同計測結果によれば，花き類のうち今後も需要の拡大が期待される品目がなおかなり存在しており，生産者の所得拡大に貢献する品目が残されていることを指摘しておきたい．

花き市場における価格低迷が長い間続いているとはいえ，わが国の花き市

場で実現されている価格は諸外国からみれば遥かに高い水準に置かれており，諸外国から輸出攻勢がかかることを予想しなければならないだろう．それとともに，花き流通市場にも既存の流通経路を経由しない新たなバイパス流通経路が形成されてくるかもしれない．こうしたことを考慮しながら，最も合理的で効率的な流通システムを花き流通業界全体で実現するための努力を惜しんではならない．

　花き流通業者は青果物流通における小売店（八百屋）の倒産・廃業を目の当たりにして，花き小売業者に対して有用な支援を行わねばならないと考えてきた．その成果は「商業統計表」の花き小売（業）店舗数の拡大に反映しているが，今後は花き小売業者の拡大を望むことはできないだろう．なぜなら，従来のような花き卸売市場経営における好調な経営成果を期待することができなくなっており，そのことが花き小売店舗の展開力にも影響するからである．

　つまり，花き業界全体としては現状維持の状態で推移するものと判断される．なぜなら，花き類の品目別・色別需要関数の計測結果によれば，今後衰退すると予想される品目別・色別花き類の方が，拡大・発展すると予想される品目別・色別花き類の数を上回っているためであり，花き類全体として停滞するものと判断されるからである．

　しかしながら，近年のわが国経済の全般的動向はデフレスパイラルに陥っており，金融機関の倒産は跡を絶たない状態である．金融機関の相次ぐ倒産は一般消費者の花き類に関する消費支出金額を極端に収縮させ，花き市場の価格を低落化させている．ことに，2001年12月末に発生した石川銀行の経営破綻は歳末を控えた正月花きの消費を極端に冷え込ませ，花き生産者の期待を裏切った点で，金融機関の責任は誠に大きいと言わざるを得ないのである．

　他方，花き生産者はわが国の園芸生産者の中でも最も優れた生産者であると言われてきたし，またそうであるのだが，販売対応に関して，ややもすると一匹狼的な生産対応をとる傾向があった．また，花き類の生産経験が長く

旧態依然とした産地に限って市場価格の動向を見ながら出荷販売しようとする対応が見られ，決して褒められたことではない．

　加えて，同一地域内で同一品目（例えばバラ）の花きを生産する生産者間で来期の品種別・色別生産・成育状況をそれぞれが秘密にし，誰がどんな色合いの品目をどれだけ生産しているか誰も知らないことを挙げ得る．こうした生産者の行動は花き市場に対する取引力という面から，不利な条件に作用するのであり，早急な改善が求められている．

　これからの花き市場をめぐる環境は一匹狼的な対応では克服できないだろう．なぜなら，新たな品種の開発には多大の研究開発費を必要としており，個人的な対応から組織的な対応に変更せざるを得ないからである．異業種参入という巨大資本による花き市場への参入は本格化しており，巨大資本に対抗するには生産者個人の対応ではなく，それぞれの生産者が共同で結束した組織対応をとらねばならない時期にきているからである．

　しかし，花き生産者が農協の組織対応を日頃から観察していて，物足りなさを感じているとすれば，自分たちで独自の組織対応をせざるを得ない．もともと花き生産者集団は地域内部で低所得に呻吟しながら，有利作目の模索の末に花き生産に辿り着いた自主的な営農集団であるのだから，その主体的な創意工夫を大切にし，共同化によるメリットを追求して頂きたい．現在では他産業に比肩しうる所得を確保してきたという意味で地域農業振興の模範となっているからである．

　それだけに花き生産部会で民主的な，しかも迅速な販売対応をとるためには，組織対応の雛形と銘柄確立のために結集すべき農家戸数を検討しなければならないだろう．

　最後に，植物防疫法の堅持はこれからも必要であり，現在の日本の植防検査態勢を全世界に広めていく努力を求めておきたい．植物防疫法が現在のまま推移するということが確信できれば，生産の現場では安心して新品種の開発に取り組むことができ，優れた品種の開発によって海外へ輸出することも可能となるからである．

付表1 花きの品目別・色別需要関の計測結果表

品目名	定数項 a_0	人口 α	所得 β	価格 γ	トレンド T	ダミー D	決定係数 R^2
きく類	50.6005	−6.2905	−0.1117	−0.1335	−0.0019	0.024	0.8462
実質 需要関数		−1.6111	−0.3232	−0.1275	−0.0017	0.0081	
輪ぎく	26.2017	−2.7887	−0.2297	−0.0422	−0.0130	0.0173	0.9572
実質 需要関数		−1.7072	−0.3285	−0.1389	−0.0017	0.0084	
輪ぎく（黄色）	−	0.8749	−0.2834	−0.0488	−0.0088	−0.0079	0.8798
実質 需要関数		0.3425	−0.4920	−0.2177	−0.0025	−0.0126	
輪ぎく（赤色）		0.5020	0.2132	−0.2037	−0.0315	0.0111	0.9270
実質 需要関数		0.6655	0.9418	−0.3817	−0.0048	0.0254	
スプレーぎく類	−	−0.3038	1.2533	−0.0529	0.0135	0.0713	0.9181
実質 需要関数		−0.8128	1.1590	−0.4179	0.0058	0.0281	
スプレーぎく（白色）	32.0602	−4.0778	0.6430	−0.6389	−0.0059	0.0135	0.1228
実質 消費関数		−9.8420	2.0235	−0.9025	−0.0102	0.0474	
スプレーぎく（黄色）	111.2794	−15.8171	1.2350	−0.3256	0.0155	0.1124	0.8500
実質 消費関数		−11.9915	2.3049	−0.9408	0.0127	0.0599	
スプレーぎく（ピンク色）	123.3599	−18.0119	1.9183	−0.3026	0.0093	0.1348	0.8757
実質 消費関数		−11.4845	2.2487	−0.7983	0.0120	0.0582	
小ぎく類	−	0.9116	−0.2959	−0.0895	−0.0087	0.0318	0.6346
実質 需要関数		0.4193	−0.5944	−0.1815	−0.0029	0.0144	
小ぎく（黄色）	−	0.8592	−0.2733	−0.3118	0.0022	0.0410	0.2810
名目 需要関数		0.8183	−1.1851	−0.4157	0.0098	0.0378	
カーネーション	−10.5000	1.9885	0.2996	−0.2503	−0.0279	−0.0014	0.9925
実質 需要関数		1.5687	0.3149	−0.1639	−0.0016	−0.0077	
カーネーション（白色）	4.5663	−1.4627	2.2407	−0.2362	−0.0360	0.1164	0.9367
実質 消費関数		−3.8198	1.0861	−0.3748	−0.0049	0.0197	
カーネーション（赤色）	−	0.4572	0.4087	−0.6835	−0.0182	0.0067	0.8090
名目 需要関数		0.4022	0.5862	−0.3758	−0.0056	0.0219	
カーネーション（ピンク色）	−50.6973	7.8720	0.2026	−0.9724	−0.0512	0.0013	0.9870
名目 需要関数		3.6437	0.6055	−0.3023	−0.0051	0.0203	
中輪カーネーション	−129.8910	19.2237	−0.2575	−0.4613	−0.1449	−0.1341	0.9750
名目 需要関数		17.6411	−2.6868	−0.9351	−0.0259	−0.0953	
ミニカーネーション		−10.9504	15.5707	−0.2477	−0.2191	0.2769	0.9030
実質 需要関数		−3.9832	5.4646	−0.5764	−0.0261	0.1346	
スプレーカーネーション	61.7516	−8.2079	0.2273	−0.1808	−0.0037	0.0249	0.9065
実質 需要関数		−1.5687	0.3219	−0.1631	−0.0020	0.0078	
バラ（白色）	31.1117	−3.6765	−0.1364	−0.1364	−0.0026	0.1202	0.8063
名目 需要関数		−7.8352	−1.5480	−0.6110	−0.0156	0.0427	

品目名	定数項 a_0	人口 α	所得 β	価格 γ	トレンド T	ダミー D	決定係数 R^2
バラ（黄色）	160.7892	−21.8747	0.0398	−1.4569	0.0312	0.0306	0.9279
名目 需要関数		−9.9454	1.4720	−0.6346	0.0159	0.0481	
バラ（赤色）	—	0.9769	−0.4339	−0.1254	−0.0327	0.0558	0.9139
名目 需要関数		0.5441	−0.8034	−0.4717	−0.0085	0.0289	
ユリ類	71.7332	−9.7252	0.2634	−0.0044	0.0089	0.0163	0.9623
実質 需要関数		−2.0003	0.3498	−0.1149	0.0020	0.0092	
ストック	—	0.2333	0.4881	−0.0904	−0.0190	−0.0199	0.8855
名目 需要関数		0.4077	0.5680	−0.2247	−0.0044	−0.0214	
トルコキキョウ	80.8702	−12.2139	1.8720	−0.1694	0.0124	−0.0110	0.9207
実質 需要関数		−3.2771	0.6059	−0.1792	0.0032	−0.0232	
トルコキキョウ（ピンク色）	124.7601	−17.0071	0.1587	−1.0399	0.0185	0.1392	0.6871
実質 需要関数		−7.9307	1.4540	−0.5015	0.0079	0.0674	
トルコキキョウ（紫色）	−89.5308	11.6073	2.2504	−0.4659	−0.0226	−0.0434	0.6618
名目 需要関数		11.9454	1.8820	−0.7394	−0.0143	−0.0988	
トルコキキョウ（複色）	—	−1.8203	3.1543	−0.3006	0.0095	0.4929	0.9131
実質 需要関数		−3.6048	5.0404	−1.3064	0.0171	0.0913	
その他のトルコキキョウ	83.7622	−11.3471	0.2301	−0.5593	0.0031	0.0781	0.3434
名目 需要関数		−11.7486	2.1550	−1.4454	0.0157	0.1265	
フリージア	—	0.8473	−0.2662	−0.2022	−0.0240	0.0161	0.9527
名目 需要関数		0.4766	−0.7013	−0.2359	−0.0044	0.0188	
（切り花）オンシジウム	53.2567	−6.9734	0.1713	−0.7279	0.0038	0.0351	0.8695
実質 需要関数		−4.4006	0.7538	−0.2229	0.0050	0.0200	
（切り花）カトレア	21.2373	−2.5929	0.2926	−0.5175	−0.0128	0.0739	0.9546
実質 需要関数		−1.9924	0.4280	−0.1323	−0.0035	0.0099	
（切り花）シンビジウム	70.0212	−9.3807	0.1908	−0.6159	−0.0071	0.0058	0.5794
実質 需要関数		−3.8143	0.7330	−0.4381	−0.0058	0.0190	
（切り花）デンドロビウム	—	0.3178	0.1875	−0.4818	−0.0493	0.0264	0.8710
実質 需要関数		1.3273	1.7700	−0.2734	−0.0094	0.0463	
宿根カスミソウ	60.6194	−8.1647	0.3790	−0.2550	−0.0251	0.0336	0.8356
実質 需要関数		−5.8676	1.1246	−0.2858	−0.0061	0.0290	
アルストロメリア	6.6592	−0.2235	−0.2010	−0.1595	0.0110	0.0610	0.8686
実質 需要関数		−4.9541	−0.9184	−0.1324	0.0051	0.0244	
スイトピー	140.3905	−19.3455	0.4527	−1.1753	0.0016	0.1408	0.6642
実質 需要関数		−18.3351	4.6535	−1.4967	0.0249	0.0931	
チューリップ	133.8777	−18.1104	−0.2870	−0.0758	0.0075	0.0459	0.8681
実質 需要関数		−5.2383	−1.5475	−0.5559	0.0101	0.0249	
（鉢）大型シンビジウム	−16.7396	1.3313	2.6990	−0.0802	−0.0325	−0.0414	0.7827
実質 消費関数		9.5040	1.8562	−0.8194	−0.0100	−0.0475	

第3章 花き流通システムの変貌と将来展望

品目名	定数項 a_0	人口 α	所得 β	価格 γ	トレンド T	ダミー D	決定係数 R^2
(鉢)中小型シンビジウム 名目 需要関数	—	0.7065 0.8612	−0.3535 −1.4219	−0.0367 −0.5626	−0.0127 −0.0113	−0.1480 −0.0372	0.9458
(鉢)ノビル系デンドロビウム 実質 需要関数	0.5106	0.3442 4.3635	0.4758 1.1310	−0.8348 −0.3771	−0.0049 −0.0067	−0.0018 −0.0220	0.5623
(鉢)デンファレ 名目 需要関数	—	−0.0338 −1.2005	1.1086 1.7595	−0.8820 −0.3438	−0.0092 −0.0115	−0.0313 −0.0571	0.5782
(鉢)その他のデンドロビウム 名目 需要関数	—	3.1099 0.7127	−2.9965 −1.0028	−1.3867 −0.3652	0.0019 0.0105	0.2771 0.0440	0.9059
(鉢)ファレノプシス 名目 需要関数	—	0.0045 0.8238	2.0293 1.0872	−2.1546 −0.8329	0.0251 0.0141	0.0005 0.0706	0.9316

註：上段は係数，下段は標準誤差.

付表2 卸売会社のデータに基づいた需要関数の計測結果表

品目名	定数項 a_0	人口 α	所得 β	価格 γ	トレンド T	ダミー D	決定係数 R^2
鉄砲ユリ・日の本 実質 需要関数	—	−8.3463 −2.8079	0.8301 0.7542	−0.5895 −0.2034	−0.0056 −0.0030	52.7202 18.1352	0.8804
ユリ・カサブランカ 実質 需要関数	—	−15.5569 −13.0067	0.4099 3.4257	−0.3248 −0.3651	0.0642 0.0123	99.3855 77.3610	0.8797
カーネーション・フランシスコ 実質 需要関数	—	−7.2190 −8.4883	1.0858 1.9520	−0.2523 −0.7303	−0.0164 −0.0073	43.8386 53.7108	0.6618
バラ・ローテローゼ 名目 需要関数	—	6.5674 3.5509	−0.0711 −0.8877	−0.3341 −0.4848	−0.0547 −0.0059	−40.5780 −23.6082	0.9854

註：上段は係数，下段は標準誤差.

注

1) 花きに関する統計資料は極めて貧弱で，中央卸売市場年報以外では，総務省「家計調査年報」の切花消費支出金額データと園芸資材支出金額データが調査されている程度である．
2) 付表1，2では経済学的に意味のない計測結果は除外している（例えば，価格弾力性係数がプラス等）．
3) 花き業界用語で仏花は家庭の仏壇に飾る花を指し，葬儀会場を飾る花を仕事花と呼んでいる．なお，近年婚礼会場・宴会場・映画祭・音楽祭等の会場を飾る花をイベント花と呼んでいる．

第4章 農産物貿易と農業の国際競争力（その1）
－青果物をめぐる国際環境と産地マーケティングの課題－

1. 本章[1]の課題と方法

　わが国の青果物をめぐる国際環境は，1962年に一部の品目（トマトおよびその加工品等）を除いて，基本的に自由化されており自由競争市場となっている．しかし，1975年以降，わが国の農村・農業における労働力不足と野菜類の供給量不足が特定作目を中心に顕在化してきた．また，1971年のニクソン・ショックとその後の変動為替相場制への移行以来，わが国の通貨に対する国際通貨（米国ドル）の相対的な安値（円高）が1995年まで持続的に継続した．日本銀行調査統計局の資料によれば，1995年の円・ドル交換比率は年平均で94円2銭となっており，ドルの最安値は80円を割り込む事態を招いた．

　この間，諸外国から野菜類の輸出攻勢に拍車がかかった．わが国の消費者が求める品質状態の商品を海外で開発しようという努力がなされると同時に，できるだけ安価な労賃水準におかれている国からの輸入が促進された．その結果，1975年以降，輸入対象国は頻繁に変化した．また，1991年以降，中国における改革・開放政策が本格化し，中国からの輸入が急拡大している．本章では，こうしたわが国の青果物をめぐる国際環境の変化を計量的に捉え，検討するものである．

　さらに，1997年9月以降の世界経済情勢は東南アジア各国を中心とした通貨危機に見舞われており，わが国の通貨とドル交換比率の変化（円安・ド

ル高）以上に，東南アジア諸国の通貨は対ドル交換比率が急落しているのである．したがって，東南アジア諸国からの野菜類の輸出圧力はますます強まってくるものと考えられる．

そこで本章では，まずはじめに世界各国の通貨がどのような制度的条件の下に置かれているのか，IMF スタッフペーパーに基づいてその制度的位置づけを明らかにし，為替相場制度によってどんな経済学上の差異を生ずることになるかという点について，その研究成果を紹介する．

次いで，世界各国の通貨が正常に機能した状態で，①円・ドル交換比率がどの水準であれば海外からの輸出圧力に歯止めがかかるのか，②野菜類の特定国からの特定品目の市場価格と当該市場で形成された特定品目に関する総平均市場価格との相対比率が現在の状態から 1% 変化したとき，どの程度輸入量が変化するのか，③海外の拠点積出港から Japan port（東京，横浜，名古屋，大阪，神戸）までの輸送コストを実態調査し，ドル建て決済される輸送コストがドル・円交換比率によってどの程度変化するのか，野菜類の品目毎に経費の実態を明確にしようとする．本章における分析の中心的テーマは以上の通りであるが，その計測期間は 1975 年から 95 年までの 21 カ年である．

また，輸送コストの調査も 1995 年時点とは異なるため，関係企業（三井物産・商船三井・モンコンテナ等[2]）に対して調査を実施した．調査期日は 1997 年 11 月である．なお，代替の弾力性を計測するに際して，青果物中央卸売市場の統計情報に基づき，計量化可能な品目に絞り，計測した．

本章の構成は第 2 節で各国通貨の為替相場における制度的位置づけを明確にする．国際貿易の決済を行う際に適用される各国通貨間の為替レートの決定方式としては大きく変動為替相場制で行う場合と，固定為替相場制で行う場合の 2 種類に分かれる．

固定為替相場制度の経済的特質と変動為替相場制度の経済的特質を過去の研究成果から引用し，変動為替相場制度の特質として「雇用隔離効果」について紹介する．つまり，その内容は変動為替相場制を採用する場合と固定為

替相場制を採用する場合との違いを経済論理的に考究した研究成果である．

　第3節では野菜類全体の総輸入量が円・ドル交換比率の変化によってどのように変化しているかを伝統的な計量分析（多元回帰モデル）によって明確にする．中国大陸からの野菜類の輸入が開始されたのはごく最近のことであり，従来は環太平洋諸国（カナダ・アメリカ・メキシコ・ニュージーランド・オーストラリア・台湾）からの野菜輸入が中心であり，通貨制度がわが国と共通の制度を採択している諸国が中心であるため，野菜類の輸入量変動を円・ドル交換比率の変化で説明し得る局面が大きいからである．すなわち，輸入野菜は国際通貨ドルと円との交換比率（為替相場）がどの水準まで円安になれば，わが国青果物市場への輸出圧力が逓減してくるのか明確にする．

　次いで，第4節では代替の弾力性一定の関数（Armington）モデルを用いて，野菜類の特定国の特定品目に関する市場価格と当該市場で形成された特定品目に関する総平均市場価格との相対比率が1％変化したとき，どの程度輸入量が変化するのかについて明確にする．また，実態調査に基づく輸送コストがドル・円為替レートの変化によってどの程度変化し，その変化実態によって野菜類の輸出圧力がどのように変化するかについて明確にしている．

　第5節では，東南アジアの通貨危機がもたらした経済的影響について論述し，各国通貨の変動実態について整理検討する．上記の分析によって，国内産地の的確で科学的論拠を持った生産・販売対応に資することを目的としている．

2．東南アジアの通貨危機と青果物の輸出圧力

（1）　国際貿易における各国通貨の制度的位置づけ

　本節ではIMFスタッフペーパーに基づいて作成された財務省の資料により，アジア各国の通貨制度の位置づけを検討しておこう．表4-1は2003年3月時点のアジア諸国を中心とした各国通貨の制度的な位置づけを示している．

表 4-1　世界各国・地域における為替相場制度の概要

2003 年 3 月現在

	為 替 制 度	アンカー等	採 用 国 ・ 地 域	国・地域数	
固定相場制度	①別の法定通貨が流通する為替制度 (Exchange arrangement with no separate legal tender)	ユーロ	オーストリア、ベルギー、フランス、ドイツ等	12	
		WAEMU(注2)	ベナン、マリ、ニジェール、セネガル、トーゴ等	8	
		ECCU(注3)	ドミニカ、グレナダ、セイント・ルシア等	6	
		CAEMC(注4)	カメルーン、中央アフリカ、チャド、コンゴ等	6	
		その他通貨	エクアドル、エルサルバドル、キリバス等	8	40
ペッグ制度	②カレンシー・ボード (currency boad arrangement)		ボスニア・ヘルツェゴビナ、ブルネイ、ジブチ、ブルガリア、香港、エストニア等		7
	③従来のペッグ制度 (conventional pegged arrangement)	単一通貨へのペッグ	バングラディシュ、ブータン、中国、マレーシア、ネパール、イラン、ヨルダン、カタール等	30	
		複数通貨のバスケットへのペッグ	ボツワナ、フィジー、クウェート、ラトビア、リビア、モロッコ、サモア、バヌアツ等	10	40
	④ホリゾンタル・バンド・ペッグ (Pegged exchange rate within horizontal bands)	ERM II(注5)	デンマーク (±2.25%)	1	
		その他	キプロス (±2.25%)、エジプト (±3%)、ハンガリー (±15%) 等	4	5
	⑤クローリング・ペッグ (Crawling peg)		ボリビア、コスタリカ、ニカラグア、ソロモン諸島		4
	⑥クローリング・バンド内の為替制度 (Exchange rate within crawling bands)		ベラルーシ (±5%)、ホンジュラス (±7%)、イスラエル (±22%)、ルーマニア (未発表)、ウルグアイ (±3%)、ベネズエラ (±7.5%)		6
変動相場制度	⑦為替レートの経路を事前に明示しない管理フロート制 (Managed floating with no preannaunced path for the exchange rate)		インドネシア、タイ、カンボジア、パキスタン、ベトナム、インド、ミャンマー、シンガポール、ガーナ、ギニア、ロシア、ウクライナ等		43
	⑧独立フロート制 (Independently floating)		日本、米国、スイス、カナダ、ニュージーランド、オーストラリア、モンゴル、フィリピン、韓国、英国、メキシコ、台湾、トルコ、チリ、南アフリカ、アルゼンチン等		41

註：1)　制度の概要
　①他国の通貨が、単一の法定通貨として流通したり、加盟する通貨同盟内で別の同一の法定通貨が流通する制度。
　②特定の外貨と自国通貨を固定された為替レートで交換することを外貨準備により厳格に担保した（暗黙裡に法的にコミットさせる）通貨制度。
　③主要国通貨または通貨バスケットに、固定レートで自国通貨をペッグさせる制度。目標値から最大±1％という狭い範囲での変動を認める制度。
　④主要国通貨または通貨バスケットに、固定された為替レートで自国通貨をペッグさせる制度。自国通貨が、形式上も実際上も目標値の±1％より大きな範囲での変動を認め、維持するもの。
　⑤事前に発表される固定された小幅レート、または選択された数量指標における変化を下に、定期的に為替レートの変動幅が調整される制度（変動幅を明示して固定）。
　⑥為替レートが目標値の周辺をある変動幅で維持される制度。事前に発表された固定レートを下に調整される目標値または選択された数量指標における変化を下に通貨への介入が行われ、調整される制度（目標値を明示して固定）。
　⑦通貨当局が、特定も、事前にコミットすることもなく、また事前に為替レートの経路を明示することもなく、外国為替市場への積極的な介入を通じて為替レートの動きに影響を与える制度。
　⑧為替レートが為替市場によって決定され、外国為替への介入が水準を確立するというよりも、変化率を適正なものとし、為替レートの過度の変動を防ごうという制度。
2)　WAEMU とは West African Economic and Monetary Union。
3)　ECCU とは East Caribbean Currency Union。
4)　CAEMC とは Central African Economic and Monetary Community。
5)　ERM II とは Exchange Rate Mechanism II。

資料：財務省国際局総務課より提供、IMF の IFS に基づいている。

表4-1より，通貨の為替決済制度を各国別に検討すれば，固定相場制度とペッグ制度と変動相場制度の3種類に大きく区分されている．

同表に基づいて順次説明しておこう．固定相場制度を採択する国は47カ国に達し，このうち法定通貨と区分せずに調整する国には40カ国が含まれ，この中には欧州各国通貨が含まれる．通貨幅調整に属する国は7カ国であり，香港はこれに含まれる．財務省のまとめている資料によれば，香港は固定相場制を採択している国ということになる．

ペッグ制を採択する国は49カ国に達し，事実上，管理変動下で釘付け調整を行う諸国を含めた他の伝統的な固定釘付け調整を行う国は40カ国に上り，この中には単一通貨ドルに対してだけ固定釘付け調整を行う国（30カ国）と，複数通貨に対して固定釘付け調整を行う国（10カ国）とが含まれ，中国は前者に属する．ペッグ制とはある設定された範囲内（±1.0%）での釘付け調整を行う国のことである．このほか，アジアの中でペッグ制を採択している国はバングラディシュ・ブータン・マレーシア[3]・ネパールがある．

ホリゾンタル・バンド・ペッグ制（水平的幅を持たせた固定交換比率を実施する国）はデンマークを含め5カ国であるが，その調整幅を大きくしている国にはキプロス・エジプト等がある．

クローリング・バンド内の為替調整を行う国（ある設定された範囲内で交換比率を決定する国）は6カ国で，この中にはイスラエルが含まれる．

変動相場制度を採択する国は90カ国に達し，このうち交換比率に対して事前通告なしの管理変動制を採択している国は43カ国に上り，アジアではタイ・インドネシア・インド・シンガポール・ベトナム・ミャンマー・カンボジア・パキスタンが含まれる．

独立フロート制を採択している国は41カ国に上り，アジア諸国の中で同制度を採択している国は日本・韓国・台湾・フィリピンが含まれ，これに国際基軸通貨ドルを抱えるアメリカ合衆国とイギリスおよびスイス・カナダ・ニュージーランド・オーストラリアが含まれる．

以上，アジア各国の通貨制度を概観したのであるが，われわれが後掲表

4-7で提示している如く，アジアの通貨危機にもかかわらず，安定した交換比率を示していた香港・中国は基本的にフロート制を採用しているのではなく，アンカー制を採用しているためであることが判明した．すなわち，固定相場制の1変形としてペッグ制を位置づけることができる．

(2) 国際貿易と通貨の制度的・経済的特質

為替レートの固定制と変動制の経済学的位置づけについては，『国際経済学』(第14章国際収支の調整過程：不完全雇用)〔[11]〕364-366，371-374ページ)の分野でその特質が証明されているので，その部分を引用することにする．

同書では，国家が①民間部門（家計と企業を含む），②政府部門，③銀行部門，④外国部門からなるモデルで，取引は第1財，第2財，証券，貨幣，外貨（外国為替），の5つを対象とした国際収支の一般均衡モデルを作り，それぞれの需給欄に当てはめられた記号の説明と定義を行った後に，貿易部門を含めた国民所得の決定を数式によって説明し，為替レートの変化と国民所得との関係を定義した関数を用いて，微分を使って証明している．表4-2は各部門の需給関係を示している．

さっそく国際貿易に関する部分を引用すれば，

「ある国の輸入は他国にとっての輸出であるから，貿易額の変化は当然貿

表 4-2 国際収支の一般均衡モデル：各部門の需給表

部門＼財・資産	第1財	第2財	証券	貨幣	外貨	(租税の移転)
民 間	D_1-X_1	D_2-X_2	$B-\bar{B}$	$A-\bar{A}$	…	T
政 府	G_1	G_2	$-\Delta B^s$	…	…	$-T$
銀 行	…	…	ΔB^b	$-(A^s-\bar{A})$	Z^d	…
外 国	M_1^*	M_2^*	ΔB^*	…	$-Z^s$	…
(価 格)	p_1	p_2	q	1	π	1

註：(＋)は需要量，(−)は供給量をあらわす．空欄の個所(…)は，その部分の取引が無視できるものと仮定していることを示す．
資料：『国際経済学』299ページより引用．

第4章　農産物貿易と農業の国際競争力（その1）

易相手国の経済活動水準に影響を及ぼすはずである．そこで，「日本」と「外国」の二つの国の間で貿易が行なわれる場合へモデルを拡張してこの点を検討してみよう．（中略）日本および外国における第i財の価格をそれぞれp_i, p_i^*とし，外国通貨（ドル）1単位と交換される円の量（すなわち日本の邦貨建て為替レート）をπとすれば，

(14-8)
$$p_1 = 1, \quad p_1^* = 1/\pi$$
$$p_2 = \pi, \quad p_2^* = 1$$

である．

つぎに，日本における第i財の需要量をD_iで表わせば，D_iは生産物の相対価格（$p_2/p_1 = p_2^*/p_1^* = \pi$）と実質総支出とに依存すると考えてよいであろう．そこで，先に定義した国民所得（Y），貯蓄（S），独立支出（α）などはすべて日本の輸出財（第1財）の国内価格でデフレートされたものとすれば，

(14-9)
$$D_1 = \tilde{D}_1(1/\pi, Y-S, \alpha)$$
$$D_2 = \tilde{D}_2(\pi, Y-S, \alpha)$$

と表わすことができる．（実質）貯蓄額は一般に利子率や一般物価水準，あるいは金融資産の初期保有量などにも依存するが，ここでは利子率は一定であり，また現在の抽象化の段階では，実質貯蓄額が財の間の相対価格の変化によっては影響を受けないと仮定することとし，もっぱら実質国民所得の大きさのみに依存すると考えよう．そうすれば，(14-9)式の需要関数に含まれている第二の変数$Y-S$はYのみの関数となるから，(14-9)式をあらためて

(14-10)
$$D_1 = D_1(1/\pi, Y, \alpha)$$
$$D_2 = D_2(\pi, Y, \alpha)$$

と書くことができる．

外国についても同じように，各財に対する需要関数を

(14-11)
$$D_1{}^* = D_1{}^*(1/\pi, Y^*, \alpha^*)$$
$$D_2{}^* = D_2{}^*(\pi, Y^*, \alpha^*)$$

と表わす.

そこで, 第1財について世界全体としての需要と供給の均衡式を書くと, 第1財の供給は日本の産出量つまり (実質) 所得水準 Y に等しいから

(14-12) $\quad D_1(1/\pi, Y, \alpha) + D_1{}^*(1/\pi, Y^*, \alpha^*) = Y$

である. 同様に, 第2財の需給均衡条件は

(14-13) $\quad D_2(\pi, Y, \alpha) + D_2{}^*(\pi, Y^*, \alpha^*) = Y^*$

となる. また, 外貨表示での日本の経常収支を B で表わせば,

(14-14) $\quad \pi B = D_1{}^*(1/\pi, Y^*, \alpha^*) - \pi D_2(\pi, Y, \alpha)$

である.

(14-12)～(14-14)の3式が, 不完全雇用下の2国モデルを表わしている. すなわち, 各国における独立支出の水準 α, α^* を外生変数と考えると, π が固定されている場合には, Y, Y^*, B の三つの内生変数を含む体系となり, また変動為替レート制度のもとでは, $B=0$ となるように Y, Y^*, π の三つの変数が決定される体系となる.

この2国モデルを使って, 固定為替レート制度下で, (i)一方の国において独立支出が増加したとき, あるいは, (ii)為替レート (平価) が変更されたとき, それらが各国の国民所得や国際収支に及ぼす影響を分析することができる. また, (iii)両国の間で移転支払 (トランスファー) が行なわれた場合の影響については, 移転支払が各国の可処分所得や独立支出にどのような影響を及ぼす形でなされるかを明確に指定し, 国際収支に移転収支を含めることによって分析することができる. さらに, (iv)変動レート制度のモデルについても同様な問題を分析し, それらの結果が固定レート制度の場合とどのような点で異なっているかを比較することができる.」([11] 364-366 ページより引用)

と主張し, 変動為替レート制度のモデルと固定為替レート制度のモデルを比較することによって経済学上極めて重要な結論を導くのである. なお, 上記

第4章 農産物貿易と農業の国際競争力（その1）

記号を使った説明の中で，＊印は外国の変数を表しており，また，独立支出とは国内投資（I_d）と輸出（X）の合計額であり，これを国際経済学では「独立支出」と呼んでいる．

さて，変動為替レート制度のモデルと固定為替レート制度のモデルを引用する前に記号の説明を同書に従って行っておこう．

D_1, D_2：民間部門の第1財および第2財に対する需要量．これは国民総支出のうち政府支出を除いた投資と消費に対応する部分であるが，支出額ではなく，各財に対する需要量を表わす．

X_1, X_2：民間部門の第1財および第2財の供給量（産出量）．これも各財の数量として定義されているから，国民所得（あるいは国民総生産）Y は $Y = p_1 X_1 + p_2 X_2$ と表わされる．ただし p_i は第 i 財の価格である（$i=1, 2$）．

B：民間部門が期末に保有しようとする証券の量．民間部門は家計と企業の双方を含むものと定義されており，民間部門内部の貸借関係は相殺されて B には含まれない．B は民間部門のそれ以外の部門に対する証券の純需要量を表わしており，正・負・ゼロのいずれでもありうる．たとえば，企業が発行した証券が銀行部門や外国によって保有される場合には $B<0$ であり，また政府が発行する国債や外国証券を家計が保有する場合には $B>0$ である．

$\bar{B}$：民間部門が当初に保有している証券の純保有量（負のときは純負債額）．これも B と同様，正・負・ゼロのいずれでもありうる．

A, $\bar{A}$：民間部門が期末に保有しようとする貨幣量，および当初の貨幣保有量．

T：民間部門から政府に支払われる租税（政府から家計への移転支払を控除した純額）．民間部門の「可処分所得」は $Y-T$ である（ただし，利子の純受取分は捨象する）．

G_1, G_2：政府部門による第1財および第2財の需要量．政府支出を表わすが，D_1, D_2 と同じように数量として定義されている．

ΔB^s：今期中における政府の国債純発行量。国債の償還が新規発行を上回る場合には，$\Delta B^s < 0$ となる。

ΔB^b：今期中における銀行部門の証券純購入量。銀行部門を唯一つの中央銀行と考える場合には，ΔB^b は公開市場操作の規模を示すことになる。当然 ΔB^b は正・負・ゼロのいずれでもありうる。

A^s：今期末における銀行部門の貨幣供給量。

Z^d：今期中における銀行部門の外貨の純購入量。いまこの国が管理為替レート制度のもとにあり，為替レートの変動幅を無視するものとすれば，この国の外国為替当局は一定の為替レートのもとでの外貨の超過供給をすべて購入しなければならず（$Z^d > 0$），またそのレートで生じる外貨の超過需要分を供給しなければならない（$Z^d < 0$）。他方，変動為替レート制度の場合には，外国為替当局が為替レートの短期的な変動を平準化するために為替平衡操作を行なうときには $Z^d \gtreqless 0$ となるが，そのような平衡操作がまったく行なわれない完全に自由な変動為替レート制度の場合には，Z^d はゼロに等しい。

M_1^*, M_2^*：第1財および第2財に対する外国の超過需要量。

ΔB^*：今期中における外国部門の証券純購入量。

Z^s：外国による外貨の純供給量。

p_1, p_2：自国通貨で表わした第1財および第2財の価格。

q：証券の価格。証券を先のように定義すれば，q は利子率の変化と逆方向に変化する。

π：邦貨建ての外国為替レート。つまり，自国通貨で表わした外貨の価格である。

記号の説明は以上の通りである（〔11〕300-301 ページより引用）。

さて，同個所の説明を引用すれば，

「固定為替レート制度のもとでは，ある国における独立支出の変化が国際貿易を含む乗数過程をつうじて外国の有効需要水準を同じ方向に変化させ，このようにして好況・不況は国際的に波及する。それでは，変動為替レート

第4章 農産物貿易と農業の国際競争力(その1)

制度のもとでは,このような有効需要の変化,つまり「景気変動」の国際的波及過程はどのようなものとなるであろうか.

変動為替レート制度のもとでも財の需要にかんする(14-12),(14-13)式はそのまま妥当し,ただ,(14-14)式のかわりに,(14-14)式の国際収支 B をゼロとおいた式が成り立つ.すなわち,不完全雇用下の変動為替レート制度の基本的なモデルは,

$$D_1(1/\pi, Y, \alpha) + D_1^*(1/\pi, Y^*, \alpha^*) = Y$$
(14-24) $$D_2(\pi, Y, \alpha) + D_2^*(\pi, Y^*, \alpha^*) = Y^*$$
$$D_1^*(1/\pi, Y^*, \alpha^*) - \pi D_2(\pi, Y, \alpha) = 0$$

で表わされる.

いま日本および外国における輸入需要の(相対)価格弾力性をそれぞれ η, η^* で表わす.すなわち

$$\eta = -\{\pi/D_2\} \cdot \{\partial D_2/\partial \pi\}$$
$$\eta^* = -\{1/\pi\}/D_1^* \cdot \{\partial D_1^*/\partial(1/\pi)\}$$

である.

当初の均衡点で $\pi=1$ であったとすれば,外国為替市場の需給(国際収支)の均衡から $D_1^*=D_2$ であるから,以下これを M で表わすことにしよう.そうすれば,為替レートの変化による日本の輸入量の変化は $-M\eta d\pi$ であり,外国のそれは $M\eta^* d\pi$ である.したがって,(14-24)式の第3式から

$$M\eta^* d\pi + m^* dY^* - (-M\eta d\pi + mdY) - Md\pi = 0$$

あるいは

(14-25) $$M(\eta + \eta^* - 1)d\pi = mdY - m^* dY^*$$

という関係を満足するように,各国の所得水準の変動に応じて為替レートが変化することがわかる.

つぎに各財の需要・供給を均衡させるように,各国の産出量ないし国民所得がどのように変化するかをしらべるために,為替レートの変化が各財の需要に及ぼす価格効果(所得水準が変化しない場合の価格変化のみの効果)を考えてみよう.まず日本については,為替レートが $d\pi$ だけ変化したとき,

先に説明したように輸入量（第2財に対する需要量）は $-M\eta d\pi$ だけ変化する．輸入額は $-M\eta d\pi + Md\pi = -M(\eta-1)d\pi$ だけ変化するが，所得水準したがって支出額が一定であれば，第1財に対する日本の支出額はちょうどこれを相殺するように $M(\eta-1)d\pi$ だけ変化する．仮定によって第1財の国内価格は一定であるから，これはまた第1財に対する需要量の変化に等しい．つぎに外国の側では，第1財の輸入量（需要量）が $M\eta^* d\pi$ だけ変化することは上述のとおりであるが，外国では第2財の国内価格が一定であり，したがって第2財ではかった輸入額（第1財への支出額）は，$M\eta^* d\pi - Md\pi = M(\eta^*-1)d\pi$ だけ変化する．このことから第2財に対する外国の需要は $-M(\eta^*-1)d\pi$ だけ変化することがわかる．

さて，各財に対する需要・供給の均衡条件は(14-24)式の第1，第2式で与えられているから，独立支出の変化が生じた後の需要・供給の均衡条件は，先に所得水準が変化する場合に導いた(14-16)，(14-16′)式に，いま述べた為替レートの変化の価格効果（つぎの式中アンダーラインを付した部分）を加えたものになる．すなわち

$$\underline{M(\eta-1)d\pi} - (m+s)dY + d\alpha_1 + \underline{M\eta^* d\pi} + m^* dY^* = 0$$
$$\underline{-M\eta d\pi} + mdY - \underline{M(\eta^*-1)d\pi} - (m^*+s^*)dY^* = 0$$

あるいは

(14-26)
$$(m+s)dY - m^* dY^* = M(\eta+\eta^*-1)d\pi + d\alpha_1 - mdY + (m^*+s^*)dY^*$$
$$= -M(\eta+\eta^*-1)d\pi$$

となる．ところが，変動為替レート制度のもとでは，為替レートは(14-25)式をみたすように変化するのであるから，これを上式に代入して整理すると

(14-27)
$$dY = \{1/s\}d\alpha_1$$
$$dY^* = 0$$

を得る．

以上の結果は，変動為替レート制のもとでは一方の国で生じた独立的な国内支出の変化が，他方の国の有効需要水準になんらの影響も与えないことを

第4章　農産物貿易と農業の国際競争力（その1）　　141

示している．この場合，ある国（いまの例では「日本」）における独立支出の増加の乗数効果は，閉鎖経済の場合とまったく同じである．このように変動為替レート制度が国内の雇用水準を他国の独立支出の変化の影響から隔離することを，変動為替レート制度の「雇用隔離効果」（employment-insulation effect）という．

　この結論は，（中略）「アメリカがくしゃみをすれば，日本は肺炎になる」といわれたり，また戦後の日本経済において不況からの回復が，多くの場合，海外諸国とくにアメリカの好況によって助けられた事実は，いずれも固定為替レート制度に特徴的な現象なのである．固定為替レートのもとでは一方の国の独立支出したがって所得水準の増加に伴って，その国際収支は赤字になるが，変動為替レート制度が安定的に機能している場合には，輸入増加という形での洩れ（＝外貨の追加的需要）と，輸出増加という形で生じる有効需要の創出（＝外貨の追加的供給）とがつねに相殺するように為替レートが変動するため，国際貿易の面からは有効需要の波及過程で洩れが生じないのである．これは固定為替レート制度と対比される変動為替レート制度の大きな特徴の一つである」（〔11〕371-374 ページより引用）．

　上記引用部分からは，①国際収支の赤字と，②平価切り下げについて直接的な説明はなされていないが，後者②に関しては「どこの国でも政策当局の失敗の告白に等しいものと受け取られがちであり」，前者①に関しては「その国の経済の脆弱さの反映であり，不名誉なことと考える人が少なくない」と主張している．

　以上の通り，世界各国の通貨が変動為替相場制を採択する場合と固定為替相場制を採択する場合とでは，それぞれの国で生起する経済的影響の発現する局面が変化してくることになり，前者（変動為替相場制）では日次的・月次的・年次的に変動し，輸出入に携わる商社・企業は気苦労が耐えないことになる．他方，後者（固定為替相場制）を採択している国に属する企業は貿易相手国の景気変動に直接的な影響を受けることになり，どの方式を採択しても一長一短があることを示しているが，国際経済学の分野ではクローリン

グ・ペッグ制が支持されている．

3. 野菜類の輸入実態と為替相場の変動に関する計量分析

(1) 輸入野菜の実態

　農林水産省食品流通局野菜振興課から発表されている野菜の需要および年間供給量の推移を検討すれば，野菜類の国内生産量は1980年以降89年まで1600万トンを維持してきたが，90年代に突入すると，毎年平均で27万2870トン余りの生産量減退を示しており，95年時点で1460万トンの生産量となっている．また，総作付面積も600万haを大きく割り込む結果となった．折しも，日本経済がバブル経済に踊らされ，農村内部の労働力不足が叫ばれた時期に野菜総作付面積の減少を招き始め，バブル経済の崩壊によってさらに拡大してきたことを示している．

　野菜類の輸入は，国内の市場価格が相対的に低く，収益性の欠如する作物から，順次その代替物として海外の商品（野菜類）を求めてきたという経緯がある．これに加えて国内的に供給不可能な季節（月次）に海外物で間に合わせるという対応がなされてきた．こうした輸入対応が継続している間は，わが国の青果物の生産が直接的な影響を受けることはなかった．しかしながら，近年の急激な海外輸入の拡大は次のような要因によるところが大きいものと判断される．

　その要因を列挙すれば，①1995年まで続いた円高・ドル安傾向による耕境の変化，②輸送技術の飛躍的革新と輸送スピードの向上，③わが国生産者の農業離れと，それに伴う生産量・生産面積の減少，④1986年6月に種苗法が改正され，それに伴う海外での開発輸入の活性化，⑤わが国消費者の食生活における外部サービス依存の拡大，の5点を指摘し得る．

　ことに，⑤の食生活における外部サービス依存は，関連企業の海外輸入を活発化させてきた．また，レストラン・ホテル業界，および冷凍・冷蔵加工食品業界等において，わが国消費者の味覚センスにフィットしない食材を提

第4章　農産物貿易と農業の国際競争力（その1）　　143

供してきたことに対する見直しが急速に進んでいる．したがって，従来のような輸入ブームを巻き起こすことは，今後考えにくいが，共働き家計に密着した惣菜加工野菜類の消費という形で，着実に拡大していくことになろう．

しかし，生鮮野菜類の輸入量は1995年時点で69万6000トンであり，心配されるほどの拡大量とはなっていない．これに，果実的野菜，冷凍野菜，瓶缶詰野菜，塩蔵野菜，乾燥野菜，およびトマト加工品をフレッシュ換算した（ただし，農林水産省の「食料需給表」の換算率は不明）総輸入量は1995年時点で262万8000トンとなった．

(2) 為替相場水準と野菜輸入量の計量分析
1) 計測に際しての前提条件

はじめに，本章で分析しようとする生鮮野菜輸入量の推移を1975年から95年にわたる時系列データによって検討しておこう．表4-3はこれからわれわれが計測しようとする諸データを掲げている．

表4-3によれば，1975年当時はわずか4万9000トンレベルであったものが，90年代に突入すると30万トン弱の輸入量となり，95年には60万トンを凌駕する状態になってきた．その間に，輸入野菜類の価格に重大な影響を与える国際通貨ドルとわが国通貨円との為替交換比率は75年当時に1ドル＝297.85円であったものが，95年時点では1ドル＝94.02円と急激な円高に推移してきたことを示している．

さて，これから始めようとする計測のための第1の条件は，わが国の野菜類の輸入が地球上のあらゆる国からなされており，対象国が南半球と北半球のどちらかに偏在しているということがない．それだけに，生物の生育特性に規定される周期的な変動が顕在化しないことであり，周期変動や季節的なタイム・ラグを考慮する必要がないことである．

第2には，フレッシュ野菜の輸入量が一定の水準で維持されるとしても，現地（輸入対象国）で加工処理したものを冷凍・冷蔵手段で輸送した場合，それらの輸入量の拡大によって国内野菜生産量に影響するのではないかとい

表 4-3 野菜フレッシュ輸入の関数基礎データ

	東京銀行為替レート(円/ドル)	国内野菜生産量(千t)	CIF価格(実質)(円/kg)	生鮮野菜輸入量(千t)	国内総人口(千人)	東京都人口(千人)	国民1人当たりGDP(実質)(千円)	1人当たり都民所得(名目)(千円)	野菜加工仕向輸入量(千t)
1975	297.85	15,674	193.0	39	111,940	11,641	2,123	1,567	*
1976	297.59	15,861	138.7	86	113,094	11,670	2,178	1,715	*
1977	267.55	16,659	154.6	50	114,165	11,662	2,258	1,906	*
1978	211.50	16,700	84.7	102	115,190	11,655	2,356	2,055	*
1979	220.14	16,522	157.7	79	116,155	11,647	2,459	2,134	1,532
1980	229.11	16,470	147.5	107	117,060	11,627	2,502	2,337	1,703
1981	221.70	16,593	146.9	234	117,902	11,609	2,558	2,555	1,631
1982	250.77	16,863	200.2	98	118,728	11,614	2,620	2,727	1,570
1983	238.54	16,200	214.1	98	119,536	11,650	2,669	2,853	1,619
1984	238.58	16,597	167.4	233	120,305	11,706	2,759	3,007	2,075
1985	239.56	16,455	225.1	123	121,049	11,771	2,854	3,203	2,107
1986	168.36	16,775	199.9	142	121,660	11,834	2,920	3,395	2,148
1987	145.69	16,695	238.3	126	122,239	11,891	3,041	3,565	2,110
1988	129.19	16,048	176.3	244	122,745	11,892	3,200	3,869	2,111
1989	138.94	16,146	214.3	209	123,205	11,891	3,320	4,269	2,081
1990	145.24	15,740	217.9	240	123,611	11,865	3,480	4,458	2,074
1991	135.52	15,269	216.0	285	124,043	11,851	3,563	4,381	2,107
1992	127.68	15,612	241.6	262	124,452	11,872	3,564	4,274	2,051
1993	112.19	14,773	293.9	373	124,764	11,862	3,556	4,220	1,990
1994	102.32	14,546	250.9	610	125,034	11,824	3,647	4,225	1,952
1995	94.02	14,600	136.4	696	125,570	11,784	3,726	4,255	1,450

註：1) 野菜の国内生産量は，農林水産省「食料需給表」による．
　　2) CIF価格と生鮮野菜輸入量は，社団法人日本青果物輸入安全推進協会と国際青果通信社の資料に基づいている．データは大蔵省「日本貿易月報」から拾い上げている．
　　3) 人口は，総務庁「国勢調査報告」および「日本統計年鑑」による．
　　4) GDPとGDPデフレーターは，経済企画庁「国民経済計算年報」による．
　　5) 野菜加工仕向量のうち，輸入野菜を加工に振り向けた量は農林水産省「青果物加工場調査報告書」の資料による．

う心配である．加工された野菜類がどんな形態で輸入され，どんな業者によって利活用されているのか，その実態の解明さえ手探りの状態である．しかも，既存の流通経路を経由せず直接実需者（惣菜加工，外食産業）に流れるために，既存の流通経路内で形成される市場価格にどの程度の影響を与えているか判然としない．しかしながら，野菜類の生産は毎年気象条件の変動によって，市場価格が暴騰・暴落を繰り返してきたのであるが，近年野菜類の

市場価格は低落の一途を辿っており，気象条件の変動による凶作年においても市場価格が高騰するという現象が見られなくなった．

第3に，国内生産者のコスト削減努力による供給量の拡大がどの程度見込めるのか，あるいは供給量の減退がどの水準になるのか，第2および第3の問題については今後の研究課題としておきたい．

第4には，野菜類が品目毎に商品特性を異にするものであるから，本研究においても個別品目毎の計量化が必要であるとする立場に立脚しているが，分析に耐え得るだけのデータを品目毎に収集することには限界があり，伝統的な統計分析手法による計測結果の項（4-3-2）では一応の判断基準として野菜類全体を一本の商品とみなし統計分析を行った．

Armingtonモデルの計測においては（4-4），基礎データを東京都中央卸売市場に求めており，青果物卸売市場で取引された商品はすべて東京都内で消費されるという前提に立脚している．したがって，東京都の人口の推移と東京都民1人当たり所得データを利用している．計測期間は，1975年から95年の21カ年であるが，計測対象品目の決定は以下の如くである．

つまり，品目別輸送コスト調査によって明らかにした後掲表4-6の各品目をわが国の生産物の品質水準によって分類すると，輸入野菜のうちレタス，れんこんは明らかに品質が劣り，やや劣るものににんにく，さといもがある．国内物と何ら遜色がないグループにブロッコリー，アスパラガス，たまねぎ，かぼちゃ，ごぼう，しょうがの6品目を挙げ得る．

このうち，東京都中央卸売市場年報で統計的に計量化可能な品目を選定すれば，にんにく，ブロッコリー，アスパラガスの3品目に限定される．

上記3品目に限定して代替の弾力性係数の計測を行った．計測手法は金山紀久氏の手法に準じて行った．しかし，本章ではトレンド，ダミーに特別な意味を付与していないし，また，特定財の総需要量は人口に依存するので，説明変数に人口を加えた．

野菜類の国内生産量は農水省の「食料需給表」から引用したものであり，同じく野菜総輸入量も「食料需給表」のそれである．したがって，「食料需

給表」には加工仕向用野菜類と生鮮仕向用野菜類の両者が合計されている．フレッシュ野菜の市場価格と輸入量を計量的に分析する場合，加工仕向量を控除し，また加工仕向量のうち輸入物で賄われる部分を控除しなければならない．なお，生鮮野菜総輸入量とCIF価格については，国際青果通信社(A)および青果物輸入安全推進協会(B)の資料に依拠している．つまり，民間の輸入データAおよびBでは果実的野菜（メロン，いちご等）は果実に分類されており，農水省の「食料需給表」はいちごのみが野菜に計上されている．したがって，民間の輸入統計データにいちごの輸入量を計上すれば，農水省のデータと整合性が保たれることになる．

2) 伝統的な統計分析手法による計測結果

関数のモデルは，$Y=f(x_1, x_2, x_3, x_4)$という多元回帰モデルを用いた．表4-4では1人当たりGDP (x_3)を，経済企画庁「国民経済計算」のGDPデフレーターで割って実質化した系列をモデルに組み込み，またCIF価格

表4-4 回帰方程式の計測結果表（フレッシュ野菜輸入の場合）

（変数増減法）

$$Y = a_0 + a_1 X_1 + a_2 X_2 + a_3 X_3 + a_4 X_4$$

	a_0	X_1	X_2	X_3	X_4	$\bar{R}^2$
	定数項	円・ドル交換比率	CIF価格	国民1人当たりGDP	国民1人当たり野菜供給量	
ケースⅠ	15249.2	—	—	—	−115.14** (−6.529)	0.6755
ケースⅡ	19450.6	—	−13.241** (−4.096)	—	−130.42** (−9.619)	0.8227
ケースⅢ	8354.9	—	−15.896** (−5.079)	1.341* (2.292)	−65.265* (−2.110)	0.8566
ケースⅣ	1021.8	8.400 (1.435)	−18.586** (−5.208)	2.704* (2.443)	−46.246 (−1.409)	0.8650

註：1) （ ）内はt値，*印は5％水準，**印は1％水準で有意でない．
　　2) 1975〜78年までの4カ年の果実的野菜を除く加工仕向量は下記の式で算出した理論値で補完している．
　　　　　$Y = -3074.03 + 1.07(X)$　　$\begin{cases} X：国内野菜総生産量 \\ Y：果実的野菜を除く総生産量 \end{cases}$
　　　　　$R^2 = 0.9383$

(x_2) は日銀の「食料卸売物価指数」でデフレートしている．さらに，1人当たり野菜国内供給量 (x_4) は，農林省の「食料需給表」から得られたデータから，同じく農林省が統計調査している「青果物加工場調査報告書（1980年以降）」の野菜素材調達量（加工仕向量）を野菜国内総生産量から控除した純フレッシュ仕向量に修正し，それを人口で割った値を導入している．

x_1 は，円・ドル交換比率である．国民1人当たりフレッシュ野菜輸入量は x_1（円・ドル交換比率），x_2（CIF 価格），x_3（国民1人当たり GDP），および x_4（国民1人当たり野菜フレッシュ純供給量）で合理的に説明されるというモデルである．表4-4のケース IV は統計学上および経済学上問題はあるが，同結果を用いて適正輸入量を計算しよう．なお，ケース IV は取捨選択基準 F 値を 0.0 とした場合である．

1986年以降の10カ年の各種統計変量の計測対象期間における平均値を計測モデルに算入すれば，①国内人口は1億2373万人，②国民1人当たり GDP は 340万1700円，③野菜国内純供給量は1354万4000トン，④実質 CIF 価格は 198円56銭，⑤期間平均フレッシュ野菜輸入量 31万8400トンとなり，それぞれの値が実現されるとすれば，ドル・円交換比率は 133円59銭となる．

他方，1995年度の国内生産量は1460万トンであり，国内野菜の純加工仕向量は 129万1000トンである．人口は1億2557万人で，CIF 価格は 140円である．国民1人当たり GDP は 389万7000円で，円・ドル交換比率は 94円2銭である．この値を計測モデルにあてはめた場合，適正輸入量（理論値）は 60万6000トン余りである．計測した同モデルの理論値は現実の輸入量 69万6300トンよりも約9万トンだけ現実値が上回ることを示している．

また，わが国の農産物は海外のそれと比較して品質上の格差が大きく，輸入青果物が国内生産に強い影響を与えるものではないと考えられてきた．しかし，海外青果物の現状から，その品質の動向について将来展望を行えば，①鮮度条件は飛躍的に改善されてきていること（中国大陸も含めて），②わが国の消費者が求める規格（形状）に合致した選果基準が厳密に守られて輸

入されていること，③国内で開発した種苗が海外の現地で試作開発され，その生産が本格化してきていること，④わが国で品種開発した種苗を海外で育成し，それを国内農家に販売するという相互依存関係が生じてきたこと，の4点から海外野菜類の形状および味覚条件は確実に向上している．しかし，食品（青果物）の安全性（残留農薬，雑菌の付着等）に関しては不安材料が多く，単純に国内生産された青果物類の市場価格と遜色のない価格づけがされるとは考えにくい．

さらに，東南アジアを襲った通貨危機によって，インドネシア，タイ，マレーシア，韓国等の青果物輸出圧力は増大することになるが，これら諸国からの輸入量は漸減傾向を示してきたのであり，ここ1~2年で急速に拡大するとは考えにくい．また，中国は，対ドル交換レートを維持しようとしており，中国周辺諸国を含めた関係で言えば，輸出圧力は相対的に拡大することになる．しかしながら，環太平洋諸国（アメリカ，カナダ，オーストラリア，ニュージーランド）からの輸出圧力は円安の影響によって減少することになる．したがって，青果物の国内対応として考慮しなければならない最大の課題は，野菜類の生産を経済合理的に推進し国内生産量の安定的維持ないし拡大を図ることが求められている．

4. Armington モデルとその応用

(1) Armington モデルの概要

Armington はケアンズ諸国にとって重要な国際貿易品目たる小麦の品質が主産国間で異なることに着目し，貿易（財）の品質間代替関係を捉えるために品質別需要体系モデルを提示した〔4〕．同モデルは二段階支出配分モデルと呼ばれるものである．

Armington モデルでは副効用関数が CES (Constant Elasticity of Substitution) 集計関数として特定化される．この仮説の設定は各品目間（生産地による差異）で定義される代替の弾力性がすべて同一の値をとることが想定さ

第4章 農産物貿易と農業の国際競争力（その1）

れている．さらに，支出効果が生じないことが暗黙のうちに仮定されている．CES型の需要関数は，

$$X_i = (b_{i1}x_{i1}^{-\rho_i} + b_{i2}x_{i2}^{-\rho_i} + \cdots + b_{im}x_{im}^{-\rho_i}) \quad \cdots\cdots(1)$$

$$\text{ここで } \sigma_i = \frac{1}{1+\rho_i} \quad \cdots\cdots(2)$$

(1)式を与えれば，そして副効用最大化の条件を代入すると，

$$X_{ij} = b_{ij}{}^{\sigma_i} X_j \left(\frac{P_{ij}}{P_i}\right)^{-\sigma_i} \quad \cdots\cdots(3)$$

が導出される．

以上がArmingtonモデルの概要である．ここに，X_iは第i財の数量指標，P_iは第i財の価格指標，X_{ij}は第j産地で生産された第i財の購入数量，P_{ij}は第j産地の財の価格を意味している．σ_iは代替の弾力性を示している．

本章で計測しようとするモデルは，

$$\ln\{x_{ij}/(S_{ij}^0 \cdot M_i)\} = -\sigma_i \ln(P_{ij}/\hat{P}_i) \quad \cdots\cdots①$$

という形に変形して計測している．ここにS_{ij}^0は基準年における第j産地の第i財が総需要量に占めるシェア，M_iはi財の総需要量である．われわれは計測モデルに人口を変数に加え，

$$\ln M_i = \omega_i - \bar{\eta}_i \cdot \ln \bar{P}_i + \bar{\varepsilon}_i \cdot \ln Y_t + \bar{p} \ln P_t \quad \cdots\cdots②$$

とした．①式と②式は互いに分離して計測している．Y_tは1人当たり都民

表4-5 代替の弾力性一定の需要関数計測結果表

パラメーター	にんにく		アスパラガス		ブロッコリー	
δ_1	0.4231	(3.9457)	0.6967	(16.1855)	0.5213	(3.9457)
R^2	0.8645		0.8590		0.0393	
ω_1	-13.3547		-38.9045		-91.072	
$\bar{\eta}_1$	-0.2262	(-2.5639)	-0.1756	(-0.6047)	-0.6931	(-7.2142)
$\bar{\varepsilon}_1$	0.3912	(3.8046)	1.3308	(7.6310)	2.1932	(11.4705)
$\bar{p}$	1.2523	(0.3758)	2.3196	(0.4004)	5.3016	(1.2237)
$\bar{R}^2$	0.7838		0.9537		0.9950	

註：代替の弾力性δ_1は単純回帰計測結果である．なお，（　）内はt値である．

所得であり，P_t は東京都の人口である．

(2) 計測結果の経済学的意味

代替の弾力性一定の経済学上の意味は，当該財の相対価格（P_{i1}/P_{ik}）が1％変化したとき，当該国からの当該財（野菜）が何パーセントの水準で増大（減少）するかどうかを示すことになる．そこで，CES型の需要関数の計測結果を検討しよう．表4-5は，にんにくとアスパラガス，およびブロッコリーの代替の弾力性計測結果である．

卸売市場関係者によれば，にんにくの品質は国内物と比較してやや劣る程度であると言われていたが，その代替の弾力性値は0.4231となった．国内物の品質と遜色がないと言われているアスパラガスとブロッコリーの代替の弾力性値は前者が0.6967，後者が0.5213となった．もっとも，にんにくは中国大陸からの輸入物の価格と入荷量で計測しており，アスパラガスとブロッコリーはアメリカのそれで計測したものである．後掲表4-6の東京都中央卸売市場における国内物価格と当該国からの当該商品の価格格差を検討すると，アメリカから輸出されるブロッコリーは国内産物の89.6％水準にあり，同じくアスパラガスは64％水準である．

中国大陸から輸出されるにんにくの国内産物との格差は25.3％水準になっている．ブロッコリーの値が統計学的におかしい計測結果となった．しかし，価格格差が品質格差を体現しているものとすれば，国内物との品質格差が小さければ小さいほど，代替の弾力性値は大きくなるはずであるから，にんにくとアスパラガスとの間ではこうした関係が計測されている．

ともかく，われわれの計測結果を信頼するとすれば，以下のような理由が考えられる．その第1は，原産国で輸出用に生産された物が，海外の価格安によってその販路を直ちに原産国内に切り替えることが難しいという側面を挙げ得る．また，わが国通貨が1995年まで一貫して国際通貨に対して上昇してきたという経緯もあって，輸入業者が見込み輸入をしてきたことを挙げ得る．第3の理由は，原産国政府が外貨獲得のために輸出圧力を強め，外貨

獲得（貿易赤字縮減）の手段として活用したことである．さらに，原産国の商品の味覚に輸出対象国の消費者を慣れ親しませることを狙っているのであって，この4つの条件が価格に対して非反応的にしてきたのではないかと判断される．

したがって，国際為替相場が安定すれば，野菜供給国のわが国への出荷対応はわが国内の価格変動により，直接的な影響を受けるものと考えられる．その結果，輸入業者の対応も今後着荷価格（CIF価格）の動向に敏感に反応せざるを得なくなるであろう．

5. 野菜類の輸入コストの実態と為替相場の変動による影響

(1) 輸入コストの為替相場の変動による影響

Th. ブリンクマンはその著『農業経営経済学』において，生産物の市場価格とそれぞれの産地が位置する市場地位との関係を耕境における経営費と耕境から市場までの生産物運搬費に分解して，論理的に明快な考えを提示している[1]．

同理論は土地の豊沃度は一定であり，土地は無限に存在し，しかも生産物の品質格差が存在しないことを前提としている．わが国の園芸農産物をめぐる状況はまさにブリンクマンが前提としている条件を満たし始めていると言えよう．ただし，生産物の品質格差（この場合，生産物の安全性を意味する）が市場価格に大幅な格差を生んでいることは歴然とした事実である．また，ブリンクマンが主張する経営費の国際価格（いわゆる地方価格線）を直接比較することは生産物毎にそれぞれの国の生産費および集出荷経費データを必要とするが，それらのデータを取り揃えることは不可能であるから，拠点積出港からわが国までの輸入コストを品目毎に調査し，それが為替相場の変動によっていかに変化するかをすでに計測した結果を用いながら提示することにしよう．

はじめに海外からの野菜類の物流実態を説明すれば，通常輸入の輸送手段

表 4-6 青果物通常輸入のコスト，CIF 価格，

		コンテナの大きさ（フィート）	東京都中央卸売市場価格		CIF 価格	輸送コスト（kg 当たり）
			国内物 3カ年平均	輸入物 3カ年平均		
USA	ブロッコリー	40	299 円	206 円	182 円	0.553 ドル
	グリーンアスパラ	40	1038	664	537	0.712 ドル
	たまねぎ	40	99	80	44	0.111 ドル
	レタス	40	194	181	137	0.363 ドル
Aus.	グリーンアスパラ	40	1038	791	612	0.774 ドル
	ブロッコリー	40	299	285	212	0.798 ドル
N.Z.	かぼちゃ	20	176	132	73	0.295 ドル
Mex.	かぼちゃ	40	176	140	86	0.221 ドル
中国	たまねぎ	40	99	51	42	19.26 円
	〃	20	99	51	42	27.42 円
	ごぼう（ドライ）	40	270	124	93	11.58 円
	〃	20	270	124	93	15.90 円
	〃（リーファ）	40	270	124	93	15.98 円
	〃	20	270	124	93	22.83 円
	しょうが	40	350	270	126	8.83 円
	れんこん	40	390	209	117	21.97 円
	さといも	20	298	114	76	22.82 円
	にんにく	40	677	171	95	0.190 ドル
	〃	20	677	171	95	0.631 ドル
台湾	たまねぎ	40	99	85	58	0.173 ドル
タイ	たまねぎ	40	99	92	76	0.190 ドル

註：1) 実態調査結果より作成（1997年11月時点）．
2) 輸入コストは積出港から Japan Port までの運賃・関税・諸経費を計上したもの
3) CIF 価格は，青果物輸入安全協会から出版されている資料に基づき，3カ年平均
4) 欄内の □ は推定値である． $Y = -6.317 + 0.796(X)$ $R^2 = 0.9977$
 $\begin{cases} X：輸入物の国内における3カ年平均単価 \\ Y：CIF 3カ年平均単価 \end{cases}$
5) 中国からの輸入物の円建て決済の構成比率（輸送コスト/CIF 価格）は 103.58 円

は船便であるが，航空便を利用して輸入される場合もある．船便を利用する場合，コンテナの大きさは 40 フィート物と，20 フィート物の 2 通りの形態がある．しかも，保冷設備を持っているコンテナをリーファコンテナ（reefer contena）と呼んでおり，保冷設備を持たないコンテナをドライコンテナと呼んでいる．保冷設備のないコンテナで輸送する品目は，かぼちゃと

第4章　農産物貿易と農業の国際競争力（その1）　153

および国内生産物価格の実態

為替による輸入コストの変化			CIF価格に占める輸入コストのウェイト		
103.58円/ドルの場合	133.59円/ドルの場合	150円/ドルの場合	103.58円/ドルの場合	133.59円/ドルの場合	150円/ドルの場合
57.28円	73.88円	82.95円	31.47%	40.51%	45.58%
73.75	95.12	106.80	13.73	17.71	19.89
11.50	14.83	16.65	26.14	33.70	37.84
37.60	48.49	54.45	27.45	33.39	39.74
80.17	103.40	116.10	13.10	16.90	18.97
82.66	106.60	119.70	38.99	50.28	56.46
30.56	39.41	44.25	41.86	53.99	60.62
22.89	29.25	33.15	26.62	34.33	38.55
*	*	*	45.86	*	*
*	*	*	65.29	*	*
*	*	*	12.45	*	*
*	*	*	17.10	*	*
*	*	*	17.18	*	*
*	*	*	24.55	*	*
*	*	*	7.01	*	*
*	*	*	18.78	*	*
*	*	*	30.02	*	*
19.68	25.38	28.50	20.72	26.72	30.00
65.39	84.29	94.65	68.83	88.73	99.95
17.97	23.11	25.95	30.98	39.84	44.74
16.68	25.38	28.50	25.89	33.39	37.50

である．
価格を掲載している．

の欄（列）に記入している．

　たまねぎのみである．それゆえ，かぼちゃとたまねぎ以外の品目は保冷設備を備えたコンテナで輸送される．
　北米大陸，オーストラリア，ニュージーランド等，環太平洋諸国からの輸入は積出港でジャパンポートへの輸送を契約するため，国内のどの港に陸揚げしても（東京，横浜，名古屋，大阪，神戸），同一の契約料金で行われる．

また，リーファコンテナへの詰め込み数量は品目毎に若干の変化（品目毎に箱詰めの大きさが異なるため）があり，その実態に迫るためには輸入商社の協力を得なければできない調査である．

　さて，輸入コストを構成する要素は，①運賃，②関税（消費税を含む），③通関手数料（通関手数料，乙仲手数料，植防検査料，および食品届），④その他（燻蒸検査料），⑤コンテナの荷揚保管料（コンテナヤード使用料），の5つの経費である．

　それぞれ着荷港において上記諸手数料を支払った後，われわれの食卓に届くまでには18日間程度の日数を要することになる．もちろん，中国大陸からの積み出しにはそれほどの日数を要せず，わが国の食卓に届くことになる（約3～5日）．また，中国大陸からの輸送はドル建てで行われており，円とドルの交換比率によって野菜類の輸出に拍車がかかるという事態に陥ることは他の諸国の場合と同様である．しかし，円・ドル交換比率があまりに激しく変動するので，最近は円建て決済を行うことが多くなっており，中国からの輸入はドル建て決済と円建て決済の2通りがある．また，燻蒸検査料やコンテナヤード使用料等は輸入野菜の全品目について実施されるのではなく，原産地の状態によって変化するものであり，一般にその検査率は輸入量に応じて決められている．

　また，コンテナヤード使用料は荷主の輸入貨物引き取り期日によって付加徴収されるものであり，必ずしも支払わねばならない料金ではない．

　それらの基準に基づいてドル建て計算を行ったものが表4-6である．

　同表の東京都中央卸売市場年報による国産野菜価格および各国からの輸入野菜価格は過去3カ年の平均単価である．また，CIF価格も3カ年平均単価を掲げている．

　したがって，輸入物総平均で比較しているのではなく，各国毎の着荷価格，東京都中央卸売市場各国別価格を掲げており，それぞれの国の拠点積出港からの輸送コストと直接比較することができるようにした．

　なお，表4-6を検討する場合，次の5点に留意しなければならない．第1

に，現地における商品の買付価格を要すること，第2は，現地における拠点積出港までの搬送コストおよび選果・選別・洗浄・包装・梱包作業コストに加えて，輸出国の通関手数料等が計上されていないこと，第3には，国内の消費対象地区までの搬送コストが計上されていないこと，第4には，関税・植防検査官が常駐していない国内の港に陸揚げする場合は，臨時開庁料（5,600円/件：2002年時点では7,800円/件）を支払わねばならないこと，第5には，輸入物の国内相場が着荷（CIF）価格を下回る場合，輸入業者がその商品を保管するために，港から倉庫までの搬送料と保管料を支払わねばならないこと．上記5点を考慮すれば，輸入コストの総額はさらに上昇するのである．

ここで，現地での対象商品の買付コストがCIF価格の20％以下であると仮定し，国内での保管および現地拠点積出港までの搬送コストをCIF価格の40％を占めるものと大胆に仮定すれば，海外の拠点港からジャパンポートまでの輸送コストはCIF価格の40％以下でなければならないことになる．

そこで，農林水産省の統計情報部「青果物流通段階別価格形成追跡調査報告」に基づいて1991年から95年までの5カ年平均の流通主体段階別価格を検討すると，はくさいとたまねぎは同一県内（茨城・北海道）から東京都内の小売店で販売された結果を示している．

同調査結果によれば，はくさいの卸売価格に占める生産者手取り価格は59％であり，たまねぎは54％である．また，卸売段階での出荷経費ははくさいが33％，たまねぎが38％である．はくさいは軟弱野菜であり，重量性，増嵩性も大きく，国内生産量が極端に不足する場合だけ緊急輸入されるものである．そこで，たまねぎを基準に考察すれば，海外からの輸入物は輸送距離が北海道・東京間よりもはるかに遠く，輸送中の品質低下を招くことになるので，これと同等の出荷（輸送）経費を見込むことが妥当であるように思われる（ただし，国内産地から卸売市場までの経費を考慮して）．もちろん，それぞれ品目毎に，また出荷国の社会基盤整備状況によって異なるが，40％水準という，緩い基準を設定することにした．したがって，野菜類の現地買

付価格は CIF 価格の 20% 以下でなければならないことになる．

　こうした前提条件でもって，表 4-6 を検討すると，円・ドルの交換比率が 1 ドル＝103 円 58 銭の場合（『農業経済論集』〔10〕に掲載した結果を引用して），ニュージーランドからのかぼちゃ，中国大陸からのたまねぎ，20 フィートコンテナで輸送される中国大陸からのにんにくが国際競争力を失い，輸入されない結果となる．また，円とドルの交換比率が 1 ドル＝133 円 59 銭の場合では，アメリカとオーストラリアからのブロッコリーが競争力を失うことを示している．もちろん，CIF 価格は現地での相場変動や国際情勢によって変化するものであるが，1997 年 11 月以降，ドルと円の交換比率が 130 円/ドル近傍水準で推移している．

　以上の結果，対ドル交換比率のあまりにも激しい変動は，国際貿易を行う上での障害となる可能性が強く，今後は現地通貨と円との決済が拡大してくるものと判断される．

(2)　東南アジアの通貨危機と各国通貨の変動実態

　さて，1997 年 9 月以降に発生した東南アジアの通貨危機は，青果物の輸出圧力に強い影響を与えるのではないかと危惧されている．常識的にいえば，現地通貨と国際通貨 US ドルとの交換比率を大幅に切り下げることになるので，益々わが国への輸出圧力は増大するものとみられる．

　しかし，実際には東南アジア各国は長期借款の支払い準備のため，極端な輸入自粛を行ったのである．特に，タイ，韓国，フィリピン等の化石燃料を自国で産出できない諸国においては，化石燃料の輸入自粛を行ったのである．

　その結果，韓国では農業部門に石油資源を回す余裕がなくなったのである．東南アジア全体からみれば，韓国は緯度的に北に位置する国であり，冬場のシベリア寒気団から吹き出される季節風によって，われわれが想像できない冬冷えに見舞われる地域である．気象条件のそうした劣悪性を避けるために，韓国では全羅南道を中心に冬場の果菜類の生産を施設ビニールハウスで行っているのである．

第4章 農産物貿易と農業の国際競争力(その1)

表4-7 国際基軸通貨ドルとの交換比率の実態

1ドル当たり年平均

	1996年	1997年	1998年	1999年	2000年	2001年
日　本(円)	109.84	122.07	131.89	114.96	108.83	122.54
中　国(元)	8.3142	8.2898	8.2790	8.2783	8.2784	8.2771
インドネシア(ルピア)	2367.17	2914.27	9965.85	7896.41	8632.98	10554.12
フィリピン(ペソ)	＊26.216	＊29.471	41.412	39.623	44.742	51.509
タ　イ(バーツ)	25.5917	31.4362	41.6094	38.1070	40.415	44.734
香　港(ドル)	7.7544	7.7627	7.7663	7.7791	7.8116	7.8196
韓　国(ウオン)	810.79	960.40	1431.41	1213.12	1152.88	1315.70
シンガポール(ドル)	1.4156	1.4914	1.6833	1.7049	1.7345	1.8017
マレーシア(リンギット)	2.5159	2.8132	3.8	3.8	3.8	3.8

註：1) 1元＝15円の場合，ドルと円の交換比率は1＄＝124.2915円となる．ただし，売値を表示している．
　　2) ＊は確認できなかった場合を示す．
資料：東京リサーチインターナショナル（東京三菱銀行子会社）

　だが，化石燃料の輸入自主規制によって，施設用暖房機が利用できないという事態に陥り，1998年1月からのわが国への野菜類の出荷がストップすることになった．これに加えて，同年の気象条件は異状であり，1月期に太平洋沿いに大量の雪を降らせる結果となった．ことに，関東平野の大雪は3回にわたり出現し，航空便の運航停止が続出したことは記憶に新しい．その結果，関東平野のきゅうり巨大産地（群馬県館林市）が壊滅することになった．

　韓国と関東の施設ハウス団地の生産が激減した結果，宮崎県内のきゅうりは1月期に暴騰するという結果を招来させたのである．

　もちろん，こうした事実はごく短期的な現象であり，通貨危機による東南アジア諸国の通貨切り下げは，青果物の輸出圧力を長期的に増大させると判断すべきであるが，韓国の事態を観察すると，必ずしもわが国青果物市場に悪影響だけを招来させるものではなかったことを冷静に判断しなければならないであろう．

　ここで，東南アジア各国の通貨とわが国通貨との比較を，1997年1月と98年1月の間でどの程度変化したか，表4-7によって検討しておこう．

中国の通貨元は，1997年1月に14.54円であったものが，98年1月には16.03円となって10%以上円安に振れている．これは，日本の通貨が国際通貨に対して円安に振れたことによる元高・円安傾向が進んだためである．他方，台湾ドルは円に対して11%円高に振れており，タイの通貨（バーツ）は45.6%円高に振れることになった．フィリピンのペソは同期間に31.2%円高となっており，マレーシアの通貨（リンギット）は37.4%円高となっている．また，マレーシアの通貨は1998年以降1ドル当たり3.8リンギットで固定為替レート制に移行している[4]．

　インドネシアの通貨ルピアはこの1年間で70%高となった．したがって，元は相対的に各国通貨と比較して高騰していることになり，中国からの青果物輸出圧力は減退してくることを意味しているが，元と円とが当時の中国政府が国際貿易を本格的に取り組みはじめる以前，国際間の経済上の格差と国の制度上の違いによってその交換比率が決定されてきたため，元と円との為替レートが極端に元安の状態で設定されてきた．

　しかも固定為替レート制度（正確にはクローリング・ペッグ制）を中国政府が堅持しているため，他の東南アジア諸国と同様に野菜類の輸出攻勢を益々強めてくるものと判断される．また，正常な経済活動の下では，タイ・インドネシア・マレーシア・韓国からの輸出圧力は円高の影響で増大するものと判断される．

6. 本章のむすび

　1990年代に突入して以降，青果物類の輸入は一種のブームとも呼ぶべき拡大を示してきたが，97年秋以降の国際経済情勢は急激な変動を示しており，従来のような急激な拡大ではないが，青果物の輸入は着実に拡大するものと判断される．なぜなら，東南アジアを襲う通貨危機は，アジアNIESを中心に惹起している現象であり，これら諸国は農業立国から工業立国へと移行してきた．したがって，農産物（青果物を含む）の輸出余力はそれほど

大きくはない．それだけに，わが国の食品加工産業はこれからも中国大陸からの青果物輸入に依存する局面が大きいものと判断される．

つまり，中国政府が通貨の対ドル交換比率を現状のまま維持しようとする限り，中国産の青果物類は相対的に競争力が低下せざるを得ないと考えられるが（1ドル＝80円から120円への変化の場合），元・ドル交換比率が固定されていれば，円とドルとの交換比率が円安に少々振れたとしても，中国からの輸出圧力は変わらずに継続されてくることになる．

わが国の青果物生産・供給量が今後も漸減傾向を示すものとすれば，東アジア諸国からの輸出圧力は今後とも継続していくことになり，従来の国内野菜生産に依存していた段階では気象条件の変動による市場価格の暴騰時に得られた旨味が消滅する結果，国内生産は益々減少せざるを得なくなるであろう．

それゆえ，わが国青果物の生産量の漸減傾向を阻止し，生産量の安定化に努めねばならない．このためには，個別農家の生産コストと輸送コストの削減による農家所得の安定化がその基本対策とならねばならない．こうした目標を実現するためには，日本農業の伝統的な経営構造問題（零細分散錯圃）からの脱却時期を早めねばならない．これに加えて，従来の汎用型品種の栽培・生産ではなく，用途別品種の選定・開発による生産対応の適切性が求められている．すなわち，生食用と加工用（品種）とに的確に厳選した品種の開発による農業労働力の合理的な利用とコスト削減への展開である．

第2には，バブル経済に突入するまで農協正組合員（地域農業者）の農協組織からの一定限度離反の広がりを見せていたのであるが，組織対応による経済メリットの再確認による輸送共同・共販体制の堅持を推進しなければならない．具体的には，青果物の素材供給だけでなく野菜濃縮ジュース等の加工部門への取り組みであり，さらには料理品小売業への新たな流通ルートの開発である．近年，トレーサビリティを制度的に確立しようという動きは農協の共販体制を崩壊させかねない動きであり，何といっても共販体制の確立こそが輸送コスト削減にとって大切な課題であることを指摘しておきたい．

これに加えて，亜熱帯から亜寒帯まで南北3,000kmに広がる日本列島の有利性を生かした青果物の周年供給体制の確立による産地間のリレー供給である．このことによって，季節的に供給が途切れないように出荷体制を確立することが，諸外国からの青果物輸出圧力を減殺させる要因になるであろう．上記4点の具体的な対策を早急に整備することが緊急の課題であると言えよう．

　最後に，こうした東南アジアの通貨危機を機に国内の生産活動を活発化させ，再び諸外国からの輸出攻勢に晒されない努力を行わねばならない．つまり，国内青果物供給の安定的拡大を図る上で，その前提条件として世界各国の通貨とわが国通貨との均衡のとれた交換比率が求められている．従来の野菜生産にみられたような気象条件の変動による偶発的な市場価格の暴騰によって生産者の所得が拡大するというパターンではなく，生鮮仕向野菜と加工仕向野菜とを計画的に区分して合理的生産による生産者所得の安定的拡大を図ることであり，研究者が生産の現場に参画して生産者とともに知恵を出し合わねばならない時期にきているといえよう．

注
1) 本章は藤谷築次定年退官記念出版『日本農業の現代的課題』に掲載した論文を基礎に再構成したものであり，作成当時は世界中の通貨がすべて変動相場制を採択しているものと誤った判断をしていたが，IMFのスタッフペーパーを財務省から取り寄せてみて初めて世界各国の通貨がそれぞれ独自の通貨制度を採択していることを知った．藤谷築次先生に迷惑をお掛けしたことを詫びておきたい．
　　なお，本章を作成するに際して，㈱丸市青果・三井物産・モンコンテナ等の企業に大変お世話になりました．心より御礼申し上げます．
2) 三井物産・商船三井・モンコンテナは旧三井財閥の系列会社であり，2000年に入ってからは中国からの野菜輸入から撤退している．
3) マレーシアの通貨リンギットは，アジアの通貨危機以降ドルに対して固定されており，財務省の資料（表4-1）とは異なる結果（表4-7）を示している．制度的な分類は別として，日常的に決済業務を行う為替銀行の方を本書では重視した．また，マハティール首相の指示により，アジアの通貨危機以降リンギットは為替市場への参入を停止している．
4) 表4-7は各国通貨と円の交換比率を明示していないこと，および各国通貨の対ドル交換比率（年平均売価）で表現しているので本文の説明と若干異なる．

第5章　農産物貿易と農業の国際競争力（その2）
　　　－国際競争力（指数）の計測とその分析－

1. 本章[1]の課題と方法

　現状におけるわが国の経済情勢を鳥瞰すると，銀行業界は不良債権の処理に追われ，証券業界は日経平均株価がバブル経済崩壊後の安値を連日更新するという状況であり，食料農産物は東南アジア諸国，ことに中国からの輸出攻勢に晒され，失業率も5.0%を凌駕していることが連日マスメディアを通じて報じられている．
　2001年4月に発足した小泉内閣は「聖域なき構造改革」を標榜し，政府の財政赤字を緊縮財政政策による国家予算の切り詰めによって建て直そうとしている．しかし，状況はかえって悪化の一途を辿っており，建設業協会の倒産および百貨店協会をはじめとする小売業協会の倒産はもちろんのこと，2002年には家電業界までもリストラによる企業の建て直し策が公表されるに及んで，わが国経済全体が深刻な不況に陥っている．
　すなわち，今や国内で製造された商品の価格が国際社会の中で割高なものとなっており，内需・外需ともに奮わない状態に置かれている．
　マスメディアはこうした事態を称して「国際競争力の喪失」と騒ぎ立てているわけであるが「国際競争力」とは何を意味するものであろうか．また，たとえわが国産業界が生産する商品（製品）の国際競争力が喪失しているとしても，諸外国と比べて製品の競争力格差はどの程度の水準にあるのか，こうした実態を明確にしない限りその対策を立案することさえできないであろ

う．

　本章では園芸農産物，ことに野菜類の国際競争力について，その定義・実態およびその対策に焦点を絞り分析する．

　しかしながら，わが国政府も学会も，日本の農業は国土および農用地が狭隘なことに加えてその経営規模が僅少なことから，国際競争力という観点に基づいた実証的分析を試みようとしなかったし，学会における研究成果も皆無に等しい．

　本章では，国際競争力という考えの下に日本と中国との農産物貿易に限定して，国際競争力の概念を農産物の国際貿易の実態を通じて明らかにする．つまり，中国政府の公表している野菜生産費調査と輸送コスト調査に基づいて国際競争力（指数）の算定を行うことを主要なテーマとする．

　したがって，はじめに（第2節）各国通貨の国際通貨に対する増価・減価（為替相場の変動）によって財の需要量にどんな影響を与えるのかについて，過去の研究成果を引用しながら整理し，輸入財と通貨変動との関係を明確にする．

　ついで，国際貿易に際して通常よく使われる概念として「国際競争力」という言葉があるが，競争条件を同一にした上で理解すべきものとすれば，それぞれの国で流通している通貨の交換比率（為替レート）がそれぞれの国の経済力を正確に反映していなければならず，それを計るためには国際経済学の分野では常識となっている「購買力平価説」について整理検討せざるを得ず，その理論的基礎に各国の物価指数が影響することを紹介する．

　上記のような理論的理解を前提として，日本農業をめぐる最大の課題となっている中国大陸からの農産物の輸出攻勢に対してどう対処すべきかについて検討するものである．

　第3節では，中国の農業事情について検討せざるを得ないが，中国の農業事情については各種の研究成果が報告されているので，その成果を要約提示する．すなわち，現代中国の経済事情や農業事情を既存の研究成果を踏まえながら整理し，第4節で中国の勤労者が受け取る所得と税金について明確に

する．第5節で，中国政府が公表している野菜類の生産費調査を分析検討し，わが国の野菜類の生産費調査と比較考量し，その異同点を明確にする．

もちろん，各国の経済力に応じた妥当な為替相場で国際貿易が推進されている場合を前提として，国際競争力の強い作目を互いの国で生産し，国際貿易を推進することによってそれぞれの国の消費者が利益を享受することに何のためらいもない．

しかし，各国通貨の為替相場が購買力平価（説）に照らして極端に偏倚している場合は別である．現在の中国大陸からの野菜類の輸出攻勢はわが国通貨の為替相場偏倚による絶対的有利性を徹底的に利用した輸出攻勢であって，実は国際競争力という観点からはその競争力は欠如しているのではないかという仮説に立脚し，中国農業・農産物と日本農業・農産物との国際競争力を実証的に算定・比較考量し，証明しようとするものである．上記の手続きを踏まえて，中国と日本の野菜類に関する国際競争力の算定を行うことにした．

このためには中国政府が公表している野菜類生産費調査結果の入手が不可欠であり，さらには中国の農家が生産・収穫した農産物を東京港まで搬送するための搬送経費調査が欠かせない．われわれは2002年8月から11月にかけて搬送実態調査を実施し，国際競争力の算定に必要な搬送経費データの収集を行い，実証分析を実施した．したがって，第4章で分析した拠点積出港から東京港までの輸送コストの通貨変動による分析をさらに深める分析となる．

2. 農産物の国際競争力（指数）とは何か

(1) 国際貿易と比較優位性

国際経済学の分野では国際貿易における比較優位の決定要因として，①自然資源の賦存量および気象条件，②広い意味での「生産の技術的条件」，③資本・労働・土地等の本源的生産要素の賦存量，④規模に関する収穫逓増（逓減）の存在，国による人々の選好（preference）ないし嗜好（taste）の差

異,の5要因を挙げている.上記5要因が比較優位の決定要因として立ち働くためには(1)生産要素の完全移動可能性が実現されており,(2)各産業の生産関数は収穫一定であり,(3)生産物の完全競争市場が支配しており,(4)外部経済・不経済は存在せず,(5)各種の生産資源は完全に雇用され,価格の伸縮性が保障されており,(6)国際貿易は"barter trade(物々交換)"のように決済され,貨幣は一種のヴェールとしてしか機能しない場合に限られるのである.これに静学分析という条件が付与されたとき,資本と労働の2生産要素のみによって比較優位構造が経済純理論的に整合性のある結論となるのである.この過程で「生産要素の均等化定理」が同時に証明されることになり,同理論はヘクシャー＝オリーン＝サムエルソン理論と呼ばれている(4章の文献〔11〕27-37ページ参照)が,現実の国際貿易ではこの理論で説明できない多数のケースが出現している.

例えば,労働を国際間で同質的と見なすことは非現実的である.なぜなら,労働の熟練度・技術水準および労働の教育水準が各国間で相違するからである.したがって,単に労働力人口が多いだけでは労働集約的産業の優位性条件とはならないのであって,知的学習能力の高い労働力が多数存在することが必須の条件となるのである.

こうした観点から比較優位の理論を実証的に検討しようという試みは資本－労働比率の産業別国際間比較,産業の発展と技術進歩に関する国際間比較,研究開発に関する国際間比較等に焦点を絞り,貿易当事国間の全般的な経済特徴を明確にしようとしているが,同一産業間での国際的な比較優位性分析ではない.ことに,農業分野の国際間比較といった研究はほとんど存在しない.

他方,国際貿易で考慮しなければならないもう1つの極めて重要な条件は通貨の交換比率である.各国通貨の為替レートがそれぞれの国内の経済力を正確に反映しているとしても,それぞれの国内で抱える産業間の労働生産性格差および個別産業の資本－労働比率によって通貨の為替レートが当該産業に不利に作用することは十分考えられる.つまり,国内の産業毎に交易条件

第5章 農産物貿易と農業の国際競争力（その2）

が異なるため，一律に為替レートを決定すれば特定の産業にとって不都合な結果を招くのである．それだけに国際競争力を論ずる場合，それぞれの国で用いられている通貨が，国際的に見て妥当な為替レートで貿易の決済がなされているかどうか検証することが不可欠であるといえよう．

しかし，どちらか一方の国の通貨が国際基軸通貨との間で為替相場が固定され，他方の通貨が国際基軸通貨との間で時々刻々の経済事情を反映した変動為替相場制で維持されているとすれば，どちらかの国が輸出入に際して一方的な損失を蒙ることになる．

わが国の場合，国際基軸通貨ドル・ユーロおよびオーストラリア通貨ドル等との間で変動為替相場制を採択しているが，東南アジア諸国は発展途上の経済段階にあって，いまだ国内的な経済社会の発達が低位に押し止められているために，国際貿易（輸出）を積極的に推進していくだけの産業基盤が成立していない国が多い．その結果，国際基軸通貨との決済関係を固定為替相場制で実施していることが多い．

しかしながら，アジアNIES（韓国・台湾・シンガポール等）のめざましい発展や1970年代後期（1978年）に改革・開放を標榜した中国のめざましい発展は目を見張るものがある．だが，一方の国の通貨が変動為替相場制で交換（決済）され，他方の国の通貨が国際基軸通貨ドルとの間で固定相場制で交換（決済）されているとすれば，国際競争力を論ずること自体意味を持たなくなる．中国通貨元はドルとの間で，固定為替相場制を採択しており，わが国の通貨円はドルとの間で変動為替相場制を採択しているので，円と元は間接的な固定相場制になっているのである．

したがって，わが国の経済事情とは関係なく為替レートが維持されるため，中国の経済力とわが国の経済力との均衡のとれた為替レートが維持されているとは言い難い．

それゆえ，何らかの客観的な指標でもって妥当な為替レートに変更し，競争力指数の算定を行うべきであるかもしれないが，本章では実勢為替レート1元＝15円で算定する．

現状では，わが国の青果物市場をめざして中国から大量の野菜類の輸出攻勢が見られ，国内農業のみならず，青果物市場の中核的機能を果たしてきた卸売市場業界の存続さえ危うくなってきた．マスメディアを通して報ぜられる日中間の野菜生産費格差は，わが国の1/6水準であるといわれており，これら中国からの野菜類は既存の国内流通市場を経由しないで，直接大手実需者（中食産業・外食産業）に流れている．

その結果，既存の国内青果物流通市場への国内供給量が減少しているにもかかわらず，市場価格が上昇しないという事態に陥っている．

ここで中食産業とは冷凍冷蔵加工・惣菜加工・ジュース加工・漬物加工業者を意味しているが，これら加工業者は既存の国内青果物市場からの仕入れを敬遠し，さらに外食産業（給食主体と料飲主体とに大別されている）もその食料素材を海外からの輸入青果物に頼る事業体が急増しているからである．つまり，国内食品加工産業（外食・中食）が海外の農産物に依存する理由は，価格が安いことに加えて，品質と形状両規格の統一された商品を一括大量仕入れできるためである．

他方，従来からわが国の青果物卸売市場業界ではコンピューター導入による機械化を実践するだけの資本力が欠如していたという理由だけでなく，国内産地から供給される商品の詰め込みケースの容積に統一された基準がなく，各産地毎に詰め込みケースの容積が異なるという事実が機械化・コンピューター化を遅らせてきたのである．

このため，場内の諸作業をもっぱら人力に頼ってきたのであるが，今や労賃水準の高騰による経営圧迫を市場手数料からの収入によって賄うことができないという事態に追い込まれているのである．この事実が卸売市場体制の基盤を揺るがせる最大の原因となっている．

(2) 為替レートの変更と貿易財の需要曲線

為替レートの変更による当該財の需要量への影響を図形的に示しているのが図5-1である．

第5章　農産物貿易と農業の国際競争力（その2）　　167

　同図は輸出財および輸入財の各市場について，「日本」と「外国」の2つの国における需要・供給の状況を示している．図の右は輸出財の需給状況を示しており，図の左は輸入財の需給状況を示している．同図の説明は『国際経済学』第12章に記載されているもので，その部分を引用すれば，「各図の(a)と(b)は同じ市場を表わしたものであるが，(a)図では財の価格が円によって表示されているのに対して，(b)図ではそれがドルによって表示されて

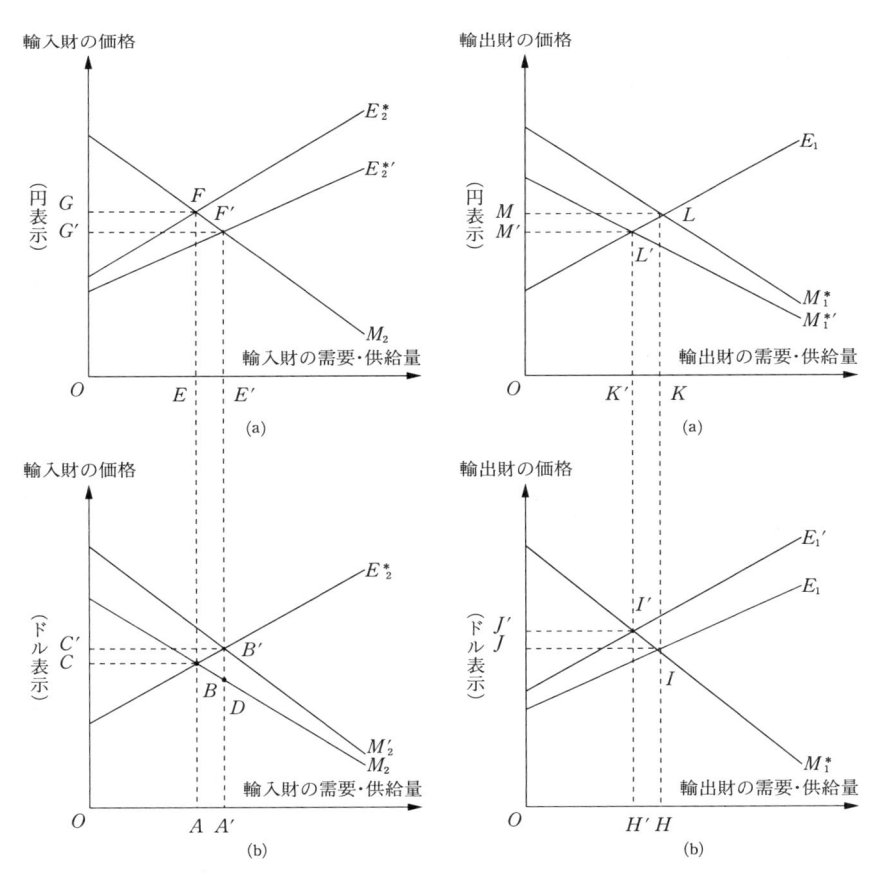

出典：『国際経済学』313ページより引用．

図 5-1 輸入財と輸出財の為替レート変更による影響

いる．図5-1(a)の左図 M_2 曲線は，輸入財（第2財）に対する日本の輸入需要（超過需要）曲線を示す．すなわち，輸入財が国内においても生産されているものと考えれば，M_2 曲線はその財の任意の国内価格に対応する国内総需要と国内供給との差を示すものである．図5-1(b)の左図 E_2^* 曲線は，輸入財の外国の輸出供給（超過供給）曲線を示し，日本の輸入財（したがって外国から見れば輸出財）の外国での価格がそれぞれの水準で与えられたときに，その財の外国における総供給と国内需要との差がどれだけになるかを表わしている．

まず為替レートと輸入額（したがって外国為替に対する需要）との関係について考えてみよう．いまかりに，為替レートが1ドル＝300円であったとし，図5-1図(a)の M_2 曲線の高さ（つまり各輸入量に対する円表示の輸入財需要価格）をこのレートでドルに換算したものが図5-1(b)の M_2 曲線であるとしよう．そうすれば，為替レートが1ドル＝300円であるときの輸入財市場の均衡点は，図5-1(b)の B 点で示され，日本は OA の輸入財を輸入する．輸入財のドル表示均衡価格は OC であるから，ドルで表わした輸入額（外国為替に対する需要）は長方形 $OABC$ の面積に等しい．そのときの輸入財の国内価格は OG となる．つぎに，円の為替レートが上昇して1ドル＝250円となったとしよう．各国の生産者や消費者はその国の通貨で表わされた価格を基準に行動すると考えられるから，為替レートが変化しても，いずれの国についても自国通貨で表示した輸入需要曲線および輸出供給曲線は，さしあたりは変化しない．一方，円レートの上昇の結果，ドル表示の日本の輸入需要曲線は為替レートの変化率だけ上方にシフトして M_2' のようになる（円表示の外国の輸出供給曲線は下方にシフトして $E_2^{*\prime}$ となる）．つまり，以前と同じドル建て価格であれば，円の増価・ドルの減価によって輸入財の国内価格が低下するため，日本の輸入需要は増大する．1ドル＝250円のもとでの輸入財市場の均衡点は図5-1(b)の B' となって日本の輸入量は OA' まで増加する」(314-315ページより引用) と説明しているが，円安に振れた場合，財の弾力性係数が農産物の場合は絶対値で1.0以下であるため，

第5章 農産物貿易と農業の国際競争力（その2）　　　169

上記説明の逆になり，外国からの輸出圧力は減少する．

(3) 国際競争力（指数）と購買力平価（説）
1) 国際競争力（指数）

　国際競争力を常識的にいえば，ある財（第 i 財）の輸出対象国における市場（Market）で実現される価格が輸出対象国で生産される財（第 i 財）の価格よりも安く，品質は輸出対象国の財よりも優れており，しかもその財を輸出する国の企業または経営体にとって正当な利潤が発生していることを意味する．つまり，当該財の輸出対象国において生産された生産物1単位当たり生産費と粗収益の相対比率を生産費カバー率と呼んでいるが，輸出国のその値が輸出対象国の値よりも大きくなり，相対比率が1.0以上になっていることを意味する．

　したがって，本節ではすでに提示している競争力指数が国際競争力を論ずる場合にも有用な概念として適応することができるので，それの活用を行い，併せて国際貿易に際して使用される通貨の交換比率が妥当な水準で決済されるために必要な経済理論を購買力平価説によって説明する．

　本章ではわが国の野菜類と中国本土で生産され，わが国に輸出されている野菜類との国際競争力の算定に焦点を絞り，分析しようとする．

　そこで，第2章で提示した競争力指数は以下のように変形して使うことができる．

　ここで，37-40ページの式と異なる点はそれぞれの国の生産費を逆数にして分子・分母に掛け合わせていることである．下記の式を説明すれば，

$$C_{ri} = \frac{\{P_{ii} \cdot Q_{ii}\} \cdot \{C_{ai}\}}{\{P_{ai} \cdot Q_{ai}\} \cdot \{C_{ii}\}} \gtreqless 1.0$$

P_{ai}：　i 作目の kg 当たり国内平均市場価格
Q_{ai}：　i 作目の 10a 当たり国内平均生産量
C_{ai}：　i 作目の 10a 当たり市場までの集出荷コスト（輸送コスト）を加えた国内平均農家生産費

P_{ii}： i 作目の kg 当たり日本国内市場における中国産の平均市場価格
Q_{ii}： i 作目の1ムー当たり中国の平均生産量
C_{ii}： i 作目の1ムー当たり日本市場までの集出荷コスト（輸送コスト）を加えた中国の平均農家生産費
C_{ri}： i 作目の国際競争力指数

を意味している．

　上式は藤谷モデル（第2章〔4〕参照）の応用であるが，モデルに輸送コストを明示的に導入している点で頼モデルであるとも言える．もちろん市場価格と生産費および輸送コストはそれぞれの国の通貨で表現されるのであるから，各国間の通貨の交換比率が妥当な値を示さなければならないのだが，それぞれの国の通貨が分母・分子にかかってくるので，国際競争力指数そのものが無名数となっている点に留意されたい．

　しかし，上式の単位面積当たり生産量だけは直接的な比較を行うことができよう．なぜなら，中国本土においてわが国消費者が好む味覚特性を備えた品種を導入しており，主にわが国で開発された品種を生産現場に導入し，栽培しているので，気候条件・土壌条件・栽培技術条件等の差異が生産量に反映されるからである．

　さらに，われわれが提示している競争力指数はある国の生産費カバー率に対する他の国の生産費カバー率との相対比率で表現しているので，通貨の為替レートとは無関係に算定することができる．つまり，貿易当事国間の労賃格差を問題にする人が多いが，貿易当事国間の労賃水準格差を直接比較しても何ら意味を持たない．なぜなら，それぞれの国における物価水準と国民経済の発展段階によって労賃水準は異なるのであって，その格差が両国間で大きいことによって国際競争力を決定することはできないからである．すなわち，労働力が自由に両国間で移動することができないのだから，たとえ同じ労働であっても共通の価値尺度で測ることが無理なのである．また，農産物の国際貿易に関連して，各国の農業経営規模および農耕地面積の大小を問題にする研究者が多いが，各国通貨の為替レートが介在してくるために農産物

自体の為替レートではなく，国家間の総合的な経済力を為替レートで表現しているため，穀物類に関してもア・プリオリにわが国の国際競争力が劣っていると断ずることはできないのである．つまり，われわれが国際競争力を算定するために用いる競争力指数は貨幣の為替相場というベールを剥がした形で算定されるので，それぞれの国の農業生産事情がストレートに反映されることになる．しかし，為替相場というベールをかけてしまう結果，それぞれの国の農業生産事情がストレートに反映されてくるとは言い難い．なぜなら，①輸入国の国内市場で価格が決定されるのであって（需要曲線上で決定），輸出国の国内農業事情などは何ら考慮されることはない．②為替レートは政治力・経済力・軍事力の所産であって，一国経済の1部門である農業の意向が反映されるとは言えないからである．通常，わが国の場合農業分野に対して為替レートが有利に展開してきたとは言えないであろう．

それだけに，貨幣の為替尺度を消去した相対的物的指標としての生産費カバー率で比較することは優れた方法といえよう．

しかしながら，2国間で"barter trade（物々交換）"を行うのではなく，自由貿易を行う場合，どちらか一方の国の通貨でもって，もう一方の国の通貨を評価換算しなければならない事態が出現する．例えば，輸入国の市場で実現された輸出国の生産物価格，また輸送コストの計算には輸出国の通貨を評価換算しなければならないのである．つまり，国際貿易の決済を行う上で為替レートの妥当性が問われることになる．

2）購買力平価（説）

ところで，何らかの客観的な指標とはどんな経済理論に依拠しているのだろうか．それは従来から産業連関分析の分野で開発されてきた貨幣（通貨）の総合的な購買力の国際比較を意味しており，通常購買力平価説と呼ばれている．購買力平価説（Purchasing Power Parity）とは「各国の通貨が持っている対内購買力のこと．つまり，自国通貨と外国通貨との交換比率は，これらの通貨がそれぞれの国で有している購買力を反映しているものと考えられ

る．対内購買力は，その国の物価指数の逆数として捉えることができ，各国の物価水準から得られた自国と他国との通貨間の交換比率によって計測される」(『日本経済辞典』844 ページ)とされており，日中間の購買力平価に基づく研究成果は比較的数多く発表されている[2]．

それゆえ，国際間でそれぞれの国の物価指数を比較検討する場合，物価指数算定の基準となる個別調査対象品目（例えば，生鮮食品；日常雑貨；等の一括りにされたバスケットの中身）に共通な品目が多ければ多いほど，購買力平価説で計った為替レートの妥当性は大きくなる．

すなわち，中国の通貨とわが国の通貨の交換比率は購買力平価説で決定すべきものであるが，実際にはそうなっていないのである．

もちろん，伝統文化が両国間で全く相違している場合は別として，日中間では伝統文化を過去数千年の間共有してきているので，購買力平価による通貨の交換比率を計算したとしても，その妥当性は高いものと判断される．

例えば，華僑資本で設立されている会社の自己資本比率は高く，銀行からの借入資金で新規の事業を展開する場合でも，銀行からの借入資金はせいぜい 20% にすぎないと言われている．こうした経営に対する姿勢はわが国の企業にも当てはまり，中部圏（名古屋）の企業の自己資本比率は中国（華僑資本）の企業と相通ずるものがある．

また，消費者の消費購買行動を見ると，まず貯蓄をし，残った部分で消費生活を行うというパターンはわが国の消費者の消費購買行動と軌を一にしており，ヨーロッパ・アメリカの消費者の消費購買行動とは異なるものである．ヨーロッパ・アメリカの消費者は将来の期待所得に基づいて，現在の消費購買行動を行うといわれており，中国・日本における勤労市民の旺盛な貯蓄行動とはかけ離れたものとなっている．また，中国の一般勤労市民はわが国の消費者の生活を規範として，それに追いつき追い越そうとしていることはよく知られた事実であり，消費購買行動パターンが両国間で大幅に異なるということを考慮する必要はない．

それでも，それぞれの国家が形成される歴史的経緯が異なると，自ずから

社会経済体制の相違を生じざるを得ない．その結果，一般国民の消費生活にも差異が生じるし，政府による制度的支援のあり方にも相違をもたらし，日常生活にも大きな差異を生じることになる．したがって，購買力平価（説）に基づく為替交換比率を採用するとしても両国間でズレが生ずることは避けられないのであるが，その算定結果を基準として為替レートを決定すべきものであろう．

以上の論述から国際競争力を算定する場合，①通貨の換算を行わず，barter 取引で決済された如く計算する，②購買力平価説を基礎に輸出・輸入両国の通貨を換算して計算する，③現行為替レート（1元＝15円）で計算する，の3通りがあり，①および②は経済論理上の仮説であるため，本研究では③現行実勢為替レートを用いて計算する．

これに加えて，競争力（指数）を算定する場合，輸出・輸入両国間の農家の生産販売行動が同一のビヘイビアを取ることが不可欠であるが，中国の農家は単位面積当たり利潤の拡大を経営の基本戦略としているとは考えられず，わが国の農家と同様，単位面積当たり所得の拡大を経営の基本戦略としていると判断できるが，やはり不透明な部分があり，このことによって経営の目標が異なってくるからである．こうした点に十分注意しなければならない．

3. 市場開放と中国野菜の輸出攻勢[3]

(1) 中国の農業事情

農協流通研究所の調査報告書（1993年度）によれば，農業の総生産額は8000億元（約12兆円）であり，農業従事者数8億人とされており，農家戸数は2億4000万戸となっている．耕地面積は1億2414万 ha で播種面積は1億4800万 ha であり，このうち穀物栽培が1億1300万 ha，経済作物が2100万 ha となっている．したがって，平均経営耕地面積は（農家1戸当たり）約51.7aということになる．だが，頼平氏らの近年の調査によれば，現在では最大規模で2.5ha程度まで拡大している農家もあり，農家平均で70a

程度の規模になっている模様である．ただし，土地はすべて国有となっており，後継者のいない農家の耕作権を借用するという形で規模拡大を図る以外に方法はない．さらに，中国の農家はほとんど全員が兼業農家で構成されており，中国本土の耕地条件のうち，土壌条件は遼寧省を除けば，全般的に重粘質で堅く締まっており，深耕栽培が難しいという事情を抱えている．

ここで，中国大陸の野菜生産地帯を「'94年中国統計年鑑」で検討しよう．品目別に年間100万トン以上を生産する省を挙げれば，はくさい：江蘇省，キャベツ：四川省，だいこん：河南省・湖北省・四川省，しろねぎ：山東省，ばれいしょ：黒竜江省・陝西省，トマト：山東省・河南省，なす：山東省，という結果を示しているが，近年の中国における野菜生産地帯は揚子江流域南岸地帯（江蘇・湖北・湖南・浙江，等）と珠江デルタ地帯（広東省）が冬春期の，また夏秋期の生産地帯は遼寧省がその中心である．山東省が野菜生産地帯であるかの如き説明がなされているが，同地帯は溜池と地下水に頼っているために余分な労力が掛かり，経営コスト的に割高となるためである．とはいえ，山東省は青島港を抱えており，輸出野菜の拠点積出港となっているため，多品目にわたる生産がなされていることも確かである．

(2) 中国の公害処理対応状況

農協流通研究所の報告によれば，中国政府による公害規制が'90年代に入ってから大都市を中心に年々強化されるようになってきた．しかし，毎年中国の超高級ホテルにおいて食中毒事件が発生しているにもかかわらず，食品加工場からの排出は重化学工業と比較して，その影響が軽微であるとして，具体的な公害処理施設への投資が行われていない，と言われている．したがって，河川への垂れ流しのままで推移しており，中国の河川は濁流が常識であり，河川の水色が変われば人々は早く気づくのだが，河川の水色が普段と変化がないので，現状では社会的な問題に発展することになっていない．

また，ゴミ処理に関しては埋め立て地に困らないという理由から，さほど大きな問題とはなっていない，と同報告書では記述している．しかし，大気

汚染・水質汚濁は極端に進んでおり，生態系への影響が懸念されている．さらに，重化学工業・工場の排出する煤煙の脱硫装置が未整備であり，大都市部における公害問題が発生している．

(3) 中国本土の公害と農業

化学肥料の使用による耕地の疲弊は相当進展しているようであり，重粘質の土壌条件と相まって耕地の肥沃度が極端に低下してきており，それが自然環境の破壊に繋がっている．また，各種中国本土での調査結果によれば深耕の不足を指摘する人が多いが，重粘質土壌で深耕が難しいという事情を抱えており，わが国で使用している農業機械（管理機・小型トラクター等）では深耕は不可能であるとされている．耕土を深くするために役畜・人力が中心とならざるを得ず，その耕土は10~15cmであるとしている．耕土が浅く，土壌中の植物栄養素を十分に吸収できないため，化学肥料・農薬の不適正な大量使用に依存せざるを得ず，残留農薬による食中毒の発生が頻発するという悪循環が発生している．農業用水の汚染・糞尿の河川への垂れ流しも日常茶飯事であり，自然環境への悪影響が憂慮されている．事態を重く見た中国政府は1990年代から緑色食品中心（センター）の設立を計画し，1992年11月から有機肥料・無農薬栽培による食品生産を推進し始めているが，通常栽培の野菜と無農薬野菜の価格格差が有利に展開していないため，十分な成果を上げているとは言いがたい．

また，日本企業の現地駐在員が経験したところによると，1980年代に中国で実施された国民健康保険調査では，国民の中に脾臓疾患患者が多く発生していることが報告されている．この多数の疾患患者の発生は長期にわたる食生活習慣上からもたらされた油脂類の摂取過多によるものとされている．医学的妥当性は別として，中国では油種として胡麻油を使用することが一般的であり，その摂取量の多さと同時に搾油の際の夾雑物の混入または同一の油脂を何度も使う結果，油脂の質的低下を招いているものと考えられている．その結果，食生活上で油脂の摂取を控え，健康的な食生活を維持するために

日本食のブームが出現しているものと推定される．

(4) 開発輸入から通常輸入への転換

1978年に始まった改革・開放運動の当初は種子の配布から生産技術指導まで日本の担当者が行っていたが，近年は日本向けに種子を独自で調達し（日本から直接種子を輸入する場合と，郷鎮企業等がタイの農家に生産委嘱してタイ国で育成された種子を利用する場合がある），肥培管理から収穫・梱包・包装まで，独自で行い堂々と輸出するようになってきた．これと同時に，日本国内で生産するために使用する種子類を中国の農家に栽培させ逆輸入するということが始まっている．具体的には，ちんげんさい・キャベツ・にんじん等の種子を挙げることができる．

このように，わが国が食料農産物を中国に依存する局面が大きくなればなるほど，わが国内の農業生産の生産基盤を脆弱化させることに繋がってこよう．

それに伴って，野菜生産による価格変動リスクが発生しており，わが国の野菜価格の変動が中国国内の生産者に対する直接的なリスクとなって現れる局面が強くなってきた．生産者（中国）は市場価格の変動に伴って相場が下落すると，翌年の生産量を大きく減少させ，それが現地価格の高騰を招くという悪循環が現れ始めており，日本向け栽培の問題点としてクローズアップされている．

もう1つの留意点はわが国の中食産業界が中国現地で加工処理した野菜類の購買量を急拡大させていることである．この取引実態はわが国への直接輸入を禁止している品目（ピーマン等）を加工して輸入する場合と，直輸入が可能な品目（にんじん・ごぼう・さといも等）であっても，現地で加工して輸入することが経済的にペイするためである場合とが存在する．加工して輸入する場合，塩水処理して輸入する場合とチルドで輸入する場合の2ケースがあり，前者の場合は輸入後真水に浸して元に戻すが，後者の場合はそのまま利用することになり，わが国内の工場で品温が変化するために一部萎凋が

みられたり，変色が発生し廃棄処分せざるを得ない結果が生じている．いずれにしても，極端な円高・元安の為替相場のせいで，日本と中国との労賃格差を利用した経済行動が取られているためである．

4. 中国の勤労者が受け取る所得と税金

(1) 中国の勤労者の所得

中国政府は1978年の改革・開放運動以降，社会主義体制の下における市場経済化を推進している．それと同時にインフレの進行と労賃問題（『中国の経済改革』等より）が発生してきたのである．

日本国内では中国での人件費の安さが常識となっているが，実際には支払い賃金総額とほぼ同額の福利厚生費を事業者側が別途負担しなければならず，明示されているのは支払い賃金総額の約半分に相当する固定給だけが公表されているのであるから，「安い」として紹介されている人件費の4倍程度が実際の人件費となっている，と農協流通研究所の報告書では記述している．ここで，小島麗逸編著『中国の経済改革』に依拠しながら中国勤労者の受け取る労賃・福祉給付についてまとめておこう（〔15〕41-51ページ）．

同書では「中国の企業は従業員の生活の多くの部分を丸抱えし，維持する役割を負わされていることである」とし，以下のような内容を紹介している．

α 賃金総額： 基本賃金 →固定給（出来高払い制）
諸手当・賞与 →各種賞与（文革中中断，1978年に復活），諸手当・超過勤務手当，付加賃金（1967年に賞与が廃止された際にその支給分の補充として支給開始）

β 福利厚生費： 厚生関係 →労働，保護保健，医療，年金など
福祉関係 →文化・娯楽施設，図書館，運動場，余暇学校，食堂，授乳室，託児所，幼稚園，小中学校，理髪店クリーニング店など

γ 賃金総額に算入されていない諸手当：

食事手当, 住宅手当, 通勤手当 (1978年から支給開始, 人口50万人以上の都市, 2キロ以上の通勤者が対象), 電気水道手当, 石炭手当, 冬季暖房手当, 回族食事手当, 理髪手当, 入浴手当, 託児所手当, 生活困難補助, 帰郷交通費手当, 産児制限奨励手当など. この他, 個別の条件に対する手当・格差是正のための手当・医療費がある.

δ 現物給付: 現物給付は中国で非合理的な給付として政府から厳しく規制されているが, 企業は独自の福祉の一部として盛んに行っている. 内容は賞与・手当・付加賃金と各種の消費財 (食品・日用品・衣類と職員の消費生活に直接的な関係があるもの) であり, 賃金総額の20%に相当する.

ε 定年退職後: 勤続年数により, 退職時の賃金の60〜90%に相当する額が企業から生涯支給される. また, 疾病や公傷で中途退職した者には相応の手当が支給される. 退職者は生涯もとの職場による無料の医療サービスを受けることができ, 住宅も企業から立ち退きを要求されることはない.

しかし, 近年住宅は個人所有を認めており, 住宅を購入することができる.

上記内容は『中国の経済改革』からの引用とは部分的に若干異なっている (γからεまでの項目) が, 社会主義市場経済を標榜する中国ではαからεまで手厚い福祉政策を実現しようとしているのである. はたしてこうした施策を実現するための財政的基盤が形成されているのであろうか, こうした観点から後節 (第3節) で検討することにしよう. また, 上記の内容を沈金虎氏らに検討してもらった結果, 現時点 (2002年7月) においても実践されている施策であると証言されている.

(2) 近年の中国本土における経済事情

ごく最近の中国の経済事情について頼平氏の調査報告論文を引用しながら,

説明しておこう．

「都市サラリーマン家計の月収は標準世帯（但し4人家族）で30万円であり，食料・衣料・住居建物は日本の1/10の価格水準となっている．大都市近傍の標準農村家計（但し4人家族で）は月収13万円の水準となっている．現在の中国社会におけるあこがれのライフスタイルとステイタスシンボルを表す手段はマイカーを保持することであり，車は国産車で80万円，輸入車は200万円水準で購入できる．現在の中国社会は日本の勤労者が獲得した年収300万円の生活水準に相当しており，わが国の昭和40年代前半の経済状態にある．

農業経営はほとんど全て兼業農家でその経営面積は平均で70a程度となっており，水田の区画は1ムー（6.667アール）で，手労働に見合った区画となっている．耕起・田植え・刈り取り・収穫は全て手労働で実施する．米の生産者価格は15円/籾1キロであり，消費者価格は30円/1キロ精白米が標準であるが，黒竜江省で作った日本品種の米は45円/1キロと高くなる」とされており，1985年以前は国民食糧が統制経済の下（配給制）で管理されていたのであるが，現在では国民食糧がすべて自由経済状態の下で，市場価格が形成されているのである．

「労賃は20元（1元＝15円；300円/日；農村賃金）であるが，安い労働力（内陸部の相対的過剰労働力）を駆使して世界の製造工場に発展してゆきますと，工業製品の輸出額が急増し中国通貨の交換比率が急騰します．1元＝30円，労賃も60元/日となるでしょう．こうなると中国の農産物の国際競争力は現在の1/6に落ちます．その時は日本農業が中国農業に対抗できるようになります．（中略）しかし，急激な工業化による公害の発生は深刻であり，脱硫装置を設置しない煙突から排出される煤煙が耕土を酸性化し，内陸部の土壌の酸性化による生産力低下・汚染された農業用水の使用に伴う病害虫の発生は更に強い農薬の使用となって現れ，残留農薬による食中毒の発生を頻発化させるでしょう．さらに，異常気象の頻発によって，黄河の断流にみられる如く，今後農業生産は不安定な変動を繰り返すものと判断され

ます」という報告を行っている．

つまり，日本在住の中国通（日系企業で18年間北京・上海に駐在）によれば頼平氏同様，中国はここ当分毎年5％水準以上の経済成長を遂げなければ過剰人口の雇用先の確保ができず，内陸部と沿岸部との所得格差，農・非農家間の所得格差は益々拡大し，中国国内における社会不安（暴乱）が頻発することを指摘している．

(3) 中国の勤労者が支払う税金

中国社会は伝統的に権力の二重構造が形成されてきており，中央政府は共産党中央部が，地方政府（県・郷）は郷紳が統治を行い，中央政府の指示に従わず，地方の歳入不足を直接農民から収奪するというシステムが定着しており，現在もその慣習が継続している．本節では沈金虎（京都大学講師）氏の所説を引用〔17〕しながら現在中国の農村・農業・農家の租税負担の実態について説明しておこう．

中国の農家の間では政府から課せられる税金のことを「頭税軽，二税重，三費是個無底洞（一つ目の税金は軽く，二つ目の税金は重い，三番目の費は底が計れない）」と言っている．そこで沈金虎氏の所説を引用すれば，

「「農民負担」とは，国家，地方政府，その他権力機構が法律・法規或いは公的な権威・権力をもって，強制かつ無償で農民に課した金銭・物品・労務負担の総和を指す．現段階の中国において，農民負担は主に以下のような形態がある．

1) 税金負担：これは国に納めるもので，具体的には農（牧）業税，農林特産税，屠殺税などの税種がある．もちろん中国農村では，外の税種もあるが，直接農家を対象とし，かつ農家のみに課税しているのは，この3種類だけである．

2) 集団上納負担：これは人民公社の時代に集団組織が負担し，1984年人民公社解散後に農家個人が肩代わりした郷村範囲内の公共事業費用の負担である．人民公社解散してから1991年までの間は特に法的な根拠もなく，た

だ人民公社時代のやり方を踏襲して慣習的に徴収，運用していたが，不正と混乱が多かったため，1991年に国務院が「農民の費用・労務負担管理条例」（以下，負担条例と略す）を制定し，農民の負担義務とともに，その資金と労務の徴収，管理，使用の原則などを制定した．同条例によると，以下の3つが農民負担すべき義務とされた．

①「村提留」：これは，村に上納し，村内に使用するもので，「公共積立金」，「公益基金」と「管理費」の3つの細目に分かれる．「公共積立金」は農地整備と水利建設，植樹造林，生産用固定資産購入，集団企業創設などの生産目的用，「公益基金」は貧困家庭への援助，農村合作医療，その他福祉事業用，また「管理費」は村・組幹部への手当と事務管理費支出用とされている．

②「郷統籌」：これは，郷（鎮）政府に上納し，郷（鎮）と所属村の「民弁公助事業」に使うものである．「民弁公助事業」とは，民間が主体となって弁理し，国家が助成する公共事業のことである．「郷統籌」基金から支出する「民弁公助事業」は，主に郷（鎮）範囲内の中小学教育，計画出産，軍人家族・烈士遺族の優扶，民兵訓練，道路建設，の5つである．

以上，二つの項目で農民に課せられる負担総額は郷（鎮）単位で前年度農民純収入の5%を限度とし，それを超えてはならないこと（両者の内部比率は特に規定はない），両基金は専用基金であり，管理・運用が任されている郷（鎮）政府，村民委員会はその用途を勝手に変更できないこと，なども合わせて規定されている．

③「労務負担」：これには「義務工」と「労務蓄積工」の2種類がある．前者は主に植林，防災，道路維持管理，学校校舎修繕に投じ，後者は主として農地基盤整備と植林に用いる．農村労働力1人当たりの労務負担は「義務工」として年間5〜10日，「労務蓄積工」として同10〜20日を限度とし，自然災害の救済など特別な事情がない限り，その限度を超えてはならないと定められている．

3）その他強制負担：国の法律・法規或いは中央政府の条例によれば，農

民が負担義務を有するのは上記の税金と集団上納しかないが,実際には,外にも中央官庁を含めて各レベルの政府と政府部門が農民に対して様々な法外徴収を行ってきた.これらは俗に「3乱徴収」(「乱収費」,「乱集資」,「乱罰金」)と呼ばれ,中央政府はこれらを違法行為として禁止し,厳しく取り締まってきたが,なかなか消滅しないのが実状である」
と主張し,その他強制負担が発生するメカニズムについて詳しく論証している.しかし,上記の内容は中央政府の責任において取り締まり,税金の法外徴収を解消しなければならない課題である.

だが,中央政府にも財政的余裕がなく,地方の末端政府に対する財政的補助ができないとすれば,一片の通達や禁止令でお茶を濁すしかないであろう.この点に関して沈金虎氏は次のように述べているので紹介しておこう.

「いまの中国において末端の県(市),郷(鎮)レベル政府は一般行政のほか,教育,医療,就業,社会救済など基本的な公共サービス提供の重責を負っている.その責務の重大さに比べて,両レベル政府の税収は一般的に不足しているのは問題の一つだが,さらにこれらの行政責務,従って行政責務を果たすのに必要な財政支出は地域間に平準化しているのに対して,財政収入を左右する商工業の発展,経済発展の速度は地域間に大きな格差がある.商工業が発達し,経済発展の速い大中都市と東部沿海農村地域では,県(市),郷(鎮)レベルの財政収支が比較的に均衡しているが,内陸農村にいくと,県(市),郷(鎮)レベルでは制度内の税費収入は著しく不足し,人々はよくその財政を「吃飯財政」と呼んでいる.つまり,制度内の財政収入は公職人員の食費(=基本給与)しか提供できない財政のことである.多くの政府部門職員のボーナス支給,その他行政経費につき,制度内の予算保証がないから,「3乱徴収」など制度外の付加徴収が頻繁に行われ,それでもなお前記のような中小学校教員の給与滞給問題を解消できない状況にあるのである.」

上記内容は中国政府が公表している野菜類の生産費調査結果を検討する上で重要な説明がなされているので,引用したわけであるが,それと同時に,現代の中国社会における経済生活の一端を如実に示しているのである.つま

り，中国における税金負担問題と賃金・福祉問題が上記引用を通じて明確になった．すなわち，本節の冒頭で中国社会における労賃水準は公表されている賃金の約4倍であると紹介しているが，末端政府の歳入不足を補うために，郷鎮企業・合弁企業が様々な形で支援・給付しなければならず，その結果労賃水準が公表されている労賃の4倍程度にならざるを得なくなるのである．

5. 国際競争力（指数）の算定

(1) 中国政府が公表している野菜生産費の費目構成

　表5-1は中国政府発行の国家発展計画委員会が編集した「全国農産物経費収益資料編」から，野菜類の生産費を取り上げ，翻訳したものである．わが国の生産費調査結果と中国生産費調査結果を比較すると，両国の社会経済体制の違いによって，いくつかの点で異なった経費が計上されていることが判明する．経費の細目についての説明に入る前に調査概要について説明しておこう．同調査は全体で11部門に区分されており，農畜産物から水産物および林産物まで農林水産物の全部門（漢方薬を含む）を対象としている．

　そのうち，野菜類は第8部門において提示されている．また，調査対象となった品目毎の調査戸数とその面積，および主要作付地帯別（主として省単位）区分がなされており，極めて重要な統計資料である．

　さて，わが国の生産費調査との違いを検討すると，その第1は，前節において引用した沈金虎氏が指摘している通り，野菜生産に国税が賦課されていることである．もちろん，わが国の場合も租税公課負担が経営費の中に含まれ，農用地に対する固定資産税・農用建物に対する固定資産税・大型機械（トラック等）保有税・農業関係団体組合費等を経営費の中に含んでいるが，これらの費目はすべて地方税であり，国税としての徴収はしていない．

　第2には期間経費という項目が計上されていることである．期間経費の内容は①土地承包費（借地料），②管理費，③販売経費，④財務費の4種類から構成されている．①の土地承包費は農耕地が中国政府の所有，または集団

表5-1 中国における1ムー

		単価	収量	粗収益	物的費用					期間費用	
					小計	直接物財費		間接物財費		計	借地料
						計	種苗費等	計	減価償却費		
		元	kg	元	元					元	元
トマト	露地	0.86	3,259.85	2,789.12	608.25	575.94	57.42	32.30	18.58	126.53	17.21
		0.77	3,998.80	3,073.61	681.92	641.13	58.75	40.79	26.83	106.82	17.20
	ハウス	1.02	4,314.58	4,399.09	1,452.99	1,279.83	70.11	173.16	147.74	162.87	44.93
		1.18	4,544.91	5,359.08	1,485.90	1,256.39	97.38	229.51	191.98	152.21	37.99
キュウリ	露地	0.68	2,759.02	1,868.22	527.98	499.34	41.85	28.64	14.89	94.91	18.44
		0.70	3,216.24	2,245.19	619.03	588.87	61.95	30.16	19.23	87.95	14.71
	ハウス	1.04	4,779.74	4,992.89	1,546.75	1,416.91	57.39	129.84	98.85	153.08	19.34
		1.19	4,771.46	5,687.69	1,715.49	1,520.70	91.63	194.79	170.36	145.73	29.82
なす		0.93	2,632.93	2,447.68	605.59	565.31	58.67	40.29	20.61	131.67	22.88
		0.90	3,185.75	2,872.73	614.61	572.68	68.85	41.93	24.12	103.33	14.22
ピーマン		1.31	1,949.63	2,561.93	604.39	566.56	95.60	37.81	19.30	97.22	13.36
		1.30	2,178.00	2,822.06	634.74	594.00	78.86	40.74	26.95	106.27	13.22
鞘えんどう		1.13	1,499.92	1,699.33	448.42	419.12	71.95	29.31	17.89	80.09	11.49
		1.23	1,533.22	1,893.29	508.93	467.91	76.24	41.02	29.92	96.82	12.35
結球はくさい		0.57	2,777.94	1,578.06	384.78	359.40	44.32	25.36	13.40	106.42	22.48
		0.65	2,578.92	1,686.80	391.75	345.41	43.79	46.34	30.77	84.19	18.87
セロリー		0.80	3,398.12	2,727.33	469.53	429.37	46.17	40.17	18.39	134.52	19.90
		0.86	3,587.55	3,075.87	618.78	562.89	64.23	55.89	40.94	121.96	19.54
茎葉レタス		0.80	2,295.30	1,835.53	444.82	419.93	32.38	24.88	15.64	99.84	19.49
		0.79	2,218.03	1,752.67	396.91	366.22	27.31	30.69	19.51	85.01	12.28
にんにくの芽		1.61	1,804.96	2,912.47	677.83	647.88	211.80	29.95	17.67	100.94	14.07
		1.58	1,655.88	2,620.74	717.73	684.63	272.08	33.10	21.97	105.27	8.28
はくさい		0.39	3,756.03	1,481.74	306.19	285.67	25.71	20.52	10.96	74.78	13.58
		0.42	3,889.11	1,640.31	338.61	315.58	25.22	23.03	13.65	89.07	12.86
ほうれんそう		1.03	1,433.62	1,475.28	258.32	239.35	45.46	18.96	7.41	62.21	11.73
		0.92	1,514.29	1,388.98	245.99	223.36	51.71	22.63	11.36	66.07	13.73
カリフラワー		1.17	1,590.43	1,857.46	407.33	387.74	60.26	19.60	10.28	77.69	22.29
		1.33	1,644.15	2,184.95	434.18	408.23	56.02	25.95	14.66	93.34	19.38
なのはな		0.72	1,937.90	1,396.63	250.20	228.24	22.86	21.96	11.11	76.72	14.02
		0.87	1,930.76	1,672.68	205.74	178.88	22.52	26.86	15.19	90.87	13.88
バレイショ		0.67	1,251.01	839.42	286.53	278.00	118.38	8.53	3.03	46.49	13.74
		0.67	1,318.97	878.27	299.07	287.04	124.37	12.03	6.60	29.94	2.33
だいこん		0.49	2,469.43	1,206.17	252.18	227.79	34.21	24.41	12.79	80.84	12.69
		0.55	2,655.49	1,471.79	264.59	237.99	39.55	26.60	16.13	77.11	13.19

註：1) 資料は中国政府発刊「国家発展計画委員会（編集）」による「全国農産物経費収益資料編」に基づく．な
2) 上段は1998年データ，下段は1999年データである．
3) 北京，上海，重慶など大都市・中都市平均のデータである．

所有であるため，借地料を支払って耕作することになっている．②の管理費は耕地借地場所・面積・耕作者氏名等の土地台帳の管理，共同販売を行った場合の共通経費（鉛筆・ノート等）やリーダーへの手当が含まれる．③の販売経費は販売に関わる一切の経費を含んでおり，搬送に関わる資材経費や拠

第5章　農産物貿易と農業の国際競争力（その2）

あたり野菜類の生産費

管理費	販売費	財務費	税金	投下労働日数とその経費		生産費合計	その他生産以外の支出計	村提留費	郷統等費	両工支出	その他
元	元	元	元	元	日	元	元	元	元	元	元
17.56	91.76	—	18.06	609.70	63.51	1,362.54	32.27	8.98	15.07	7.55	0.67
3.34	86.28	—	16.80	622.06	65.48	1,427.60	26.83	9.41	9.43	7.82	0.17
24.02	93.92	—	35.76	867.65	90.38	2,519.27	41.85	15.32	11.29	7.87	7.37
12.02	99.74	2.46	28.76	875.99	92.21	2,542.86	37.21	15.84	10.38	6.19	4.80
14.46	61.98	0.03	21.22	526.08	54.80	1,170.19	25.87	11.71	7.51	2.13	4.52
6.16	67.07	0.01	17.06	560.98	59.05	1,285.02	22.90	9.48	8.02	4.88	0.52
33.95	99.79	—	26.99	863.71	89.97	2,590.53	36.56	12.74	10.81	10.42	2.59
8.27	105.85	1.79	28.12	884.93	93.15	2,774.27	39.16	16.25	11.41	6.82	4.68
16.85	91.94	—	23.20	537.89	56.03	1,298.35	27.21	9.30	7.80	5.28	4.83
8.49	80.62	—	20.46	600.78	63.24	1,339.18	27.62	12.61	7.90	3.13	3.98
10.30	73.56	—	20.74	559.10	58.24	1,281.45	29.42	9.16	10.10	6.30	3.86
8.65	83.63	0.77	20.07	545.49	57.42	1,306.57	27.24	9.66	7.08	6.95	3.55
14.91	53.69	—	22.05	437.47	45.57	988.03	18.87	8.00	7.17	3.29	0.41
6.40	78.07	—	19.74	461.13	48.54	1,086.62	23.17	8.11	7.12	7.29	0.65
7.60	68.49	7.85	24.50	352.22	36.69	867.92	32.84	11.93	9.35	3.92	7.64
6.22	58.65	0.45	20.10	321.57	33.85	817.61	34.40	13.39	11.56	5.35	4.10
19.87	94.75	—	25.32	505.34	52.64	1,134.71	42.47	15.97	12.13	8.29	6.08
4.46	97.96	—	23.76	556.03	58.53	1,320.53	33.87	14.52	11.83	2.44	5.08
8.66	71.69	—	20.55	436.51	45.47	1,001.72	35.87	14.88	11.41	7.35	2.23
3.79	68.94	—	15.85	390.55	41.11	888.32	25.53	8.65	10.93	5.63	0.32
1.00	85.87	—	31.88	467.42	48.69	1,278.07	14.39	4.28	5.63	2.10	2.38
1.00	95.99	—	21.52	483.26	50.87	1,327.78	35.33	10.29	18.48	5.20	1.36
13.34	47.71	0.15	19.31	335.33	34.93	735.61	25.73	8.27	9.62	3.01	4.83
11.21	64.58	0.42	20.53	285.76	30.08	733.97	28.36	11.56	8.89	4.45	3.46
7.77	42.71	—	21.84	359.42	37.44	701.79	23.37	10.18	6.12	3.05	4.02
7.89	44.45	—	17.39	352.26	37.08	681.71	20.49	8.04	7.08	1.55	3.82
4.52	50.88	—	22.52	364.90	38.01	872.44	34.41	15.07	10.49	4.55	4.30
6.68	67.28	—	21.48	349.88	36.83	898.88	30.36	11.74	9.22	4.84	4.56
8.95	53.75	—	25.46	386.21	40.23	738.59	35.61	9.00	9.00	3.35	11.23
8.25	68.74	—	20.05	355.78	37.45	672.44	38.48	15.39	12.75	4.78	5.56
3.27	29.48	—	7.67	171.55	17.87	512.24	20.01	6.94	9.40	3.66	0.01
1.80	25.81	—	12.41	180.50	19.00	521.92	20.15	7.62	8.70	3.74	0.09
10.51	56.07	1.57	18.14	317.18	33.04	668.34	29.91	10.37	8.99	3.94	6.61
6.83	56.22	0.87	18.45	287.19	30.23	647.34	28.46	12.32	8.49	3.69	3.96

※本資料は沈金虎氏の提供による．

点集積場所までの搬送経費が含まれる．④の財務費は生産・販売に関わる経費計算のための手数料や生産・販売で借用した資金の利息から構成されている．したがって，中国政府の生産費概念は播種から栽培管理し，それを収穫し販売するまでの全行程を生産費としていることがわかる．

第3に表5-1で物財費としている項目は，わが国でいうところの流動物財費と固定物財費の両費目の合計から構成されており，前者を直接生産費，後者を間接生産費と表現している．前者の費目を詳しく見ると，種苗費・農家自給肥料費・化学肥料費・農業用フィルム費・役畜費・機械作業費・排水灌漑費・燃料動力費・その他直接費から構成されている．

後者の費目構成は固定資産減価償却費・小型農具購入修理費・その他間接費用である．

上記生産費以外に「村提留費」・「郷統等費」・「両工支出」と呼ばれるものが郷（鎮）政府に納入しなければならない経費（税金）として計上されている．したがって，わが国の野菜生産費と直接比較する場合は，中国政府が調査している統計資料から国税部分を控除し，地方税部分「村提留」費を計上し，さらにわが国野菜生産費に出荷経費を計上すればよいことになる．

さて，表5-1にまとめている生産費データのうち単位面積当たり生産実態の概略を検討しておこう．

同表は1ムー（6.667a）当たり生産量を基礎として集計されたものであるが，果菜類の単位面積当たり収穫量はおしなべて低く，露地トマトは2カ年平均で3,629.3kg，ハウストマトは4,429.8kg，露地きゅうりは2,987.6kg，ハウスきゅうりは4,775.6kg，なす2,909.3kg，ピーマン2,063.8kgとなり，わが国の生産費調査と比較して（わが国の場合は10aを基礎としているが）その収穫量が極端に低くなっていることがわかる．他方，茎葉菜類の生産量はわが国の10a当たり生産量と遜色のない生産量を示しており，10aの2/3の面積ではたして同表のような生産量が確保できるのであろうかという疑問が出現する．

また，生産に関わる税金は作目毎に課税額が異なるが，国税と地方税（村提留費等の合計）との課税金額を比較すると，全般的に地方税の方が国税よりも高くなっていることがわかる．しかし，粗収益から生産費を控除した農家手取純収益で課税額を割った値をみると，国税・地方税を合わせて最大で4.1％（なのはな），最小で（ハウスきゅうり）1.23％という結果を示してい

第5章　農産物貿易と農業の国際競争力（その2）

る．課税率については沈金虎氏の所説で明らかとなっているが，課税額が妥当なものであるかどうかは判断できない．

　しかし，果菜類に対する課税率と茎葉菜類に対する課税率を比較すると，茎葉菜類に対する課税率が高くなっている．他方，粗収益でみた場合，粗収益の高い作目ほど課税率は低く設定されているという傾向を示しており，個別農家から徴収する税額が一定とされているのではないかと推測される．

　さらに，農地の借地料であるが，わが国のように土地の私有制が認められていないので，土地に関する市場（売買）が形成されていない．したがって，地代が土地の収益力による格差によって変化するということはなく，全国一律に決定されているはずだが，作目毎に課税額が変化しており，詳しい検討は今後の課題としておきたい．

　また，農家1日当たり労賃であるが，1998年時点で9.6元，99年時点で9.5元とされており，作目毎に変化することはない．この事実はわれわれがすでに提示している頼平氏の現地調査結果と大幅に異なる結果を示しており，しかも日系企業現地駐在員は中国政府が公表しているデータの方がより実態を反映しているという．したがって，われわれが中国を対象とした調査を実施する場合，掛かった経費は多めに，資本導入をしたい場合は少なめに（安く）公表するという性格を持っていることに注意しておかねばならない．

　最後に，植物防疫上の観点から中国本土から日本への直接フレッシュ輸入が禁止されている品目について検討すれば，ウリミバエが産卵対象とする瓜類の野菜（すいか・きゅうり・かぼちゃ・まくわうり）とトマト・ピーマン・ししとうがらし・なす・いんげん・ささげ・きまめが含まれ，これにアリモドキゾウムシの寄生宿主としてのかんしょが禁止されている．

　したがって，中国政府が調査した野菜類の生産費のうち，果菜類は分析対象から除外せざるを得ず，分析対象は茎葉菜類10品目（はくさいと結球はくさいは同一とした）に限定されることになる．

(2) 中国本土から日本までの輸送コスト計算

さて，中国における物流体系と品質保持の問題について様々な報告がなされているが，中国国内の野菜類の物流体系を説明すれば，現在の中国本土における青果物の物流とその飛躍的な品質改善が図られてきた最大の要因は保冷剤のダンボール箱への詰め込みによる低温輸送とその展開にあると言えよう．

野菜類の輸送といえば，わが国内ではリーファコンテナ輸送が常識となっているが，中国本土ではドライコンテナとリーファコンテナが弾力的に利活用されている．国土がわが国の25.4倍もあって地形条件・地勢条件が大きく異なり，たとえ真夏であっても夜温は極端に冷え込む地帯も存在するので，保冷剤を夜温に晒しておけば堅く氷結する．それを商品を詰め込んだダンボール箱の上部に封入するのである．こうして昼間にトラック輸送すれば，ドライコンテナをうまく利用することができる．

第2には，牽引トレーラー型のトラックとコンテナバンを物流拠点に横付けして利用することで，物流拠点から港湾まで一貫して輸送し，港湾におけるコンテナバンからの荷の積込み・積下ろし作業が省略されるので輸送上の無駄が省かれてきたことを指摘しておきたい．

第3には，日本の場合，物流拠点（多くの場合農協選果場）から工場へ搬入する場合，工場の品温管理が低温輸送とは切り離されて行われている．それゆえ，品温の工場段階での上昇を招くことになる．しかし，中国では工場内の作業を冷房・冷凍室で防寒服を着た中国女性に実施させており，工場での品温上昇は生じない．したがって，日本よりもかえって中国の方が品温管理は徹底されているのである．

こうした物流の一貫体制を形成するために中国政府が拠点集積所（港湾・空港を含む）を精力的に整備していることを見逃すことはできない．

さて，中国本土から東京港までの輸送コスト調査を以下のような要領で行った．①中国国内の農家から拠点集積所までの搬送作業に伴う経費，②拠点集積所から拠点積出港（青島）までの諸経費，③拠点積出港から東京港まで

の諸経費，の3点に大きく区分して調査している．③の調査については第4章において明確にしているが，調査期日が異なるので再度調査を実施した．

しかし，現在の中国では，わが国の農協組織に相当する機関が存在しないので，農協の集荷所で通常行われる選果・選別・洗浄・包装・梱包といった作業は拠点積出港に隣接する食品工場で行われる．それゆえ，内陸部の拠点集積所ではブローカーが農家の持ち込んだ商品を買い取り，CCIC（商品権限公司＝China Commercial Investment Corporation）の職員を招いて輸出承諾（申請書類の作成）を得ることになる．輸出申請書類の作成と商品検査の手数料は200元/件で，数量的には20フィートコンテナに詰め込まれる数量を1検査単位としている．

②の拠点集積所から拠点積出港[4]（青島）までの諸経費は，トラック便か，鉄道便か，それとも航空便かによって輸送料金は異なることになる．しかも，たとえトラック便で搬送するとしても車台の大きさ（2トン車，5トン車，10トン車）によって搬送料金は異なり，さらにその搬送距離によって料金は異なる．

わが国では中国の野菜産地は山東省であるといわれているが，フレッシュ野菜の輸出に関しては当てはまらない．確かに，山東省にはわが国からの冷凍・冷蔵加工食品企業の進出が顕著であり，ニチレイ・加ト吉および水産会社等，惣菜加工食品を製造する企業の現地法人は多数存在する．しかし，山東省は大河に恵まれず灌水・排水条件が悪いので，むしろ江蘇省・浙江省等の揚子江南岸地帯に位置する水量豊富な灌水・排水の便の良いところで生産されている．トラック便による搬送は距離が近い所（250km以内）からは2トン車で，500km以内の所からは5トン車で，1,000km以内では10トン車でというおおよその区分がなされており，1,000km以遠になると鉄道貨車輸送に，さらに遠方（3,500km：例えば新疆ウイグル自治区＝松茸）からは航空便輸送となっている．

山東省の煙台市から青島港まではせいぜい60kmの距離であるが，江蘇省・浙江省等から青島港への輸送となると350km以上は離れており，5ト

表5-2　中国国内の輸出野菜に関連した諸経費

	1ムー当たり農家から拠点集積所までの経費と生産量		輸出申請書類の作成と商品検査	拠点集積所から青島港までの輸送経費	選果・選別洗浄・包装梱包料金	通関経費と港湾における諸経費	青島港から東京港までの船積み運賃
	生産量(kg)	集出荷経費(元)					
露地トマト	3,629.3	89.02	1件当たり200元	2トン車の場合	山東省 800元/トン カリフラワー 1,200元/トン	ドライコンテナの場合 20FT 60元	ただし、20フィートコンテナの場合 1,100ドル
ハウストマト	4,429.7	96.83					
露地きゅうり	2,987.6	64.53					
ハウスきゅうり	4,775.6	102.82					
なす	2,909.3	86.28		420元			
ピーマン	2,063.8	78.60					
鞘えんどう	1,516.6	65.88		5トン車の場合		40FT 80元	
結球白菜	2,678.4	63.57					
セロリー	3,492.8	96.36					
茎葉レタス	2,256.7	70.32			浙江省 1,000元/トン カリフラワー 1,500元/トン	リーファコンテナの場合 20FT 78元	ただし、40フィートコンテナの場合 1,350ドル
にんにくの芽	1,730.4	90.93					
ハクサイ	3,822.6	56.15		1,050元			
ほうれんそう	1,474.0	43.58					
カリフラワー	1,617.3	59.08		10トン車の場合			
なのはな	1,934.3	61.25					
ばれいしょ	1,285.0	27.65				40FT 104元	
だいこん	2,562.5	56.15		2,100元			

註：
1) 1ムー当たり出荷経費で単位は元，1元＝15円で換算．
2) 生産量および出荷経費はともに2カ年の平均値を用いている．
3) 輸出野菜の申請書類の作成と商品検査手数料が含まれる．
4) 1件当たりの単位重量は20フィートコンテナへの積み込み量である．
5) 通常日本国内の物流業者は，輸送コスト＝0.6×(距離)×(搬送車の大きさ) で計算している．
6) 山東省の800元の内訳は包装資材費300元，人件費＋水＋電気代＋工場管理費＝500元．
7) 浙江省の1,000元の内訳は包装資材費500元，人件費＋水＋電気代＋工場管理費＝500元．
8) 上記経費のうちカリフラワー以外の野菜類の経費は両省ともほぼ同一である．
9) 山東省のカリフラワー1,200元の内訳は包装資材費＋アイス代700元，人件費＋水＋電気代＋工場管理費＝500元．
10) 浙江省のカリフラワー1,500元の内訳は包装資材費＋アイス代1,000元，人件費＋水＋電気代＋工場管理費＝500元．
11) 本表の作成に臨み，㈱山九・日本流通産業㈱の両社から情報の提供を頂いた．

ン車で青島港へ搬送するものとした．この場合，わが国の輸送部門を担当する陸送企業の中国大陸への進出は日通・日新・山九等である．わが国の陸送企業の大陸での輸送コストは (0.6元)×(輸送距離)×(車台の大きさ) で計算しており，0.6×350×5＝1,050元となる．

ただし，山東省の場合は海外からの企業進出が激しく，競争が熾烈なため，各企業とも0.2元/kmで計算している．表5-2は各段階における諸経費を

調査した結果を提示している[5]．

陸送されてきた商品が郷鎮企業または合弁企業の選荷場（工場）に搬入され，選果・選別・洗浄・包装・梱包された後，コンテナに積み込まれ，東京港まで輸送されるのであるが，浙江省ではカリフラワーを除けば，品目間に差異はなく，包装資材費が1トン当たりで500元，人件費・水・電気代・工場管理費を含めて1トン当たり500元である．

カリフラワーは梱包と同時に氷をダンボール箱に封入してコンテナに積み込むので，製氷代金が余分に掛かり，浙江省からの搬送にはトン当たり1,500元の料金となる．

全般的に言って，中国企業は自社の経営に関係する経費・収益について公表したがらないため，この種のデータは入手困難なのであるが，顧客（日系商社）からの依頼によったため協力してくれた．

そこで，同資料を日系陸送部門の企業関係者にその信頼性を判断してもらった結果，それぞれの輸出野菜の品目によって経費は若干異なり，しかも経費が高めに設定されているとのことであるが，貴重な情報であることと他に代替し得るデータは存在しないので輸送コスト計算には本資料を活用することにした．

次いで，工場から青島港までの搬送費・青島港での通関手数料・コンテナヤード使用料を含めてトータルで78元（20フィートコンテナ），40フィートコンテナでは104元の経費が掛かる．フレッシュ輸入の場合リーファコンテナに限られるからである．

最後に船積み運賃であるが，青島から東京晴海埠頭までの運賃は20フィートコンテナの場合で1,100ドル，40フィートコンテナは1,350ドルの料金が掛かる．船積み運賃には出発港および着荷港でのクレーンによる船積み・船下ろし料金が含まれている．

コンテナへの積み込み量は容積によって決定されるが，その実態を調査し，積み込み重量をまとめたものが表5-3である．コンテナへの積み込み量は単位面積（1ムー）当たり輸送コストに影響するだけでなく，着荷港における

表5-3 ダンボール箱の容積とコンテナへの積み込み重量

(単位：kg)

	段ボール箱の大きさ(cm, cm³)					40フィートコンテナ詰込みCT数		20フィートコンテナ詰込みCT数	
	縦	横	高さ	容積	kg詰め	ケース数	輸送重量	ケース数	輸送重量
鞘えんどう	29.0	45.0	11.5	14,355.0	4.0kg	4,200	12,600	1,840	5,520
	30.5	46.0	11.0	15,433.0	4.5kg	3,800	17,100	1,670	7,515
結球はくさい	40.0	60.0	30.0	72,000.0	20.0kg	700	14,000	320	6,400
セロリー	41.0	45.0	23.0	42,435.0	14.0kg	1,400	19,600	610	8,540
	38.0	51.0	31.0	60,078.0	27.0kg	860	23,220	370	9,990
茎葉レタス	31.5	48.0	27.0	40,824.0	10.0kg	1,240	9,920	570	4,560
にんにくの芽	37.0	48.0	27.0	47,952.0	5.0kg	1,700	20,400	900	10,800
(国内)	22.0	33.0	12.0	8,712.0	3.0kg	5,770	17,310	2,540	7,620
はくさい	32.0	50.0	32.0	51,200.0	15.0kg	1,050	15,500	550	8,240
(国内)	31.0	47.0	34.0	49,538.0	15.0kg	1,200	18,000	—	—
ほうれんそう	28.0	49.0	33.0	45,276.0	6.0kg	2,200	13,200	1,008	6,048
	28.5	50.0	34.0	48,450.0	6.0kg	1,250	7,500	550	3,300
カリフラワー	37.0	53.0	22.5	44,122.5	14.0kg	1,260	17,648	550	7,700
	*	*	*	*	8.0kg	*	19,840	*	9,100
なのはな(国内)	30.0	36.0	20.0	21,600.0	4.0kg	2,458	9,830	1,126	4,504
ばれいしょ	37.0	37.0	19.0	18,981.0	10.0kg	1,750	17,500	800	8,000
(国内)	28.0	36.0	20.0	20,160.0	10.0kg	1,645	16,450	753	7,530
だいこん	30.0	42.0	17.0	21,420.0	20.0kg	1,250	25,000	575	11,500
(国内)	32.0	60.0	15.0	28,800.0	10.0kg	1,250	12,500	575	5,750

註：1) 40フィートコンテナのネットウエイトは26トンを越えてはならならない（車輛重量を含む）．野菜の場合通常15～18トン未満で輸送されている．ただし，コンテナに満載された場合のケース数を示している．
2) 門司植物防疫所輸入検疫部門から提供された資料に物流企業の現場から提供された資料を加味して作成した．
3) 本表作成に臨み日本流通産業株式会社およびマースク株式会社の協力を得た．国内ものについては北九州青果㈱の協力を得た．
4) ダンボールケースの大きさは品目名の下段に記述のない場合は中国のダンボールである．
5) ＊印は不詳，－はなしを示している．

燻蒸検査料金に影響するので，コンテナへの積み込み実態を明示することにした．また，燻蒸処理に使用する薬剤はメチルブロマイドと青酸ガスの2種類があり，どちらの薬剤を使用するかによっても料金に差異が生じる．

40フィートコンテナに積み込む重量はわが国の道路交通法規によって，

ネット重量で26トンを越えてはならないことになっており，実際の積み込み重量は15〜18トンで輸送されてくると，マースクジャパンの責任者は言っている[6].

海運運賃は表5-2に提示した通りであるが，東京港での税関における手数料と諸経費は以下の如くである．

すなわち，野菜類の輸入に関して①税関検査料11,800円，②乙仲手数料10,000円，③植物防疫協会手数料6,480円，④燻蒸検査料（われわれの実態調査によれば，検体出現率によって変化するが，通常40フィートコンテナ100本当たり30本の燻蒸処理を行っている[7]）63,750円，⑤食品届5,000円の各手数料が掛かる．

港湾荷役に伴う経費を支払った後に，これら手数料と関税（わが国の税制ではCIF価格に対して課税される）および消費税を支払うことになる．詳しくは表5-4の欄外記入事項を参照されたい．

以上，前章で提示した調査結果とほとんどど変化していないが，船積み・輸送運賃が5年前とは格段に安くなっており，青島港からの船便輸送と台北からの船便輸送が同一料金にまで低下している．また同表は野菜類の品目別料金を算定しているので，単位に注意して算定すれば中国大陸から東京港までの品目別輸送コストを計算することができる．

(3) 国際競争力（指数）の算定とその考察

1) わが国の野菜類生産費調査とその性格

中国政府が生産費調査を実施している品目の中でわが国へ直接輸出できない品目は，トマト・きゅうり・なす・ピーマンの4品目があり，これらは税関統計に記載されないために，集出荷経費の計算ができない品目である．したがって，上記品目を除いた茎葉菜類のうち，わが国の政府が生産費調査を実施している品目はレタス・はくさい・ほうれんそう・だいこんの4品目であり，これらの品目は国際競争力（指数）の算定が可能である．

他方，鞘えんどう・セロリー・にんにくの芽・カリフラワー・なのはな

表 5-4 着荷後の税関等に

	2カ年平均生産量	2カ年平均出荷経費	コンテナの大きさ	コンテナへの詰込み量	CIF価格	関税	消費税	小計
	kg	元		kg	円/kg	円	円	円
鞘えんどう	1,516.6	65.88	20フィート 40フィート	7,437.5 16,950.0	226.50	50,537.8 115,175.3	86,756.6 197,717.5	137,294.4 312,892.8
結球白菜	2,678.4	63.57	20フィート 40フィート	6,400.0 14,000.0	34.87	6,695.0 14,645.4	11,493.2 25,141.3	18,188.2 39,786.7
セロリー	3,492.8	96.36	20フィート 40フィート	9,265.0 21,410.0	80.00	22,236.0 51,384.0	38,171.8 88,209.2	60,407.8 139,593.2
茎葉レタス	2,256.7	70.32	20フィート 40フィート	5,700.0 12,400.0	57.00	9,747.0 21,204.0	16,732.4 36,400.2	26,479.4 57,604.2
にんにくの芽	1,730.4	90.93	20フィート 40フィート	9,210.0 18,855.0	108.00	29,840.4 61,090.2	51,226.0 104,871.5	81,066.4 165,961.7
ハクサイ	3,822.6	56.15	20フィート 40フィート	8,240.0 16,750.0	34.87	8,619.9 17,522.2	14,797.4 30,079.7	23,417.3 47,601.9
ほうれん草	1,474.0	43.58	20フィート 40フィート	4,674.0 10,350.0	152.50	42,767.1 94,702.5	37,777.6 83,653.9	80,544.7 178,356.4
カリフラワー	1,617.3	59.08	20フィート 40フィート	8,400.0 18,740.0	101.00	72,114.0 160,882.9	46,025.7 102,681.1	118,139.7 263,564.0
なのはな	1,934.3	61.25	20フィート 40フィート	4,504.0 9,830.0	54.50	7,364.0 16,072.1	12,641.6 27,590.4	20,005.6 43,662.4
ばれいしょ	1,285.0	27.65	20フィート 40フィート	8,000.0 17,500.0	93.57	63,624.2 139,177.9	40,607.2 88,828.3	104,231.4 228,006.2
だいこん	2,562.5	56.15	20フィート 40フィート	11,500.0 18,750.0	23.41	8,076.5 13,168.1	13,864.6 22,605.3	21,941.0 35,773.4

関税：中国はWTOへの加盟により，関税はCIF価格に対してほうれん草6.0%，カリフラワーと消費税：5.0%の消費税がかかる．なお，1元＝15円で算定している．
植防検査料：大手商社等が共同で植物検疫協会を設立しており，その会員である場合は料金は安く
燻蒸のためのコンテナシフト料：22,000円/20FTC，26,000円/40FTCであるが，コンテナからの積
燻蒸検査料：11万円以上/40FTC，倉庫借用料と荷役料金は含まない．しかし，薫蒸ガスの種類
倉庫借用料：九州植物防疫事業協同組合では100m³，30m³の倉庫を持っているが，容積を大幅に占 4.0〜6.5万円/30m³である．
植防検査・薫蒸作業料金は14.11万円/20FTC，21.25万円/40FTCとみてよい．しかし，その処理率は
A：通関手数料
　通関手数料は通常の検査においては手数料を徴することはない．通常検査時間は15〜30分を要す
　①指定地外検査の許可手数料　5,800円/時
　②臨時開庁の承認手数料　｛7,800円/時（05：00→22：00）
　　　　　　　　　　　　　　8,300円/時（22：00→05：00）
B：通関業者手数料
　通関業者が通関業務につき受け取ることのできる最高料金11,800円/件：一般的な輸入申告
C：コンテナヤードの使用料
　コンテナヤードの使用料は着荷して1週間は荷揚げ費用に含まれる．1週間を過ぎて港で保管す
　料金の倍額となる．
D：植物防疫検査所（農水省）の場合も特に手数料の徴収を行っていないが，輸入をスムーズにす
E：厚生労働省の場合も他の省庁の場合と同様であるが，食品届を提出することが義務づけられており，
　われわれの調査対象品目の中ではカリフラワー・セロリー・ほうれんそう・未成熟えんどうがその対
　但し，厚生省の指定検査機関で検査する場合，農薬検査は3万円，一般性菌類の検査は2,200円，
　なお，検査項目が輸入のたびに変化するので，検査料金も変化する．われわれの調査では各企

第5章　農産物貿易と農業の国際競争力（その2）　　195

おける諸経費の実態

（単位：1コンテナ当たり経費/円，ただし1ムー当たりでは元に換算）

通関手続き手数料	乙仲手数料	植防検査料	燻蒸検査料	食品届	小計	合計	1ムー当たりコンテナ詰め込み量	1ムー当たり通関経費
円	円	円	円	円	円	円	%	元
11,800	10,000	6,480	42,330	5,000	75,610	212,904.4	20.39	2,894.26
11,800	10,000	6,480	63,750	5,000	97,030	409,922.8	8.95	2,445.19
11,800	10,000	6,480	42,330	5,000	75,610	93,798.2	41.85	2,616.97
11,800	10,000	6,480	63,750	5,000	97,030	136,816.7	19.13	1,745.00
11,800	10,000	6,480	42,330	5,000	75,610	136,017.8	37.70	3,418.48
11,800	10,000	6,480	63,750	5,000	97,030	236,623.2	16.31	2,573.49
11,800	10,000	6,480	42,330	5,000	75,610	102,089.4	39.59	2,694.56
11,800	10,000	6,480	63,750	5,000	97,030	154,634.2	18.20	1,876.15
11,800	10,000	6,480	42,330	5,000	75,610	156,676.4	18.79	1,962.45
11,800	10,000	6,480	63,750	5,000	97,030	262,991.7	9.18	1,609.05
11,800	10,000	6,480	42,330	5,000	75,610	99,027.3	46.39	3,062.64
11,800	10,000	6,480	63,750	5,000	97,030	144,631.9	22.82	2,200.48
11,800	10,000	6,480	42,330	5,000	75,610	156,154.7	31.54	3,283.01
11,800	10,000	6,480	63,750	5,000	97,030	275,386.4	14.24	2,614.62
11,800	10,000	6,480	42,330	5,000	75,610	193,749.7	19.25	2,486.92
11,800	10,000	6,480	63,750	5,000	97,030	360,594.0	8.63	2,074.67
11,800	10,000	6,480	42,330	5,000	75,610	95,615.6	42.95	2,737.56
11,800	10,000	6,480	63,750	5,000	97,030	140,692.4	19.68	1,845.65
11,800	10,000	6,480	42,330	5,000	75,610	179,841.4	16.06	1,925.80
11,800	10,000	6,480	63,750	5,000	97,030	325,036.2	7.34	1,591.13
11,800	10,000	6,480	42,330	5,000	75,610	97,551.0	22.28	1,449.13
11,800	10,000	6,480	63,750	5,000	97,030	132,803.4	13.67	1,209.99

ばれいしょは8.5％，それ以外はすべて3.0％である．

なる．
下ろし，積替え作業を伴い荷役労務者を雇用している．
とその使用量によって，また植防検査所の指示によって薬品が異なり，料金も変化する．
拠する場合は港湾内の他企業が保有する倉庫を借用することになる．同組合の料金は6.8～7.5万円/100m³，

われわれの実態調査によれば，輸入量全体の30％となっている．

る．

る場合，5日目まではコンテナ当たり5,000～10,000円の経費がかかり，5日目を越えて保管する場合この

るため，植防検査協会（民間）での申請書類の作成・手数料等の経費を輸入業者が負担している．
命令検査の対象品目は国の費用で検査を実施する．
象品目である．
大腸菌検査は3,000円，倉庫へ出かけてサンプリング検査をする場合（大腸菌の場合），3,000円となる．
業の平均手数料5,000円を計上した．

表 5-5　全国平均生産費の実態(日本)

	粗収益 千円	10a当たり 生産量 kg	市場価格 円	生産出荷経費 合計	1次生産費 千円	物財費 千円	集出荷経費 10a当たり 千円
ほうれんそう	622.89	1,239.1	502.7	669.34	420.2	193.85	249.2
レタス全作型平均	828.36	2,679.9	309.1	613.43	316.8	199.85	296.7
はくさい	646.06	7,512.3	86.0	681.80	361.0	269.70	320.8
秋冬だいこん	599.96	5,876.2	102.1	673.06	334.6	241.25	338.5
鞘えんどう	1,753.21	1,700.0	1,031.3	1,702.75	1,155.8	563.52	546.9
セロリー	1,810.25	6,500.0	278.5	1,538.70	1,149.7	778.30	389.0
にんにくの芽	*	—	252.2	*	*	*	*
カリフラワー	558.24	2,400.0	232.6	332.35	216.5	105.71	115.9
なのはな	892.86	1,095.0	815.4	566.49	394.1	89.46	172.4
ばれいしょ	439.55	2,980.0	147.5	309.62	216.3	132.36	93.3

註：1)　農林水産省統計情報部資料および都府県の営農指導指針より作成．
　　2)　1999年のデータと1998年データの平均である．なお，各品目の単価は東京都中央卸売市場
　　3)　農家が上記品目について雇用労働力を利用することはない．

（なばな；中国語では油菜）・食用ばれいしょの6品目については国レベルの調査は実施されていないが，都道府県段階では営農指導指針として経営調査と集出荷調査が実施されており，それら調査資料を利用することができる．しかし，これら調査資料はそれぞれの都道府県で最も優れた営農モデルを調査し，その経営を都道府県の指導指針としているので，粗収益を構成する単位面積当たり収穫量・市場価格の両者は平均的な経営に比較して若干高めに設定されており，経営費は都道府県内で最も合理的な経営をモデルとしているので，コストは若干低く算定されていることに留意しなければならない．

したがって，営農指導指針に盛り込まれているデータには調査戸数および経営規模別区分という統計上の配慮がなされていないのだが，こうした点を配慮すれば国際競争力（指数）の算定に利用することができる．

ただし，にんにくの芽だけはわが国の生産費（経営費）調査には存在しない．なぜなら，中国から輸入されるにんにくの芽は，中華料理用の素材であって，にんにくの芽と言っても堅く締まった茎を輸入しているのであって，ほぼ独占的な市場シェアを占めている．これに対して，わが国でにんにくの

男女平均賃金額 千円	生産・収穫・出荷投下労働時間 時	10a 当たり集出荷投下労働時間 時
226.3	297.83	78.79
116.9	153.86	38.48
91.3	120.20	21.98
93.3	122.84	23.80
592.3	783.50	＊
371.4	491.30	＊
＊	＊	＊
110.8	146.50	＊
304.7	403.00	＊
83.9	111.00	＊

の資料より作成.

芽と呼んでいるのは，にんにくの鱗片から発芽する柔らかい葉部を食するのであって，同じくにんにくの芽という呼び方をしているが商品としての利用部分が両国間で相違しているからであり，わが国の生産量は極端に小さい．それゆえ，わが国ではにんにくの芽に関する生産費調査を実施していないので，同品目に関する国際競争力の計測はできないのである．表5-5はその集計結果である．

ところで，都道府県レベルの営農指導指針を収集し，それを冊子としてまとめている機関は農林水産省の農業研究センター経営管理研究（数理計画モデル分析）担当グループである．同研究グループから調査資料の提供を得たので，それを用いて国際競争力（指数）の算定を行うことにした．

ただし，同資料は都道府県全体の営農指導指針をすべて網羅したものではなく，31都府県のデータに限定されるが現在の日本国内で消費されるほぼすべての野菜類の品目について調査集計されている．しかし，農業研究センター経営管理研究担当グループが収集したデータは同一の年次に関して統一して収集したものではなく，都府県でまちまちとなっている．したがって，同資料を利用するためには中国政府が調査した年次に合わせて，賃金指数と農村物価指数でデフレートせざるを得ない．

なお，国レベルの集出荷経費調査は1997年を最後の年としてそれ以降の調査が欠如しているので，物価指数でデフレートした値を用いることにした．

2）国際競争力（指数）の算定

　表5-6は生産費調査の判明している作物の中国と日本における国際競争力（指数）の算定結果である．フレッシュ輸入に限定して考察すれば，現実には中国政府が生産費調査を実施している作目以外にも，例えば，ねぎ・タマネギ・ごぼう・にんじん・さといも・れんこん等多様な作目が中国から輸入されているが，国際競争力（指数）の算定という観点からは各作目の生産費データが不可欠なため同表に掲げている作目に限定せざるを得ないのである．

　表5-6は20フィートコンテナと40フィートコンテナ（以下FTCと略）の2種類のリーファコンテナ輸送の経費について調査した結果を提示しているが，コンテナの容積が大きくなるほど，また同一の作目を同一のダンボールに詰めてコンテナバンに積み込むことによってデッドスペースが小さくなり，経済合理的な輸送コストを実現することができる．すなわち，20FTCで輸送するより40FTCで輸送する方がはるかに合理的であることを示している．

　さて，中国野菜の競争力が日本野菜の競争力よりはるかに強力である作目には鞘えんどうを挙げることができ，その競争力指数が3.0以上の値を示している．次いで高い値を示す作目群にはセロリー・レタス・ほうれんそう・なのはなの4品目を挙げることができ，20FTCのケースでみた場合でも，ほうれんそうを除けば競争力指数が2.0以上の値を示している．

　他方，日本の野菜の競争力（指数）が中国のそれを凌駕している作目群には，はくさい・カリフラワー・だいこんを挙げることができる．中国産の食用ばれいしょ，およびだいこんは東京都中央卸売市場への供給量が不安定で，年次によっては欠品することもある．それゆえ，競争力指数の算定では1.0以上の値を示すとしても，必ずしも安定した競争力指数ではないことに留意されたい．

　以上の結果は一般的に言って，野菜類の中でも重量性と増嵩性が大きく，輸送能性の低い作目は中国野菜といえども競争力は劣ることを示している．上記競争力指数の算定結果から，中国野菜に真の国際競争力が備わっている

第5章　農産物貿易と農業の国際競争力（その2）

表5-6　国際競争力指数の算定結果表

(20フィートコンテナの場合)

品目名	国名	単価 円/kg	単位収量 kg	粗収益 元・千円	生産集出荷経費合計 元・千円	1次生産費 元・千円	単位面積当たり集出荷経費小計 元・千円	搬送経費 元・千円	税関等経費 元・千円	粗収益の生産集出荷経費カバー率	競争力指数
鞘えんどう	中国	297.52	1,516.60	30,081.255	7,669.125	958.61	6,710.52	3,816.26	2,894.3	3.9224	
	日本	1,031.30	1,700.00	1,753.210	1,719.428	1,155.85	563.58	*	−	1.0196	3.8468
結球はくさい	中国	35.74	2,678.40	6,381.734	10,621.835	769.56	9,852.28	7,235.28	2,617.0	0.6008	
	日本	86.00	7,512.30	646.058	681.800	361.00	320.80	*	−	0.9476	0.6341
セロリー	中国	130.37	3,492.80	30,357.089	12,404.060	1,121.97	11,282.09	7,863.59	3,418.5	2.4474	
	日本	278.50	6,500.00	1,810.250	1,550.559	1,149.72	400.83	−	−	1.1675	2.0963
茎葉レタス	中国	202.75	2,256.70	30,503.062	10,082.490	868.27	9,214.22	6,519.66	2,694.6	3.0254	
	日本	309.10	2,679.90	828.357	609.735	316.80	292.93	*	−	1.3586	2.2269
にんにくの芽	中国	254.04	1,730.40	29,306.054	7,104.490	1,192.58	5,911.91	3,949.41	1,962.5	4.1250	
	日本	252.20	−	−	−	−	−	*	−	−	***
はくさい	中国	35.74	3,822.60	9,107.982	12,770.090	668.64	12,101.45	9,038.85	3,062.6	0.7132	
	日本	86.00	7,512.30	646.058	681.800	361.00	320.80	*	−	0.9476	0.7527
ほうれんそう	中国	108.25	1,474.00	10,637.367	8,709.905	637.67	8,072.24	4,789.24	3,283.0	1.2212	
	日本	502.70	1,239.10	622.896	666.103	420.20	245.90	*	−	0.9351	1.3061
カリフラワー	中国	100.36	1,617.30	10,820.815	7,938.005	817.99	7,120.02	4,633.12	2,486.9	1.3632	
	日本	232.60	2,400.00	558.240	335.889	216.47	119.42	*	−	1.6620	0.8202
なのはな	中国	241.04	1,934.30	31,082.911	9,508.355	635.23	8873.13	6,435.57	2,437.6	3.2690	
	日本	815.40	1,095.00	892.863	571.743	394.13	177.61	*	−	1.5617	2.0933
食用ばれいしょ	中国	118.32	1,285.00	10,136.080	5,503.675	486.68	5,017.00	3,091.20	1,925.8	1.8417	
	日本	147.50	2,980.00	439.550	312.462	216.28	96.18	*	−	1.4067	1.3092
だいこん	中国	17.17	2,562.50	2,933.208	7,293.565	594.75	6,698.82	5,249.72	1,449.1	0.4022	
	日本	102.10	5,876.20	599.960	668.885	334.6	334.28	*	−	0.8970	0.4484

(40フィートコンテナの場合)

品目名	国名				生産集出荷経費合計	1次生産費	単位面積当たり集出荷経費小計	搬送経費	税関等経費	粗収益の生産集出荷経費カバー率	競争力指数
鞘えんどう	中国				6,332.845	958.61	5,374.24	2,929.05	2,445.19	4.7500	4.6585
結球はくさい	中国				8,017.235	769.56	7,247.68	5,502.68	1,745.00	0.7960	0.8400
セロリー	中国				9,892.620	1,121.97	8,770.65	6,197.15	2,573.50	3.0687	2.6284
茎葉レタス	中国				7,636.520	868.27	6,768.25	4,892.10	1,876.15	3.9944	2.9402
にんにくの芽	中国				6,040.870	1,192.58	4,848.29	3,239.19	1,609.10	4.8715	***
はくさい	中国				10,172.860	668.64	9,504.22	7,303.74	2,200.48	0.8953	0.9449
ほうれんそう	中国				6715.795	637.67	6,078.13	3,463.53	2,614.60	1.5839	1.6938
カリフラワー	中国				6,708.755	817.99	5,890.77	3,816.10	2,074.67	1.6129	0.9705
なのはな	中国				7,143.675	635.23	6,508.45	4,662.75	1,845.70	4.3511	2.7862
食用ばれいしょ	中国				4,503.895	486.68	4,017.22	2,426.12	1,591.10	2.2505	1.5998
だいこん	中国				6,643.705	594.75	6,048.96	4,727.11	1,321.85	0.4415	0.4922

註：1）中国の粗収益・経営費の単位は元，日本の粗収益・経営費の単位は円，単位面積は中国；ムー：日本；10aである．
　　2）中国・日本のデータは1998年と1999年の両年の平均値で算出した．
　　3）中国の場合，生産費合計から国税額を控除し，村提留費を加え販売費を控除して算出した額を1次生産費とした．
　　4）市場価格は東京都中央卸売市場で実現された年報のデータを用いている．
　　5）レタス・はくさい・ほうれん草・だいこんは日本政府が調査したデータを，セロリー・カリフラワー・なのはな・ばれいしょ・鞘えんどうは都府県の営農指導指針のデータである．
　　6）日本政府が調査した集出荷統計データは97年度であり，都府県のデータは筆者が95年で統一したものであるため，物価指数により修正している．したがって，本章の付表5とは若干異なる．

のかどうかについて次節において検討することにしよう．

3）国際競争力（指数）の考察

　野菜類の国際競争力を考察する場合，①単位面積当たり収穫量の検討，②市場価格の検討，③生産費の検討の3要素を総合的に検討しなければならない．われわれが表5-6で提示している単位面積当たり収穫量は中国の場合，1ムー当たり収穫量を，日本の場合10a当たり収穫量を，それぞれ示している．つまり，日本の単位面積の2/3（1ムー）の広さで日本の収穫量を凌駕する場合，統計データ上の誤りがあるかまたは互いの国の食生活上の差異によって収穫適期が相違するかのどちらかである．

　こうした観点から表5-6を再度検討してみると，ほうれんそう・なのはなの2品目は日本の10a当たり収穫量を凌駕しており，統計データに誤りがないものとすれば，収穫適期をわが国のそれよりも遅らせて茎葉が堅くなってから収穫しているものと判断される．つまり，純中国国内向けの野菜として生産されているものを比較しているのではないかと判断されるわけである．すなわち，強い火力と多量の食用油でもって炒める料理素材としてほうれんそう・なのはなが利用されているのであって，日本向けの輸出品目の算定結果ではないと考えられる．

　その他の野菜類の収穫量はおおむね日本国内の生産量が中国の生産量を上回っており，日本で開発された品種を中国に持ち込み，中国の農家に栽培させ収穫したものを輸入しているだけに，単位面積上の広さによる格差だけではなく，生産技術上の差異が収穫量に反映しているものと判断される．

　しかし，鞘えんどうとレタスを日本の単位面積当たり生産量に換算すれば，鞘えんどうは日本の生産量の1.34倍，レタスは日本のそれの1.26倍となり，調査統計量が正しいとすれば収穫適期を遅らせているのではないかと判断される．

　こうした事態が生ずるのは両国における食生活上の差異が厳然として存在するからであり，競争力指数の算定を機械的にあてはめてはならないことを

示している．なぜなら，現代中国の食生活は日本の食生活文化を取り入れ始めて日が浅く，日本食ブームであるといっても野菜を生のまま食するという生活習慣がいまだ定着していないものと判断されるからである．

したがって，競争力指数を算定する場合，単位面積当たり収穫量が決定的な要因の1つとなるが，高い値を示している野菜類が必ずしも真の意味で高い競争力を持っていると判断することはできないのである．

ついで，東京都中央卸売市場で実現された野菜類の単価であるが，国際競争力を考える場合，輸出対象国の市場で実現される価格は輸出対象国の生産物よりも安いことが必須の条件となるが，食料品の場合はこの条件は当てはまらない．食品の安全性は必須の条件であり，中国で生産された野菜類の残留農薬が原因で食中毒による健康被害が頻発しているからである．わが国では食品の安全性という観点から中央卸売市場で実現される中国産野菜の価格はわが国で生産された野菜類よりもかなり低位に押し留められている．

もっとも，市場価格が低位に押し留められている要因は食品の安全性だけではなく，第1章で明確にしている如く野菜類の品目別出荷行動が影響し，出荷対象市場に対して継続的・安定的出荷行動を行っているかどうかに依存している．

こうした価格形成上の観点から表5-6を検討すれば，にんにくの芽以外の野菜類は国内産野菜類の価格が中国産野菜の価格を上回っていることがわかる．にんにくの芽はすでに説明しているように，わが国内で生産されている量がごく僅少なため，しかも和食でにんにくの香りを楽しむ程度にしか利用されていないが，中国からの輸入にんにくの芽はもっぱら中華料理の素材として利用されており，中央卸売市場でほぼ独占的なシェアを占めており，その価格も国内産物を上回っている．

さて，東京都中央卸売市場で実現された中国産野菜類のうち，にんにくの芽を除くと，国内産価格に近い値を示している品目にレタス（0.658倍）・食用ばれいしょ（0.806倍）が見られるが，レタスは当該市場への継続的・安定的供給が見られ，食用ばれいしょは表皮を剝いで食卓に供するので安全

性に問題がなく，それぞれの理由から国内産物に近い価格を実現しているものと判断される．上記以外の品目は国内産物に比べて価格格差が大きく存在する．その理由は一般的に言って，中国産の野菜類は既存の流通経路（卸売市場）を経由しないで，実需者の手に届いていることが多い．実需者とは中堅の食品スーパーであったり，外食産業であったり，または中小惣菜加工業者・冷凍冷蔵加工業者等のことであるが，これら業者が共同で商社に発注し，安い商材（食料素材）を手に入れてきたのである．

近年，中堅の食品スーパーと外食産業がこうした行動をとるようになっているのは，中小零細惣菜加工業者は安い商材を手にしても国内労賃が高く，野菜加工大手業者（大手水産加工業者を含む）が中国大陸に進出してより安い労賃で加工した製品に太刀打ちできなくなっているからである．もちろん，既存の卸売業者が手を拱いているわけではない．青果物卸売業者が率先して需要用途に合わせた中国野菜の輸入を行い，実需者に提供するケースが増加してきた．

こうしたケースは5年前にはみられなかったことであるが，既存の中央卸売市場内で国内産物を中心に惣菜加工等に手を出していた零細仲卸業者の倒産が相次いでいるからである．惣菜加工等に手を出していた零細仲卸業者は近年国内産物と中国産物とを併用するようになってきた．

他方，実需者（スーパー等）の需要を当てにして輸入した商社は売捌き先が倒産によって突然消滅するので，輸入で余った商品を既存の卸売市場に出荷せざるを得なくなるため，商材が安定的・継続的に供給されないことになり，安値で買いたたかれることになる．こうした事実がその食品の安全性に対する不安と重なって表5-6の価格格差に反映されているものと判断される．

ただし，上記論述は日本国内における中国野菜とわが国の野菜類との価格形成上の比較考察であるが，付表3を1元＝15円で換算し，中国野菜生産費調査から割り出される中国国内での野菜価格と比較すれば，すべての品目について東京市場で実現された中国野菜の単価は高く，中国の農家にとって東京市場がいかに魅力的な市場であるかを確認することができる．

ところで，粗収益は単位面積当たり生産量に単価（円表示）を掛けて算出されるが，中国産野菜の場合もわが国の市場（バイパス流通であっても，青果物中央卸売市場の価格が取引の基礎となっている）で取引されるため，円表示とならざるを得ないのである．現状では為替交換比率が1元＝15円であるから，その値で割って元表示の粗収益としている．

　したがって，頼平氏が主張するように為替交換比率1元＝30円に元高・円安になった場合，セロリー・レタス・ほうれんそう・なのはな等は粗収益が1/2に減少し，輸送コストを加えた生産・出荷経費合計は1/2に減少しないので，たちまち中国産野菜の競争力は失われ，国内産物に取って代わられることになる．

　具体的に提示している如く，粗収益を円表示から元表示に変換する際，為替交換比率が決定的な重要性を持つことになる．つまり，輸出対象国の通貨で表示された粗収益を自国通貨に換算表示する場合や，出稼ぎ労働者が出稼ぎ国で受け取った賃金額を自国の通貨に交換する場合，為替交換比率が決定的な重みを持つことが理解されよう．

　筆者はそれぞれの国で生産される作目のうちで，国際競争力のある品目（作目）を貿易を通じて互いに交換し合うことは両国にとって有益であるとする立場に立っているが，その場合に問題となるのは両国間の通貨の妥当な交換比率が実現されていない場合である．

　第3には日本・中国両国の生産費データに対する考察である．われわれは中国政府が公表している生産費調査結果の国税と村提留費を差し替えた経費合計を1次生産費と規定してきた．その理由は農業経営泉源体たる土地・資本・労働力のうち，土地は中国政府の所有であり，資本は生産費に計上されておらず，労働力も中国共産党の承認なくして自由に移動することさえ叶わないからである．したがって，経営の3要素はすべて沈下固定された状態になっている．だが，労賃部分だけは生産費に計上されているので，わが国の農林水産省が1次生産費と規定している概念にほぼ対応するからである．

　また，国税と村提留費を差し替えた理由は，わが国では作目の生産のため

に国税を徴収することはなく，租税公課として徴収される場合は農家の農業生産に供する固定資産税だけであり，その費目に対応する費目として村提留費が掲げられているからである．

　上記事実は中国の農家の生産出荷対応（ビヘイビア）が所得極大化行動を取らざるを得ないことを意味しており，わが国農家の一般的な所得極大化行動と同一であり，改めて競争力指数算定モデルの妥当性が確認されるのである．

　ついで，表5-2に即して検討すれば，中国の農家が野菜類の輸出に関わるのは農家の自宅から拠点集積所までであり，そこから野菜類の拠点積出港となっている青島港までの経費負担はブローカー・輸出業者が行い，すべて元決済である．船積み運賃とわが国税関での決済はドルおよび円決済となる．したがって，中国国内の経済情勢がたとえ安定していてもドルまたは円の為替相場が変動することによって国際競争力に変化が生ずることになる．しかし，わが国の通貨円が国際通貨ドルとの間でフロート制を採用しているのに対して，中国の通貨元はドルに対してアンカー制を採用しており，通貨の激しい変動を避けながら輸出拡大を図ることができる．

　したがって，長期的には相対的有利性の原理に支配されるとはいっても，短期的には絶対的格差をめざした輸出がなされており，カリフラワーなどはその典型的作目であるといえよう．

　また，鞘えんどう・セロリー・カリフラワー・なのはな・食用ばれいしょの5品目は都府県の営農指導指針として一般農家の手本にしている経営である．だが，各都府県の営農指導員に国際競争力といった概念が欠如しており，農産物の国際的な棲み分け行動をとらない限り，わが国農業の生き延びる道は存在しないのだという画然たる意識のないままに営農指導指針を作成しているように思われる．つまり，粗収益と生産・集出荷経費を合計した生産費カバー率を算定すればその値は低く算定される．それゆえ，集出荷経費の合理化を強力に推進し，コスト削減を図らねばならないという想いを強く持つのである．

第 5 章　農産物貿易と農業の国際競争力（その 2）

　いまや，さらに優れた経営を手本として各都府県が農業・農家の育成を図るべき時にさしかかっており，農業関係諸機関の職員の意識改革と新たな施策を講ずるべき時期にさしかかっているのであるから，国際競争力といった観点からの施策の再構築を強く望みたい．

　以上，競争力指数の算定によって明確になった事実は重量性・増嵩性の高い野菜類は中国野菜といえども，その競争力は低位に終始しており，フレッシュ輸入は減少してくることになろう．それゆえ，今後ますます現地での 1 次加工・2 次加工といった形態での輸入拡大が促進されることになろう．もちろん，フレッシュ輸入の禁止されている果菜類についても 1 次加工・2 次加工と言った形で輸入拡大するものと判断される．したがって，わが国の冷凍冷蔵野菜加工業界を中心に産業の空洞化は避けられない事実となろう．この事実は中小零細青果物加工業者にとって致命的であり，一部の大手野菜加工業者だけが潤うとしても，産業全体としては沈滞化せざるを得ないだろう．

　他方，農業・農協サイドにとっても難しい局面に立たされることになってきた．なぜなら，最終消費者が野菜類の 1 次加工・2 次加工製品の調達を拡大させればさせるほど，逆にフレッシュ野菜の調達量が減少すればするほど，生産段階で野菜加工工程を増加させざるを得ず，集出荷経費は拡大し，しかも中国からの野菜加工製品との経費格差は拡大せざるを得ないからである．もちろん，農家段階の手取り価格は輸入製品の圧力によって縮小せざるを得ず，生産意欲の減退を招きその作付面積はますます減少することになろう．

　上記のような事態を避けるためには円と元との為替交換比率を元高円安に誘導する外交努力が不可欠であり，デフレ対策と同時並行的に速やかに推進することが求められている．すでに示した産業連関分析による購買力平価の研究計測結果によれば，「1 元＝15 円を交換レートの基礎としてその 6 倍から 8 倍へ」といった極端な円安誘導にしなくても，せいぜい 2 倍から 3 倍程度に誘導することによって，つまり 30 円から 45 円へ元高に誘導するだけで冷凍冷蔵加工業界の活性化に繋がり，輸出圧力の減退がもたらされる結果，わが国農業の生産安定にも繋がることになる．したがって，現時点で最も大

切な緊急を要する課題は円の各国通貨に対する購買力の適正化，いわゆる円の諸外国通貨に対する適正レートへの誘導施策であると言えよう．

6. 本章のむすび

　本章の基本分析は農産物の国際競争力の算定であり，その結果の考察である．国際貿易を考える場合，各国通貨の為替レートが妥当な水準で維持されているかどうかを，まずはじめに検討しなければならない．世界銀行の産業連関分析を用いた購買力平価（説）に基づく計算によれば，中国通貨元とわが国通貨円との実勢為替レートの乖離倍率は1990年以降ほぼ5倍から8倍になっており，極端な円高元安に置かれていることは確かである．

　日本の農家がそんな不利な条件に置かれているとは言っても，資本装備力・生産技術力および生産対象とする種子の高い交配技術をもってすれば，簡単にわが国の競争力を凌駕することはできだろうと考えていたが，実態調査によって収穫・出荷作業に多大の労力を要する作目群（労働集約的作目）は中国の国際競争力の方が上回っていることが明確となった．もっとも1元＝15円の為替交換比率を基準とした場合であるが．

　しかし，われわれの計測結果から中国の労賃水準がわが国の労賃水準のほぼ1/20であるにもかかわらず，競争力指数からみるとわが国農業は良くやっていると言うことができる．マスメディアを通じてわが国農家の営農意欲を削ぐような論調が多い中にあって，本調査事実は貴重な情報を提供しているように思われる．

　しかしながら，作目の基本的性格として重量性・増嵩性が大きい作目であって，国際競争力の欠如した作目であっても，現地で1次加工・2次加工して輸出することでわが国の作目群と対抗してくることが判明した．

　それゆえ，野菜類の生産も生産の合理化と価格の安定性を確保する方策を講ずることによって国際競争力の確保を図ることが緊急の課題となろう．なぜなら，中国をはじめとする諸外国からの野菜輸出は規格統一した商品を大

量一括出荷してくるため，個人的な対応では太刀打ちできないのである．また，第4章で指摘している如く，野菜生産をめぐる気象条件は毎年めまぐるしく変化し，その気象条件を克服するためには優れた生産技術条件の涵養と高度な資本装備が不可欠となるからである．

優れた生産技術条件の涵養や高度な資本装備に関してはわが国の得意とする分野であるので，農作業用ロボットのような農業機械の開発によって収穫出荷作業を推進するなど，単純作業はできるだけ農業機械に代替させ，出荷・販売活動は新たな組織化による共販体制を維持しなければならない．つまり，第2章で提示したタテ社会の執行体制を推進する場合の有利性と西欧型社会の平等性を併せ持った組織革新でなければならない．このためには生産部会の組織革新が不可欠である．

しかしながら，現代中国の生産・販売対応にはすさまじいものがあり，生産工程におけるHACCPの導入・生産物の徹底した品温管理・発注仕様書通りの製品詰め込み等どれをみてもそのすさまじさが感得され，近い将来中国が世界経済を牛耳ることになるのではないかと判断される．

したがって，われわれはWTO体制による国際間の農産物の棲み分け理論を実践せざるを得ない状態に置かれているにもかかわらず，そうした国際社会の状況を素直に受けとめなければ，日本農業の崩壊過程に自ら手を貸すことになることを自覚しなければならないだろう．

ところで，最近よくトレーサビリティと言われて，消費者がどこの地域で誰が生産した物であるかを追跡できることを可能にしようとする運動が一定の盛り上がりを示しているが，そうした動きは農協の共販体制を根本から崩壊させる要因をはらんでおり，わが国農業の競争力を弱体化させることになろう．なぜなら，個人生産者名で出荷販売することになるのだから，永年にわたり多くの人々の努力によって成し遂げられてきた共販体制という果実を消尽瓦解させ，銘柄確立（ブランド形成）を行いたいとしている小農の組織対応を無視することになるからである．

もう1つの理由は，カイワレダイコン騒動に見られる如く，食品の残留農

薬等が社会問題化した場合，スーパーの陳列棚の顔写真を見て消費者が非難するとしたら，その農家は確実に農業生産から排除され，しかも消費者に対する補償問題を抱え込み，補償できない立場に追い込まれることになろう．なぜ，農協段階で責任を持つということが是認されないのだろうか．現状では，共同出荷によってのみ流通コストの削減が可能となるからである．

注

1) 本章を作成するに臨み，総合商社・運輸業者・港湾荷役業者等の企業に問い合わせ，日本在住の中国通を手繰り寄せるという困難な作業から始めたが，好意的な反応に助けられ，まとめることができた．ことに山九㈱，日本流通産業㈱，北九州青果㈱には一方ならぬお世話を頂いた．また，中国国内農産物の生産費調査データは国際競争力を算定する上で不可欠な情報であるが，京都大学講師沈金虎氏の快い協力によって入手することができた．さらに，行政機関からも厚い支援を頂いた．ここに，関係各位に対して深甚なる謝意を表しておきたい．

2) 文献〔8〕〜〔14〕は産業連関分析を用いて中国通貨元と日本の通貨円との妥当な為替レートの計算を購買力平価説を用いて算定している．同研究結果によれば，1元＝15円という交換比率を基準としてそれの6倍から8倍，つまり1元＝90〜120円への元高・円安誘導が妥当な比率であるという．下記の表は世界銀行による購買力平価（PPP）と現行の為替レートの推移を示している．同表は世界銀行がGDPレベルで計算した中国と日本の購買力平価表である．同表によれば1975年時点の円と元の交換比率は159.6円/元であるが，98年時点では15.8円/元となって，元が円に対して1/10以下にされている．他方，71年以降，世界基軸通貨ドルと円とでは360円/ドルの状態から現在では約120円/ドルに切り下げられており，ほぼ1/3に引き下げられている．したがって，元が円に対して異常な安値となっていることが判明する．

また，世界銀行が算定した購買力平価（PPP）に基づく実勢為替レートとの倍率は75年時点で1.1倍，98年時点で5.2倍となっており，実勢為替レートとの格差が90年以降大幅に拡大していることを示している．なお，購買力平価説はスウェーデンの経済学者グスタフ・カッセルが提示した学説で経済論理的・計量的に弱いとされて

世界銀行の GDP レベル購買力平価表

	為替レート (円/元)	PPP (円/元)	倍率
1975年	159.6	175.6	1.1
1980年	151.3	312.2	2.1
1985年	81.2	197.9	2.4
1990年	30.3	163.5	5.4
1995年	11.3	87.4	7.8
1998年	15.8	81.6	5.2

出所：李潔著『購買力平価による中国と日本産業連関表実質値データの構築』表3より引用．

いる理論だが，各国の通貨を比較する方法は本学説以外に存在しない．
3) 本節は農協流通研究所の報告論文を基本に（〔23〕から〔27〕参照），われわれの実態調査を追加して取りまとめたものである．
4) 中国本土の野菜積出港は連雲港・大連新港および青島港が中心となっているが，野菜積み出しの80%が青島港であるとされているので，搬送経費も青島港までの輸送距離を基準としている．
5) 今回の調査で最も難しく，調査データの得にくい資料であったが，現地輸出公司の協力を'NICHIRU O. A. D'（日本流通産業株式会社）を通じて得ることができ，作成した結果である．
6) マースクはコペンハーゲンに本社を持つ外資系の海運会社である．
7) 実態調査を実施する過程で，農林水産省が植防検査を行い「植物検疫統計」として公表していることを知ったが，非売品であり，しかも2000年度以降はインターネットによる統計資料の公開を行っている．同統計を利用すべきかもしれないが，検査処理率は実態調査で得た結果を用いている．
8) 表5-1および付表1の「郷統等費」とは郷政府が徴収する税金であり，「両工支出」とは郷政府に物理的な労働力の提供（出役）を行うものであるが，現金で納めることのできる税目である．

付表1 中国の2カ年間平均収量

		単価	収量	粗収益	物的費用 小計	直接物財費 計	種苗費等	間接物財費 計	減価償却費	期間費用 計	借地料
		元	kg	元	元	元		元		元	元
トマト	露地	0.8121	3,629.3	2,931.4	645.09	608.54	58.09	36.55	22.71	116.68	17.21
	ハウス	1.0994	4,429.7	4,879.1	1,469.45	1,268.11	83.75	201.34	169.86	157.54	41.46
キュウリ	露地	0.6876	2,987.6	2,056.7	573.51	544.11	51.90	29.40	17.06	91.43	16.58
	ハウス	1.1183	4,775.6	5,340.3	1,631.12	1,468.81	74.51	162.32	134.61	149.41	24.58
なす		0.9157	2,909.3	2,660.2	610.10	569.00	63.76	41.11	22.37	117.50	18.55
ピーマン		1.3049	2,063.8	2,692.0	619.57	5,80.28	87.23	39.28	23.13	101.75	13.29
鞘えんどう		1.1839	1,516.6	1,796.3	478.68	443.52	74.10	35.17	23.91	88.46	11.92
結球はくさい		0.6111	2,678.4	1,632.4	388.27	352.41	44.06	35.85	22.09	95.31	20.68
セロリ		0.8300	3,492.8	2,901.6	544.16	496.13	55.20	48.03	29.67	128.24	19.72
茎葉レタス		0.7949	2,256.7	1,794.1	420.87	393.08	29.85	27.79	17.58	92.43	15.89
にんにくの芽		1.5981	1,730.4	2,766.6	697.78	666.26	241.94	31.53	19.82	103.11	11.18
はくさい		0.4081	3,822.6	1,561.0	322.40	300.63	25.47	21.78	12.31	81.93	13.22
ほうれんそう		0.9732	1,474.0	1,432.1	252.16	231.36	48.59	20.80	9.39	64.14	12.73
カリフラワー		1.2484	1,617.3	2,021.2	497.76	397.99	58.14	22.78	12.47	85.52	20.84
なのはな		0.7935	1,934.3	1,534.7	227.97	203.56	22.69	24.41	13.15	83.80	13.95
ばれいしょ		0.6684	1,285.0	858.8	292.80	282.52	121.38	10.28	4.82	38.22	8.04
だいこん		0.5213	2,562.5	1,339.0	258.39	232.89	36.88	25.51	14.46	78.98	12.94

註：資料は中国政府発刊「国家発展計画委員会（編集）」による「全国農産物経費収益資料編」に基づく．
　　なお，本資料は京都大学生物資源科学部講師　沈金虎氏からの提供による．

付表2　中国産野菜類のCIF価格と中央卸売市場価格

		1998年		1999年		2000年	
		中央卸売市場価格	CIF価格	中央卸売市場価格	CIF価格	中央卸売市場価格	CIF価格
（ジャンボ）	トマト	126.20	—	296.57	—	155.24	—
	キュウリ	341.85	—	350.13	—	＊＊＊	—
	ナス	＊＊＊	—	451.81	—	160.30	—
	ピーマン	498.19	—	455.96	—	546.52	—
	鞘えんどう	387.07	275.00	240.13	178.00	234.95	178.0
	セロリー	149.92	＊＊88.83	123.39	＊71.15	132.77	62.44
	レタス	208.57	114.00	196.35	＊＊106.80	262.50	204.0
	にんにくの芽	287.33	120.00	222.82	96.00	208.83	76.0
	はくさい	45.07	＊＊38.72	27.94	＊＊31.01	14.00	＊＊24.74
	ほうれんそう	662.99	137.00	25.04	168.00	199.88	150.0
	カリフラワー	409.51	117.00	94.64	85.00	72.07	80.0
	なのはな	335.77	60.00	240.52	49.00	211.51	62.0
	ばれいしょ類	118.04	99.63	＊＊153.47	87.50	262.50	79.43
	だいこん	＊＊＊	＊＊＊	11.04	＊＊23.41	58.00	＊＊44.50

註：1) 中央卸売市場価格は東京都のデータを採択している．
　　2) 表中の＊印は海外からの輸入もの全平均．
　　3) 果菜類は植物防疫法で直輸入が禁止されているので，CIF価格は存在しない．
　　4) ＊＊印のCIF価格は推定値を用いている．$Y=a+bX$；$a=18.44$，$b=0.45$
　　　 なお，$R^2=0.307$，X；Yはともに3カ年平均値を用いた．
　　5) ＊＊＊印は入荷量のない年．
　　6) CIF価格データは青果物輸入安全協会から出版されている統計データを用いた．

第5章 農産物貿易と農業の国際競争力（その2）

と生産費（1ムー当たり）[8]

管理費	販売費	財務費	税金	投下労働日数とその経費		生産費合計	その他				
							生産以外の支出計	村提留費	郷統等費	両工支出	その他
元	元	元	元	元	日	元	元	元	元	元	元
10.45	89.02	0.00	17.43	615.88	64.50	1,395.07	29.55	9.20	12.25	7.69	0.42
18.02	96.83	1.23	32.26	871.82	91.30	2,531.07	39.53	15.58	10.84	7.03	6.09
10.31	64.53	0.02	19.14	543.53	56.93	1,227.61	24.39	10.60	7.77	3.51	2.52
21.11	102.82	0.90	27.56	874.32	91.56	2,682.40	37.86	14.50	11.11	8.62	3.64
12.67	86.28	0.00	21.83	569.34	59.64	1,318.77	27.42	10.96	7.85	4.21	4.41
9.48	78.60	0.39	20.41	552.30	57.83	1,294.01	28.33	9.41	8.59	6.63	3.71
10.66	65.88	0.00	20.90	449.30	47.06	1,037.33	21.02	8.06	7.15	5.29	0.53
6.91	63.57	4.15	22.30	336.90	35.27	842.77	33.62	12.66	10.46	4.64	5.87
12.17	96.36	0.00	24.54	530.69	55.59	1,227.62	38.17	15.25	11.98	5.37	5.58
6.23	70.32	0.00	18.20	413.53	43.29	945.02	30.70	11.77	11.17	6.49	1.28
1.00	90.93	0.00	26.70	475.34	49.78	1,302.93	24.86	7.29	12.06	3.65	1.87
12.28	56.15	0.29	19.92	310.55	32.51	734.79	27.05	9.92	9.26	3.73	4.15
7.83	43.58	0.00	19.62	355.84	37.26	691.75	21.93	9.11	6.60	2.30	3.92
5.60	59.08	0.00	22.00	357.39	37.42	885.66	32.39	13.41	9.86	4.70	4.43
8.60	61.25	0.00	22.76	371.00	38.84	705.52	37.05	13.71	10.88	4.07	8.40
2.54	27.65	0.00	10.04	176.03	18.44	517.08	20.08	7.28	9.05	3.70	0.05
8.67	56.15	1.22	18.30	302.19	31.64	657.84	29.19	11.35	8.74	3.82	5.29

付表3　東京都中央卸売市場で実現された中国野菜の単価

	1998年	1999年	2000年	2カ年の総入荷量に対する単価
鞘えんどう	387.07	240.13	234.95	297.52
セロリー	149.92	123.39	132.77	130.37
レタス	208.57	196.35	262.50	202.75
にんにくの芽	287.33	222.82	208.83	254.04
はくさい	45.07	27.94	14.00	35.74
ほうれんそう	662.99	25.04	199.88	108.25
カリフラワー	409.51	94.64	72.07	100.36
なのはな	335.77	240.52	211.51	241.04
ばれいしょ	118.04	−	262.50	118.32
だいこん	−	11.00	58.00	17.17

註：1）　単位は円/kg.
　　2）　1998年と1999年の2カ年間平均単価であるが，ばれいしょ，だいこんは入荷量のある年の単価になっている．

付表4　1ムー当たり東京港

		生産量	コンテナへの詰め込み重量	コンテナへの詰め込み平均重量	1ムー当たりコンテナ詰め込み量	農家から拠点集積所までの集出荷経費
		kg	kg	kg	%	元
鞘えんどう	20フィート	1,516.6	7,360 7,515	7,437.5	20.39	65.88
	40フィート		16,800 17,100	16,950.0	8.95	65.88
結球はくさい	20フィート	2,678.4	6,400	6,400.0	41.85	63.57
	40フィート		14,000	14,000.0	19.13	63.57
セロリー	20フィート	3,492.8	8,540 9,990	9,265.0	37.70	96.36
	40フィート		19,600 23,220	21,410.0	16.31	96.36
茎葉レタス	20フィート	2,256.7	5,700	5,700.0	39.59	70.36
	40フィート		12,400	12,400.0	18.20	70.36
にんにくの芽	20フィート	1,730.4	10,800 7,620	9,210.0	18.79	90.9
	40フィート		20,400 17,310	18,855.0	9.18	90.9
はくさい	20フィート	3,822.6	8,240	8,240.0	46.39	56.15
	40フィート		18,000 15,500	16750.0	22.82	56.15
ほうれんそう	20フィート	1,474.0	6,048 3,300	4,674.0	31.54	43.6
	40フィート		13,200 7,500	10,350.0	14.24	43.6
カリフラワー	20フィート	1,617.3	9,100 7,700	8,400.0	19.25	59.1
	40フィート		19,840 17,640	18,740.0	8.63	59.1
なのはな	20フィート	1,934.3	4,504	4,504.0	42.95	61.25
	40フィート		9,830	9,830.0	19.68	61.25
ばれいしょ	20フィート	1,285.0	8,000	8,000.0	16.06	27.65
	40フィート		17,500	17,500.0	7.34	27.65
だいこん	20フィート	2,562.5	11,500	11,500.0	22.28	56.15
	40フィート		25,000 12,500	18,750.0	13.67	56.15

註：1)　1ムー当たり生産量とコンテナ詰め込み量との相対比を用いて経費の計算をした。
　　2)　輸出申請書類の作成と商品検査：1件当たり200元。
　　3)　拠点集積所から青島港までの輸送料：5トン車の場合，1050元である。
　　4)　選果・選別・洗浄・包装・梱包料金：浙江省1,000元/トン，カリフラワーは
　　5)　通関経費と港湾における諸経費：リーファコンテナの場合　20FT＝78元，40FT＝
　　6)　東京港までの船積み運賃：20フィートコンテナの場合1,100＄　40フィートコン
　　7)　1元＝15円の時，1＄＝124.2915円，1＄＝8.2861元であることに注意されたい。
　　8)　発注者の利活用状況によってダンボールの大きさに差異を生じるため，上段と下段

までの輸送経費

輸出申請書類の作成と商品検査経費	拠点集積所から青島港までの輸送料金	選果・選別洗浄・包装梱包料金	通関経費と港湾における諸経費	青島港から東京港までの船積み運賃	中国の農家から東京港までの諸経費
元	元	元	元	元	元
40.78	318.49	1,516.60	15.91	1,858.60	3,816.26
17.89	318.49	1,516.60	9.31	1,000.89	2,929.05
83.70	562.46	2,678.40	32.64	3,814.51	7,235.28
38.26	562.46	2,678.40	19.90	2,140.09	5,502.68
75.40	733.49	3,492.80	29.41	3,436.14	7,863.59
32.63	733.49	3,492.80	16.97	1,824.91	6,197.15
79.18	473.91	2,256.70	30.88	3,608.63	6,519.66
36.40	473.91	2,256.70	18.93	2,035.80	4,892.10
37.58	363.38	1,730.40	14.65	1,712.50	3,949.41
18.35	363.38	1,730.40	9.54	1,026.61	3,239.19
92.78	802.75	3,822.60	36.18	4,228.38	9,038.85
45.64	802.75	3,822.60	23.73	2,552.87	7,303.74
63.07	309.54	1,474.00	24.60	2,874.43	4,789.24
28.48	309.54	1,474.00	14.81	1,593.09	3,463.53
38.51	339.63	2,425.95	15.02	1,754.91	4,633.12
17.26	339.63	2,425.95	8.98	965.39	3,816.31
85.89	406.20	1,934.30	33.50	3,914.43	6,435.57
39.36	406.20	1,934.30	20.46	2,201.17	4,662.75
32.13	269.85	1,285.00	12.53	1,464.05	3,091.20
14.69	269.85	1,285.00	7.64	821.39	2,426.21
44.57	538.13	2,562.50	17.38	2,031.00	5,249.72
27.33	538.13	2,562.50	14.21	1,528.79	4,727.11

1,500元/トンである.
104元
テナの場合1,350$

とは異なった数値を挙げている.

付表5 都府県の品目別生産・出荷経費

(1995年基準)

	単価 円/kg	反収 kg	粗収益 千円	生産・出荷経費 千円	1次生産費 千円	経営費 千円	集出荷経費 千円	労賃 円	生産の投下労働時間 時間
鞘えんどう	1,031.3	1,700	1,753.21	1,702.75	1,155.85	601.85	546.90	554,002	783.5
セロリー	278.5	6,500	1,810.25	1,538.70	1,149.72	807.12	388.97	342,609	491.3
カリフラワー	232.6	2,400	558.24	332.354	216.47	233.78	115.89	102,171	146.5
なのはな	815.4	1,095	892.86	566.49	394.13	285.41	172.36	281,081	403.0
ばれいしょ	147.5	2,980	439.55	309.62	216.28	138.86	93.34	77,414	111.0

註：1) 資料は都府県の営農指導指針のデータより抽出．
   　出典は「県別・作目別の収支データ・利益係数・技術係数データファイル」による．
   2) 年平均単価，集出荷経費は1トン当たりである．
   3) 1995年を基準年とした場合，98年の農村物価指数は104.0%，農村賃金指数は108.7%である．

結章　分析結果の要点と総合的考察

1. 分析結果の要点

　本書は園芸農産物（野菜類および花き類）を主要な研究対象として地域農業の振興を図る目的で，主産地形成手法を梃子としてその実践方策を提示しようとしたものである．それゆえ，序章で設定した調査分析課題を第1章から5章までの各章で順次取り扱い，地域農業の競争力強化のための実践的方策を明らかにしたつもりである．

　さて，本書の第1章では，わが国青果物市場における価格形成の特質について分析してきた．同章ではメロンときゅうりの2品目について分析しているが，メロンは官能面（味覚）における多様な評価がなされる代表作目として，さらにきゅうりは鮮度条件だけを重視する代表作目として分析した．両品目とも果実の地肌が美しいという商品特性に加えて，メロンでは箱詰めされた商品の均質性および選果の厳密性が，きゅうりでは出荷の継続性が価格形成上の重要なファクターになっていることを解明した．

　したがって，青果物類の大多数の作目は①鮮度条件だけを重視する青果物類と，②官能面を併せた総合的な品質条件を重視する青果物類とに大別されるので，われわれの研究分析結果に基づいた出荷販売戦略上の一層の工夫が求められている．

　近年，青果物市場において食品の「安全・安心」という指標が価格形成の場において重視されているが，われわれが分析した商品価値を形成するモデ

ルに安全・安心という指標を加えた分析を追加し，再度調査計測を行うことで出荷販売対応の改善を行う必要があろう．

　第2章では，はじめに競争力指数の定義について提示し，その算式がD. リカルドが国際貿易を推進するに際して提唱した比較優位性の原理に依拠しており，個別作目の全国レベルに対する地域レベルの競争力がどの水準に位置するのかについて明快な指標を与えている．

　しかし，地域の空間的・地理的広がりが広くなればなるほど，当該地域内に張り付けられる作目の種類が多くなり，競争力指数の値が1.0以上の値をもつ作目が多く出現する．それゆえ，競争力指数の算定だけでは地域内部の振興作目を決定することはできない．

　したがって，需要の長期的な動向を示すカロリー当たり市場価格をもう一方の指標に用い，競争力指数と組み合わせることによって，ビジュアルで構造的なオリジナルモデルを作成した．われわれはこのモデルでもって，地域農業の振興作目を決定したのである．こうした仮説定立的実証分析が本当に有効性を持つものであるかどうかは，10年あるいは20年のタイムスパンでもって，地域営農作目の作付面積の動向（畜産物の場合は飼養頭数の動向）を検証せざるを得ない．第2章の付表はその検証結果であり，われわれの新しいモデルは「何を作るべきか」という地域農業の課題に対して積極的な解答を与えているように思われる．

　ついで，銘柄確立に関する理論研究を筆者なりに整理して提示しており，農産物（野菜類）の銘柄確立に必要な量的まとまりと市場シェアとの関係を分析し，地域内部で結集すべき農家戸数について青果物の品目毎に実態調査から明確にしている．

　すなわち，いかにして有利販売を実現するかという点に関して，市場に対する一定の取引力を発揮するために必要な量的まとまりとそれを実現するための農家戸数の確定を行った．

　さらに，農協生産部会の中で，品質向上競争を推進するためには人間関係の合理的な構築が不可欠であり，わが国の伝統的なタテ社会の卓越した側面

に西欧型の民主的（ルールの下で平等）な組織体を合成することが大切である．こうした農協生産部会の組織革新は，わが国農業のアキレス腱といわれている「零細分散錯圃」を解消する手段としても機能させることができ，農業生産における組織改革の重要性を指摘したのである．

　第3章では花き園芸生産物を取り上げ，その将来ビジョンを描こうとした．このために，われわれはE.J.マッカーシーの商品のライフサイクル理論を援用し，計量経済学的接近を行った．同分析結果によれば，需要の衰退期に位置する花き類の数と需要の拡大期に位置する花き類の数を比較すると，若干需要の衰退期に位置する花き類の方が多く，花き産業全体として現状維持程度の産業規模で推移するものと判断される．

　しかしながら，花き統計データは需要の拡大期に位置する品目と需要の衰退期に位置する品目とが一括されているため（例えば，きくの白色には'秀峰の力'のような根強い需要を示すものと衰退していく品種とが一緒になっているため），計測者の意図した結果が明瞭に計測されなかった場合が多い．こうした欠点を補うために，花き市場関係者からの聞き取り調査を実施し，さらに，特定の有力な花き卸売市場のデータに基づいて品種別・色別需要関数の計測を行っている．

　同計測結果によって花きの品種別・色別ライフステージを明確にしており，花き類のような贅沢財ないし奢侈財と見なされている商品はマッカーシーの商品のライフサイクル理論の適用が最も良く需要の実態を反映する．具体的には，'ローテローゼ'というバラの品種は需要の衰退期に位置するから他品種への生産転換を図るべきである．

　また，花き卸売市場は地方市場から中央卸売市場への制度的変更を加速させており，その結果特定の花き市場への集中出荷が見られ，花き卸売市場の市場間経営格差を拡大させる方向に進展している．

　さらに，花き卸売市場はいち早くコンピューターの導入を図っており，セリ場がコンピューターと連動しているので，卸売業者と買受人との経理操作が自動化されてきている．しかし，本文中で明らかにしているように，コン

ピューター化によって商物分離が促進されるといったことではなく，セリ人の養成期間が短縮されるといった経営合理化には活用できるが，取引の大前提（セリ取引）が大幅に変更されるということではない．さらに，花き類の品質についても論述しており，花き類の品質とは仕立てた茎長によるボリューム感であり，追加的経費負担による茎の伸長と市場価格の追加的な増価との関係で出荷対応が変化するのである．したがって，花きの銘柄産地（ブランド形成）とは茎長を伸ばしながら開花時期を遅らせるためにかかる経費の問題と市場価格の増価として銘柄産地を捉えることができる．それゆえ，青果物の銘柄確立産地（ブランド形成）への動きに関しても，追加的にどの程度の経費が必要であるのかといった観点からのアプローチが不可欠であろう．

　第4章は，各国通貨の国際市場における相対的な下落によって，逆に言えばわが国通貨円の相対的な高騰によって，わが国の野菜市場を目指した海外からの輸出攻勢が始まり，一体全体ドルと円との交換比率（為替レート）がどの水準になれば野菜類の輸出攻勢に歯止めがかかるのかという問題意識に基づいて分析した結果である．

　同分析結果によれば，1ドル＝135円近傍で歯止めがかかるという結論を得た．しかし，1ドル＝80円の超円高から1ドル＝140円へ円安に振れても中国からの野菜類の輸出攻勢に歯止めがかからない事態を目の当たりにして，国際決済機構における通貨の決済方式に各国間で違いがあることに気づいた．そこで，国際貿易に関する変動為替相場制の特質および固定為替相場制の特質について第4章第2節で紹介することにした．

　したがって，第4章は第5章の国際競争力の解明を行う予備的考察として位置づけることもできるが，計量経済学的接近（Armingtonモデル）と青果物の輸入経費の実態調査（諸外国からJapan Portまでの輸送経費）を活用し，計量分析と実態調査という両側面から分析を行っているので，ドルと円の交換比率の変化に伴ってどの程度輸入量が変化するのかを明らかにしたつもりである．

　第5章では，園芸農産物ことに野菜類を主要な分析対象として，わが国と

結章　分析結果の要点と総合的考察　　　　　　　　　　　　219

中国との国際競争力の実態を解明することに全力を挙げた．つまり，今や家電業界においてもリストラが始まり，わが国の産業全体が国際競争力を失った感がある．財界と官界は従来からわが国農業を軽視してきたのであるが，かえって農業・農産物の方が国際競争力を持っているのではないかという考えの下に取り組んだのである．

　では国際競争力とは何か，①その概念を明らかにし，②競争という以上一定のルールが必要であり，そのルールの基礎になる購買力平価説を採り上げた．そこでまずはじめに，競争力に関する概念を検討した結果，藤谷・頼両氏の開発したモデルを適用することができることに気づき，それらモデルを国際競争力を確定するための実証研究に援用することにした．さらに，購買力平価説に基づく実証的研究（産業連関分析に基づく購買力平価分析）によれば，元と円との交換比率（実勢為替レートで）は1975年には159.6円/元であったものが，90年には30.3円/元となり，現在では15円/元という状態であり，極端な円高に振れていることが判明した．

　また，農産物を国際貿易に依存する場合，考慮しなければならない第1の条件は，国際間為替の交換比率が政治力・経済力・軍事力の総合的なパワーによって決定されており，1国内の農業事情（特にわが国の場合）が国際為替交換比率に反映される局面が僅少なことである．

　第2には，輸入国の国内市場における需要曲線によって輸出国の農産物価格が決定されるので，輸出国の国内農業生産事情が全く考慮されないことである．したがって，食料農産物を海外に大きく依存している諸国では輸出国の国内生産事情の短期的変動（気象条件変動等）によって，輸入国の国内市場価格が大幅に変動し，消費者の購買行動が国外農産物の生産動向に振り回されることである．

　これに加えて，輸出国の農業生産における諸規制，特に農薬の使用基準が異なるため，消費者に食品の安全性に関する不安感を煽ることにつながるからである．上記3点は外交交渉をいくら重ねても簡単には解決できない問題であり，食料農産物はできるだけ国内で生産することが求められているとい

えよう.

　また，同章の分析結果では，収穫出荷労働に多大の時間を要する作目群は中国の農産物の方がわが国のそれよりも競争力が強く，重量性・増嵩性があって，しかも鮮度条件を重視される作目はわが国の農産物の方が強いという結果を得ている.

　しかし，為替レートを現在の3倍に引き下げてやると（1元＝45円へ），ほぼすべての作物はわが国の生産物が競争力を持つという結果を得た.

　さらに，国際競争力（指数）の分析を行う過程で，中国社会の一般的な経済状況を検討する必要があり，中国国民の受益と負担の実態について公表されている研究成果に基づき，明確にすることができた.

　以上，本書で設定した課題をそれに関連する経済理論とともに実証分析を行い，実践的方策を提示してきたのであるが，諸外国からの輸出攻勢はわが国農業の生殺与奪の鍵を握っているだけに，その対策についてまとめておきたい.

2. 若干の政策提言

　現在のわが国における食料自給率は50％水準を割り込んでおり，もはや食料農産物の自給率を向上させることさえ困難な状態になっている．しかも，農業をめぐる国内経済情勢はいっそう厳しさを増しており，農業就業人口の激減，農用地面積の急減など，農業そのものの存続さえ危うい状況となってきた．こうした状況の下で現実的な対応を行うとすれば，国際的にも国内的にも競争力を備えた作目に特化して，その作目の振興を図り，地域農業者の所得拡大とその安定を企画することが緊急の課題となっているのである.

　わが国農業の競争力強化対策を推進する場合，長期的な施策と短期的な施策とに分かれるが，その一端を提示すれば以下のようにまとめられよう．すなわち農業経営の規模拡大に対する内発的なエネルギーが小さい理由は，毎年の微妙な気象変動によって供給量および市場価格が大幅に変動し，安定し

た経営利潤を獲得することが難しいからである．

　それゆえ，①農業経営は内発的なエネルギーによって企業規模を拡大することが難しいのだから，経営の基本は小農の連帯にあることを深く理解し，農協生産部会の組織革新を早急に推進すべきである．

　②地域営農作目の再検討を行い，競争力強化対策を推進すべきである．

　たとえば，高知県の南国市では園芸農産物に関して，同市域で生産されている作目数が20品目以上に達し，どの作目に絞り込むべきか県の担当者は悩み抜いているのである．こうした地域においては，われわれが提示した地域営農作目選定の理論モデルが有効であり，早急に活用すべきである．もちろん，これ以外の地域においてもわれわれが提示した理論モデルを活用することができる．

　③施設型園芸農産物の生産に関しては，地域内に施設を1カ所もしくは数カ所に集中・集積し，団地化を推進することが肝要であり，すでに実施している場合はそのスピードを早めるべきである．つまり，コスト削減と共同化によるメリットを実現するためには不可欠だからである．

　④WTO農業交渉において，わが国の植物防疫検査態勢が諸外国から批判され，集中攻撃に晒されているが，それを堅持すべきである．現状では，植防検査官のみが孤軍奮闘しているのであって，もっと国民全体の理解が得られるよう努力すべきである．

　⑤「生産者の顔が見える商品を」ということで，スーパーの陳列棚に生産者の顔写真を貼っている店舗が多いが，その生産者の供給量だけではとても消費者の需要量を賄うことができない．したがって，個別生産者の生産物が確実に消費者に届くようにするためには農協の共販体制に依拠せざるを得ないことを周知徹底させるべきである．なぜなら，個人出荷に依存するとなれば，流通経費の拡大に繋がるからである．

　⑥上記のような施策を推進するための基礎条件として地域内部の人間関係，ことに生産部会内のスムーズな人間関係が大前提であり，農協が率先して地域農業を活性化するためのスムーズな人間関係を形成する調整役を担わねば

ならない．なぜなら，これからの地域農業の振興の主役はあくまで地域農業者そのものであるからで，その主役を無視した振興計画はあり得ないからである．

⑦農協・市町村役場・普及所・振興局等の職員も国際競争力強化という観点から，地域営農作目の競争力強化のために，どういった施策が求められているのか真剣に学習・検討すべきである．

以上，生産部会組織の改革，営農作目の総合的な検討と見直し，コスト削減のための諸方策等，地域農業の競争力強化対策について，その前提となる条件を含め7点に集約したのである．しかし，国際競争力の強化については，何といっても各国通貨の妥当な為替レートこそが最も大切な課題となる．

最後に，第5章の分析によって明らかなように，国際貿易における競争力の実態が為替レートという通貨のベールに包まれる結果，真の意味における国際競争力の解明は難しい．それだけに，WTO農業交渉では，①為替レートの妥当な水準の実現，②個別農産物関税化の実現方策をセットとして戦略的な交渉を行うべきである．

もちろん，為替レートの問題は外交交渉の戦略的手段になり得ないとしても，交渉の場でその意思を表明しておくことが，適正な為替レートの早期実現にとって有効であると考えられるからである．③こうした政策と同時に，競争力強化対策を推進し，再度経済理論に基づいた適地適産政策を展開することが不可欠であろう．

参考文献

第1章
〔1〕藤谷築次「青果物卸売市場の価格理論」,『農業経済研究』第34巻第4号, 1963年.
〔2〕藤谷築次編著『農産物流通の基本問題』家の光協会, 1969年.
〔3〕藤谷築次「農産物市場構造変化のメカニズム」,『農林業問題研究』第25巻第4号, 1989年.
〔4〕藤谷築次「世界の卸売市場の動向と我が国卸売市場の今後の方向」,『地域農業と農協』第26巻第2・3号, 1997年.
〔5〕J. ジョンストン／竹内啓他訳『計量経済学の方法(上・下)』東洋経済新報社, 1975年.
〔6〕森宏・Wm.D. ゴーマン「ローカル市場の競争構造と価格－米国の食品小売業のケース・スタディ」,『農業総合研究』第21巻第2号, 1967年.
〔7〕奥野忠一他『多変量解析法』日科技連, 1971年.
〔8〕奥野忠一他『続多変量解析法』日科技連, 1976年.
〔9〕鈴木忠和編著『野菜の経済の大規模化』楽游書房, 1983年.
〔10〕高橋伊一郎『食肉経済－競争構造分析－』日本評論社, 1972年.
〔11〕小島豪「青果物卸売市場における品質評価の計量分析」,『農業経済研究』第69巻第4号, 1998年.

第2章
〔1〕『日本経済辞典』講談社, 1973年.
〔2〕中根千枝『タテ社会の人間関係－単一社会の理論－』講談社現代新書, 1967年.
〔3〕麻野尚延『みかん産業と農協　産地棲み分けの理論』農林統計協会, 1987年.
〔4〕高橋正郎『地域農業の組織革新　食糧・農業問題全集4』農文協, 1987年.
〔5〕田中学「地域農業振興思想の系譜」,『農業経済研究』第49巻第2号, 1977年.
〔6〕井上龍夫『農産物価格の理論と政策』大明堂, 1967年.
〔7〕藤谷築次「都城農協基本計画策定支援診断基礎調査報告書」農業開発研修センター, 1981年.
〔8〕頼平編『農業経営学講座7　農業経営計画論』地球社, 1982年.
〔9〕E.H. チェンバレン／青山秀夫訳『独占的競争の理論』至誠堂, 1966年.
〔10〕J.S. ベイン／宮沢健一監訳『産業組織論』丸善, 1970年.

〔11〕 William J. Baumol, John C. Panzar and Robert D. Willing, *Contestable Markets And the Theory of Industry Structure*, 1988, Harcourt Brace Jovanovich, Publishers.
〔12〕 Jean Tirole, *The Theory of Industrial Organization*, 1998, The MIT Press.
〔13〕 D.A. アーカー／陶山計介・小林哲他訳『ブランド優位の戦略』ダイヤモンド社, 1997年.
〔14〕 石井淳蔵『ブランド　価値の創造』岩波新書, 1999年.
〔15〕 鳥居直隆監修『強いブランドの開発と育成』ダイヤモンド社, 2000年.
〔16〕 小島豪「都城盆地地域青果物主産地形成基礎調査報告書」都城盆地農業水利総合開発事業促進協議会, 1996年.
〔17〕 小島豪「青果物のブランド確立に関する実証的研究への一試論－市場サイドからの分析を中心として－」,『南九州大学園芸学部研究報告』第32号（B）, 2002年.

第3章

〔1〕 E.J. マッカーシー／粟屋義純監訳『ベーシック・マーケティング』東京教学社, 1978年.
〔2〕 青木昌彦・伊丹敬之『企業の経済学』（モダン・エコノミクス5）岩波書店, 1985年.
〔3〕 奥野正寛・鈴村興太郎『ミクロ経済学II』（モダン・エコノミクス2）岩波書店, 1988年.
〔4〕 小島豪「IT革命と園芸農産物流通」,『農業と経済』富民協会, 2001年3月号.
〔5〕 小島豪「平成12年度　国営土地改良事業地区計画調査報告書」㈶日本土壌協会, 2001年.
〔6〕 小島豪「平成13年度　国営土地改良事業地区計画調査報告書」㈶日本土壌協会, 2002年.
〔7〕 大田弘『花卉の生産と流通』明文書房, 1976年.
〔8〕 西村博幸編著『植木の生産と流通　伝統的産地における農業振興をめざして』明文書房, 1979年.
〔9〕 浅田藤雄『80年代の花き園芸　園芸20年の沿革と展望』花卉園芸新聞社, 1976年.
〔10〕 松田籐四郎『緑化樹木の生産と流通』明文書房, 1976年.
〔11〕 京都生花㈱『京都花のあゆみ』, 1976年.
〔12〕 兵庫県生花社史編纂委員会『兵庫県生花株式会社35周年史／大阪営業所30周年史』, 1979年.

第4章

〔1〕 ブリンクマン／大槻正男監訳『農業経営経済学』地球社, 1969年.

〔2〕「青果物の開発輸入に関する実態調査(平成4年度)」㈳農協流通研究所,1993年.
〔3〕「中国における青果物並びに加工品の生産流通実態調査(平成5年度)」㈳農協流通研究所,1994年.
〔4〕Paul S. Armington, "A Theory of Demand for Products Distinguished by Place of Production", IMF Stuff Papers, Vol. 16, No. 1, 1969.
〔5〕金山紀久「野菜の産地間品質格差と需要構造」,『農業経済研究』第62巻第4号,1991年.
〔6〕古家淳・草苅仁「牛肉の品質別需要分析―Armington モデルおよび草苅モデルによる接近―」,『農業経営学研究』第30巻3号,1992年.
〔7〕梶川千賀子「りんごの需要動向と輸入解禁の影響」,『農林業問題研究』第116号,1994年
〔8〕嘉田良平「青果物輸入増大の実態と要因及び今後の見通し」,「平成7年度新政策推進調査研究助成事業報告書」㈳農業開発研究センター,1996年.
〔9〕吉野章「青果物の商品価値競争力の計測手法―離散・連続型選択モデルによる定式化―」,『農業経済研究』第69巻3号,1997年.
〔10〕小島豪「青果物の国際競争力に関する実証的研究」,『農業経済論集』第48巻第1号,1997年.
〔11〕小宮隆太郎・天野明弘『国際経済学』(現代経済学8)岩波書店,1972年.

第5章
〔1〕速水優『変動相場制10年―海図なき航海―』東洋経済新報社,1982年.
〔2〕牧野裕『日米通貨外交の比較分析―ニクソン・ショックからスミソニアン合意まで―』御茶の水書房,1999年.
〔3〕本田敬吉・秦忠夫編『柏木雄介の証言―戦後日本の国際金融史―』有斐閣,1998年.
〔4〕伊藤正直「高度成長を終わらせ構造転換の契機に―ニクソン・ショック円切り上げ第1次石油ショック―特異なパフォーマンスで乗り切る」,『エコノミスト』1993年5月17日.
〔5〕黒沢清一「渦中にいた日銀マンが明かす―ニクソン・ショック25年目の真相」,『エコノミスト』1996年9月3日.
〔6〕大坪徳次「我が国の商業の一局面―R.ニクソン・ショックの回顧―」,『商業論叢』第42巻3号,2001年.
〔7〕インタビュー「20世紀の証言〈「円」激動の百年―ニクソン・ショックこう乗り切った〉細見卓」柴田靖彦,『This is 読売』1998年4月号.
〔8〕朱偉時「中国人民元購買力平価の検討―中日両国の貨幣購買力の比較―」,『成渓大学経済学部論集 人文・社会編』47巻6号,1993年.
〔9〕川副延生「中国における小売物価指数の銘柄規定の変更について」,経済統計学

会編『統計学』68号,1995年.
〔10〕滕鑑「中国の物価指数と産業連関表の実質化:中国1985-87-90年接続産業連関表の作成」,『現代社会文化研究』(新潟大学),1995年.
〔11〕松田芳郎・寳剣久俊「中国の政治・経済変動と統計調査データ」一橋大学経済研究所『経済研究』50巻2号,1999年.
〔12〕李潔・任文・泉弘志「中国購買力平価推計に関するサーベイと1995年中日産業別購買力平価の推計」法政大学・日本統計研究所,2000年.
〔13〕李潔「購買力平価による中国と日本産業連関表実質値データの構築－1995年を対象として－」,『産業連関』10巻1号,2001年.
〔14〕劉鳴・溝口敏行「中国における物価指数(1859-2000)の展望」,『広島経済大学経済研究論集』第24巻第2号,2001年.
〔15〕小島麗逸編著『中国の経済改革』勁草書房,1988年.
〔16〕沈金虎「中国における耕地減少と土地政策の新展開」『生物資源経済学研究』(京都大学)第6号,2000年.
〔17〕沈金虎著「中国の農民負担問題－現状,根源と解決策について－」『生物資源経済学研究』(京都大学)第7号,2001年.
〔18〕グレン・ホワイト／星野真知子他編訳「アメリカ農業の全て」,『のびゆく農業－世界の農政－』439～440巻,1975年.
〔19〕G.エドワード・シュー／坂田秋子他訳「為替レートとアメリカ農業」,『のびゆく農業－世界の農政－』443巻,1975年.
〔20〕D.バールバーグ他／松浦幸子他編訳「アメリカの食料・農業・貿易政策」,『のびゆく農業－世界の農政－』451～452巻,1975年.
〔21〕T.ガルディ他／山本晶三他編訳「食料はアメリカの外交目的に使えるか」,『のびゆく農業－世界の農政－』505～506巻,1977年.
〔22〕A.S.ロジコ他／能勢稔訳「2000年における食糧需給と農業再編成」,『のびゆく農業－世界の農政－』507巻,1977年.
〔23〕「青果物の開発輸入に関する実態調査報告書」㈳農協流通研究所,1993年.
〔24〕「中国における青果物並びに加工品の生産・流通実態調査 報告書」㈳農協流通研究所,1994年.
〔25〕「変貌する中国青果物開発輸入の現状 報告書」㈳農協流通研究所,1995年.
〔26〕「中国における野菜の生産・流通及び対日輸出動向 報告書」㈳農協流通研究所,1996年.
〔27〕「中国における有機野菜の生産状況と今後の展望 報告書」㈳農協流通研究所,1999年.

あとがき

　本書執筆に臨み，わが国経済社会の中で農業に対する蔑視感や農業を軽んずる発言が相次ぐ風潮にあって，農業の重要性とその国際競争力の実態を研究者・学生および貿易業務に携わるビジネスマン・一般社会人に理解してもらえるような本を書きたいと思った．

　たとえば，1971年8月15日に国際通貨＄（ドル）と金との交換停止を米国政府はR.ニクソン声明として発表するのであるが，西欧各国はその声明後直ちに通貨の交換を停止したにもかかわらず，わが国だけは通貨の為替交換業務を停止せず，為替業務を従来どおりの交換比率で継続したため，総合商社はもとより，為替決済銀行が大儲けしたことは関係者ならばよく知っていることである．しかし，国民の税金で通貨の為替交換業務の継続による損失を穴埋めしたのであるから，こうした事態も一種の補助金であるとみることもできよう．

　また，いわゆるプラザ合意の後にわが国通貨円と中国通貨元との交換比率が中国の改革・開放時点の為替交換比率からみれば，1/10以下に切り下げられた事態に対して，時の中国政府李鵬首相は大いに怒り，日本人旅行客に対して「中国のみやげ品の値段を10倍の価格で販売せよ」と主張したことを記憶している人も多いだろう．ことの当否は別として，自国の国益のために主張したわけであるが，わが国の通貨当局者や政治家が国益のためにこうした発言を行ったことがあるだろうか．

　また，時の日銀総裁速水優氏はその職を辞する（2003年2月）に際して「円安への圧力が強まっているが，円安にすれば東南アジア諸国からの強い批判がなされ日本にとって決して良いことではない」という主旨の発言をしているが，元々異常な円高を是正するのであるから（為替相場の円高偏倚の

是正),円安にするのではないのである.

　さらに,マスコミの論調を見ていると160〜180円/ドルの水準に誘導しなければ,中小企業を含めたわが国の産業界は国際競争力を保持することができないと主張しているが,本書の第4章では135円/ドル近傍で,第5章では1元＝45円近傍に誘導すれば園芸農産物の国際競争力は回復し,海外からの輸出圧力を減殺することができる.したがって,わが国の農業は国際決済機構における為替相場の円高偏倚にもかかわらず,よく頑張っているということができよう.

　それゆえ,補助金のあり方に関しても円と国際通貨との交換比率のあり方に関しても,それらを「いかにしてどの方向へ誘導していくか」を決定する際に,改めて「国益とは何か」が問われなければならないだろう.

　すなわち,国による補助が不可欠な産業に対して手厚い保護を行うことが国益に適うことであれば,保護を行うことは当然のことであろう.

　研究生活を通じて,以上のような問題意識に到達し,本書を執筆したわけであるが,筆者の力量不足のためにその目的を十分果たせたとは思わない.しかし,本書からこうした筆者の意図を感得していただけたとすれば,望外の喜びである.

　なお,第1,2,3,4章は,以下の諸発表論文を基礎に再構成したものである.したがって,第5章だけが書き下ろし論文である.

　　第1章「青果物卸売市場における品質評価の計量分析」『農業経済研究』第69巻第4号,1998年
　　第2章「都城盆地地域青果物主産地形成基礎調査報告書」都城盆地農業水利総合開発事業促進協議会,1996年
　　　　「青果物のブランド確立に関する実証的研究への一試論－市場サイドからの分析を中心として－」『南九州大学園芸学部研究報告』第32号(B),2002年
　　第3章「平成13年度　国営土地改良事業地区計画調査報告書」(財)日本土壌協会,2002年
　　第4章「青果物の国際競争力に関する実証的研究」『農業経済論集』第48巻第1

あとがき

号，1997年

「青果物をめぐる国際環境と産地マーケティングの課題」藤谷築次定年退官記念出版『日本農業の現代的課題』第III部第8章，1998年

なお，本書を校正する過程で，筆者が過去に発表している論文の中に数々の重大な校正ミスや認識の誤りを発見し，その部分を削除・訂正した．本書では多くの研究者が作成した研究成果を多数引用しており，正確を期したつもりであるが，それでもミスがあるとすれば，それは筆者の責任であることを明確にしておきたい．

謝　辞

最後に，本書を出版するに際して多くの方々から暖かい励ましを頂きました．記して，感謝の意を表しておきます．なお，第5章は文部科学省科学研究費「園芸農産物流通の理論的・実証的研究－費用関数の適用による理論・実証分析－」の経費に基づいて実施したものであり，出版経費は「宮崎銀行ふるさと振興基金」の助成資金を充てることができました．ここに関係各位に対して心よりの御礼を申し上げます．また，本書の執筆に際して本学の専攻生・竹尾尚起君には図表の作成・論文の校正等に多大の協力を頂きましたことに心より感謝します．

さらに，恩師頼平先生からは第1章，第5章に関して理論的・実証的に重要なサゼッションを頂きましたことに心から御礼申し上げます．

また，体調が優れないにもかかわらず，本書全体を通読して下さり貴重なサゼッションとコメントをして頂いた恩師藤谷築次先生に対し深甚なる感謝の意を表しておきます．

両先生の益々のご健勝とご活躍をお祈りいたします．

2003年4月23日

小　島　　豪

索 引

(地名・人名は除く．ただし，理論モデルの場合は別)

[欧文]

Armington モデル 131, 148-9, 218
barter 取引 173
barter trade (物々交換) 164, 171
CCIC (商品権限公司) 189
CES 型の需要関数 149
CIF (着荷) 価格 146, 151, 193, 210
IFS (国際金融統計) 132
IMF (国際通貨基金) 5, 130-2
——体制 6
Japan Port (ジャパンポート) 7, 130, 153, 155, 218
WTO 体制 207
WTO 農業交渉 62, 221

[あ行]

相対取引 9
新しい産業組織論 117
アンカー制 134
異業種企業 101-2
異業種参入 100, 124
移転支払 (トランスファー) 136
因子負荷量 24
営農指導指針 196, 204
円建て決済 152, 154
乙仲手数料 154
卸売 (企業，会社) 9-10, 92-3
卸売手数料 92

[か行]

改革・開放 129, 165, 176-7
外観の良さ 11-2
回帰方程式 25

開発輸入 142
価格格差 11, 26-7
価格形成 9-11, 15, 26
——過程 16
——要因 11, 16
価格効果 139
価格政策 48
価格 (の) 発見 16-7
花き流通構造 80
仮説定立的アプローチ 33
仮説定立的実証分析 46, 216
寡占構造 11
寡占状態 84
貨幣供給量 138
カレンシー・ボード 132
為替決済制度 133
為替相場 5
為替平衡操作 138
為替レート 5, 37, 130, 164-6, 168, 171-2
関税 193-4
間接生産費 186
完納奨励金 93
管理変動 (フロート) 制 133
管理為替レート制度 138
期待所得 172
吃飯財政 182
規制緩和 88
規模に関する収穫逓増 (逓減) 163
競争 (原理) 4, 81
競争力強化 (対策) 3
競争力指数 32, 37, 43, 169, 198
共販体制 159, 207
拠点集積所 188-9, 204
拠点積出港 154, 188-9

索　引

切溜め　118
切花専門（卸売）市場（会社）　91-2
銀行部門　138
釘付け調整（クローリング・ペッグ）
　　　133, 158
屈折需要曲線のモデル　10
クローリング・バンド　132-3
燻蒸検査料　154, 192-3
経営資源　96
稽古花　87
経済合理的な行動　117
経済的対抗段階　82
形状規格　13
限界収入　10, 117
限界費用　10, 117
現地買付価格　155
現物給付　178
公開市場操作　138
耕境　142, 151
耕作権　174
交通地位　32
耕地の肥沃度　175
郷鎮企業　176
郷統壽　181
購買力平価（説）　162, 169, 171-2, 205
国際化時代　1
国際（基軸）通貨　6, 133, 165
国際競争力（指数）　3, 156, 161, 169, 206
国際的波及過程　139
国際貿易　1
国民健康保険調査　175
固定為替相場制　6, 130
固定為替レート制度　158
固定資産税　183
固有値　21
雇用隔離効果　130, 141
コンテナヤード使用料　154
コンピューター機械セリ　96-7

[さ行]

採花適期　117

作目選定戦略　29, 31
作目別土地利用状況　46
差別制段階　82
産業基盤　165
産業連関分析　172, 205
産地間競争力指数　39
産地間のリレー供給　160
産地棲み分け理論　32
時刻前取引　9
仕事花　113, 127
支出効果　149
市場価格　10, 51, 201
市場構造　48
市場行動　10, 48
市場シェア　38, 51, 61
市場成果　48
自然的性状　29, 32
社会基盤整備状況　155
奢侈財　81
収穫逓減の法則　117
集荷力　122
自由競争市場　129
自由経済　179
集散市場　57, 106
集出荷経費　205
集団の意思統一　62
周年供給体制　160
重量性と増嵩性　56, 198
需給実勢（評価機能）　9, 11
需給バランス　9
主成分スコア　25-7
主成分分析（法）　18, 27
種苗開発　101-2
証券の純需要量　137
出荷奨励金　93
出荷量の安定性　12, 19
出荷の継続性　12, 19
出荷ロット　12, 19
需要関数　104, 106-8, 110
需要創造　98
需要の開発期　85, 111, 113

需要の価格弾力性　84, 108
需要の構造変化　40
需要の所得弾力性　84, 108, 112
需要の衰退期　111, 113
需要の成長（成熟）期　85, 111
需要の停滞期　85, 111-2, 115
商品維持管理機能　13
商品特性　12
商品の外観　12, 16, 20
商品の均質性　13, 19
商品の熟度　12, 19
商品の鮮度　12, 19
商品のライフサイクル　31
商物一致　96
商物分離（取引）　98, 122, 218
将来価値と現在価値　44
植（物）防（疫）検査料　154
食料消費構造　40-1
所得極大化行動　204
序数的統計変量　18
人口変動
　　自然的――　109-10
　　社会的――　109
人民公社　180
棲み分け行動　204
生産技術条件　43
生産出荷対応　204
生産者手取り価格　155
生産費カバー率　37, 170
生産物の差別化　47
生産物の質的分化　46
生産要素の均等化定理　164
贅沢財　81
製品政策　48
セールス・プロモーション　84
絶対的有利性　163
セリ取引　9-10
選果・選別体制　13
選果・選別・包装・洗浄・梱包　155, 189, 191
選果の厳密性　12-3, 20

相場変動　156
組織革新　4, 30-1
租税公課負担　183
村提留　181, 186

[た行]

対抗段階　82
代替の弾力性係数　145
代払い組合　97
多元回帰モデル　131
タテ社会　62-4, 216
多変量解析法　19
弾力性係数　168
地域農業振興　2, 29-30
地域農業の組織革新　67
着色の状態　11-2, 21
中食産業　166, 176
長期借款　156
超高齢化社会　40, 79
直接生産費　186
貯蓄行動　172
沈下固定　203
賃金指数　197
通貨危機　129, 148, 156
通貨の交換比率　5
通関手数料　154
停滞期　84
適地適産　31, 222
統制経済　179
独立フロート制　133
ドライコンテナ　152, 188
取引（形態・慣習・年数）　9, 13
ドル建て決済　154
トレーサビリティ　159, 207

[な行]

仲卸業者会社・企業　13, 99
荷受機関　55, 57, 59
荷の取り揃え機能　96
農協組織　159, 189
農業経営泉源体　203

農業就業人口 30
農業の構造的特質 30
農業分野の国際間比較 164
農村物価指数 197
農民負担 180

[は行]

派生需要 10
鉢花専門市場 96
鉢物市場 93
バックチャージ 52-3
バリマックス回転 23
搬送（距離） 155, 189-90
販売促進政策 48
販売組織対応強化作目群 42-3
比較生産費の原理 35, 37
比較優位構造 164
比較優位性 35, 37, 163, 216
品温管理 188
品質格差 151
品質規格 13
品質判定基準 54
品質評価（機能） 9, 11-2
品目別・色別統計 104
ファッション・カラー（流行色） 83
普及技術強化作目群 42-3
藤谷モデル 37, 170
物価指数 162, 172
物流拠点 188
部分的需要独占者 10
ブランド確立 4, 6
ブランド形成 31, 51, 54
ブランドの価値 49
不良債権 161
ペッグ制 133
変動為替レート制度 139-40
変動相場制 6, 133
法外徴収 182
包装・梱包の状態 12-3, 19
法定通貨 133
豊沃度地代 38

飽和状態 84
保管料 155
ホリゾンタル・バンド・ペッグ 133
本源的生産要素 163

[ま行]

味覚の良さ 11, 19
民弁公助事業 181
銘柄確立 4, 6, 31, 57, 61-2, 207
銘柄確立運動 55
銘柄形成 54
モード 55-7

[や行]

野菜生産費調査 162
野菜輸送コスト調査 162
遊休化した農地 68
有効需要水準 138
輸出供給曲線 168
輸出需要曲線 168
輸送共同 159
輸送コスト 154, 159
輸送能性 90
輸入コスト 154
輸入財 168
輸入自主規制 157
輸入需要曲線 168
頼モデル 39, 170

[ら行]

ライフサイクル曲線 82-3
ライフサイクル（理論） 31, 81-4, 105, 110-1, 116, 217
リーダーシップ 62
リーファコンテナ 152, 188
利潤の拡大 173
流通業者 34, 52
流通経路 202
流通主体段階別価格 155
両工支出 185-6, 209
量目の正確さ 12-3

緑色食品中心（センター）　175
ロイヤルな顧客　50
労賃　166, 179, 187
労賃水準格差　170
労働集約的　80, 164

労働の教育水準　164
労働の熟練度　164
労働力人口　164
労務負担　181

著者紹介

小島　豪(こじま　たけし)

1943年京都市生まれ．73年名古屋大学大学院農学研究科博士課程修了，農学博士（名古屋大学）．現在，南九州大学教授．
主著：「花き価格変動の実態と要因」『農林業問題研究』
　　　　第11巻1号，1975年
　　　「転作下の水田農業　その1　二部九州地域編」
　　　　（共著）『農業構造問題研究』No.1，1992年
　　　「園芸農産物流通の理論的・実証的研究－費用関数の適用による理論・実証分析－」科学研究成果報告書，2003年

国際化時代の地域農業振興
その理論と実践方策

2003年9月10日　第1刷発行

定価（本体3800円＋税）

著　者　小　島　　　豪

発行者　栗　原　哲　也

発行所　株式会社 日本経済評論社

〒101-0051 東京都千代田区神田神保町3-2
電話 03-3230-1661　FAX 03-3265-2993
振替 00130-3-157198

装丁＊静野あゆみ　　　　藤原印刷・美行製本

落丁本・乱丁本はお取替えいたします　　Printed in Japan
Ⓒ KOJIMA Takeshi 2003
ISBN4-8188-1548-9

Ⓡ〈日本複写権センター委託出版物〉
本書の全部または一部を無断で複写複製（コピー）することは，著作権法上での例外を除き，禁じられています．本書からの複写を希望される場合は，日本複写権センター（03-3401-2382）にご連絡ください．

シリーズ「現代農業の深層を探る」完結

1. WTO体制下の日本農業　　　　矢口芳生　　本体3300円
   「環境と貿易」の在り方を探る
2. 地域資源管理の主体形成　　　　長濱健一郎　　本体3000円
   「集落」新生への条件を探る
3. 都市農地の市民的利用　　　　後藤光蔵　　本体3000円
   成熟社会の「農」を探る
4. グローバリゼーション下のコメ・ビジネス　　冬木勝仁　　本体3000円
   流通の再編方向を探る
5. 有機食品システムの国際的検証　　大山利男　　本体3000円
   食の信頼構築の可能性を探る

　　　　　　　　＊　　＊

現代日本農業の継承問題　　　　柳村俊介編　　本体5800円
農業後継者の近代的育成　　　　牛島史彦　　本体4800円
戦前日本農業政策史の研究 1920-1945　　平賀明彦　　本体5700円
戦後奄美経済社会論　　　　皆村武一　　本体3000円
開発と自立のジレンマ